教育部人文社会科学重点研究基地重大项目"教育政策形成、实施和评价机制的国际比较研究"（课题编号：2009JJD880004）

教育政策运行的国际比较研究

肖 甦 等◎著

人 民 出 版 社

总　序

　　在党的十八届五中全会上，习近平同志系统论述了创新、协调、绿色、开放、共享"五大发展理念"，强调实现创新发展、协调发展、绿色发展、开放发展、共享发展。牢固树立并切实贯彻这"五大发展理念"，是"十三五"乃至更长时期我国社会主义事业的发展思路、发展方式和发展着力点，是全面建成小康社会的行动指南、实现"两个一百年"奋斗目标的思想指引，也为我国的教育未来发展指出了方向。为了贯彻落实党的十八届五中全会关于"开放发展"的精神，2016年4月，中共中央办公厅、国务院办公厅印发了《关于做好新时期教育对外开放工作的若干意见》（以下简称《意见》），要求坚持扩大开放，做强中国教育，推进人文交流，不断提升我国教育质量、国家软实力和国际影响力，为实现"两个一百年"奋斗目标和中华民族伟大复兴的中国梦提供有力支撑。《意见》对做好新时期教育对外开放工作进行了重点部署，要求加快留学事业发展，提高留学教育质量；鼓励高等学校和职业院校配合企业走出去，稳妥推进境外办学；拓展有关国际组织的教育合作空间，积极参与全球教育治理；发挥教育援助在"南南合作"中的重要作用，加大对发展中国家尤其是最不发达国家的支持力度；实施"一带一路"教育行动，促进沿线国家教育合作等。

　　为了配合国家发展的整体战略，教育部人文社会科学重点研究基地北京师范大学国际与比较教育研究院选择"扩大教育开放与国家发展"作为"十三五"乃至更长时期的主攻方向，强调新形势下通过教育的开放发展来服务于国家发展的研究目标，围绕国际教育援助、全球教育治理、海外办学、来华留学和"一带一路"教育行动等领域，分析我国推行教育开放的现状及其效果，梳理并分析当前世界各国扩大本国教育开放、参与国际教育市场竞争与合作的政策措施，总结国际社会扩大教育开放的经验教训，探索为推进我国国家与社会发展而应采取的扩大教育开放战略的政策、措施与机制。该研究方向一方面探索教育开放在服务于国家发展的背景下所能采取的因应措施，通过梳理世界各国通过教育开放推动本国社会发展的经验，提出我国扩大教育对外开放的政策建议，更好地服务于国家发展的现实战略；另一方面能够在理念上加深人们对于教育开放与国家发展的关系的认识，总结教育开放在服务国家与推动社会发展中的规律与模式，同时推动国际教育和发展教育研究，拓展比较教育学科的研究领域。

"教育与国家发展"是基地长期的主要研究方向，而"扩大教育开放与国家发展"是基地基于比较教育学科特色和世界教育的改革与发展趋势，根据我国教育乃至社会经济发展战略的需要而在"十三五"甚至更长时期设立的主攻方向。为了开展研究，我们立足新时期教育对外开放工作中具有全局意义、战略意义的核心问题、热点和难点问题，设立了"一带一路"沿线不同类型国家教育制度与政策研究、国际教育援助发展态势与中国的战略选择研究、中国参与全球教育治理战略研究、中国高校海外办学战略研究、扩大来华留学政策研究五个项目，试图从不同方面对目前我国教育开放与国家发展的现状、存在问题和原因，教育开放与国家发展理论，世界各国（或国际性组织）推进教育开放、促进国家发展的经验，对新形势下我国扩大教育开放、促进国家发展的政策与措施等问题，进行系统深入的研究，从整体上把握扩大教育开放与国家发展的关系。

经过五年的研究，基地项目取得了丰硕的成果。现在呈现给大家的这套丛书，就是基地"十三五"课题规划成果之一。顾明远先生主持的"'一带一路'不同类型国家教育制度与政策研究"的系列成果，以"'一带一路'不同类型国家教育制度与政策研究"丛书的形式单独出版,基地其他相关课题研究成果则以"扩大教育开放与国家发展丛书"的形式出版。2020年6月,《教育部等八部门关于加快和扩大新时代教育对外开放的意见》正式印发,要求坚持教育对外开放不动摇,主动加强同世界各国的互鉴、互容、互通,形成更全方位、更宽领域、更多层次、更加主动的教育对外开放局面;并以"内外统筹、提质增效、主动引领、有序开放"为工作方针对新时代教育对外开放进行了重点部署。我们深知,加快和扩大新时代教育对外开放是新时代教育改革开放的时代命题,也是需要不断深化的研究课题。我们研究团队将不忘初心,牢记使命,再接再厉,砥砺前行,不断探索教育对外开放中的新问题、新思路、新方法。现在我们把团队研究的阶段性成果奉献给大家,敬请大家批评指正。在丛书出版过程中,人民出版社王萍女士付出了大量的心血,再次谨致以衷心的感谢。

北京师范大学国际与比较教育研究院

王英杰

2020年9月

目　录

第一章　教育政策形成、实施及评价的利益相关体及其相互作用机制

教育政策涉及价值选择和利益分配，既然是选择的科学，人必然是重要的研究对象之一。因此，为了更加深入地理解教育政策的实现过程，我们需要解答以下几个问题：在教育政策的形成、实施及评价的过程中存在哪些主要的利益相关者？他们在教育政策实现过程处于什么样的角色，是决策者、行动者，还是参与者？他们之间是怎样相互作用的？

第一节　教育政策的利益相关体

政府说：不准择校，提倡就近入学、随机排位……

妈妈说：要让咱孩子上重点小学，这样才能上重点中学，然后才有可能考上重点大学。

孩子说：只要找个好点的老师、好点的环境、再有好点的同学就更好了。

校长说：唉，办学缺钱啊，有了这批择校生所缴纳的择校费，学校就可以盖一个新的体育馆了。

教育局长说：学校有了择校费，就可以在这块少支出一些，要知道现在筹集教育发展所需的足够资金难啊，上级下达的任务和指标那么高，"睁一只眼、闭一只眼"也就过了。

于是，择校蔚然成风。

"择校"是当今社会各界的一个热门话题。依据《义务教育法》的规定，实施"就近入学"的政策，国家教育主管部门三令五申坚决禁止学生及其家长在义务教育阶段"择校"，然而它却大有愈演愈烈之势。之所以会出现这样的情况，是因为"择校"并不仅仅是个教育问题，而且还是个利益问题，在整个"择校"过程中涉及多方利益，各利益主体的利益需求各不相同，不同利益主体之间的关系错综复杂。"择校"之所以屡禁不止，从利益相关者理论的视角来看，是因为在整个"择校"过程中各相关利益主体都追求自身利益最大化，多目标的博弈造成了政策的目的指向性偏失。可见，政策的形成与实施，不仅与政策制定机构和执行机关有关，还与家长、学校等其他利益主体息息相关。

一、教育政策利益相关体的内涵、范围与功能

(一) 教育政策利益相关体的内涵

利益相关者是能够影响组织目标的实现或能够被组织目标实现的过程影响的人。根据国外研究利益相关者的集大成者弗里曼在 1984 年给出的这一利益相关者的经典定义，我们可以为教育政策的利益相关体下定义为"能够影响教育政策过程或者被教育政策过程影响的人或组织"。

首先，教育政策利益相关体的概念要素之一是"利益"。一项教育政策从出台到终结的过程中要涉及许许多多的人和组织，包括政策的决策者、政策的执行机构、政策的评价组织等，也包括受教育问题困扰的人群、使教育问题能够进入政府视域的大众传媒、为制定文件出谋划策的智囊团、政策直接约束的目标群体等等。这些人为什么自愿或非自愿地参与教育政策的形成、实施与评价过程中来呢？是因为通常此项政策与他们自身的利益有着直接或间接的关系。因此，我们可以把这部分人和组织、机构称为政策的利益相关体。

其次，教育政策利益相关体的概念要素之二是"相关"。利益相关体要与政策相关，也就是说影响或被影响。凡是影响教育政策过程或受到教

育政策过程影响的都包含在内。政策的利益相关体不仅被动地接受着政策的影响，同时，他们的行为会影响到政策的形成、实施及评价的过程。也就是说，利益相关体与政策之间的影响是双向的。但这不表示，某一个利益相关体的行为都能够直接影响到政策的进程。不同的利益相关体对政策进程的影响程度是不同的，不同的政策会有不同的利益相关体，某一项政策对不同的利益相关体的影响程度也是不同的。

再次，教育政策利益相关体的概念要素之三是"体"，之所以是"体"而不用"者"，表明利益相关体可以是单数，也可以是复数；它可是个体的指称、群体的指称，也可是类的指称；既包括个人、全体，也包括各种组织机构。

（二）教育政策利益相关体的构成与范围

教育政策利益相关体的范围很广，可包括教育管理部门、教师、学生、学校管理者、家长等。例如比起货币升值政策，往往更多的人关注与批评高考制度。在不同的国家和不同的时代，教育政策的利益相关体的组成不同，各组成部分在政策过程中所起到的作用也各不相同。教育政策的利益相关体的构成与范围主要受到以下几方面因素的影响：

1. 教育政策的特点。不同性质和类型的教育政策，其利益相关体的范围不同。如，具有强制性的教育政策，其利益相关体的种类必然多是被动受到政策影响的人和组织，而非主动影响教育政策的群体；大型教育政策比起中小型教育政策，其利益相关体的构成必然广泛等。不同内容的教育政策，其利益相关体的构成不同。例如，高中生是高考政策的重要利益相关体，而显而易见，他们并不是学位管理政策的利益相关体。在政策过程的不同阶段，教育政策的利益相关体也不同。政策制定阶段，教育政策的直接利益相关体包括政策制定机构、政策的目标群体。而政策实施阶段，教育政策的直接利益相关体则主要包括政策的执行机构、政策的目标群体。另外，不同阶段的间接利益相关体也不同。也就是说，教育政策制定阶段的重要利益相关体可能在教育政策的实施阶段起到微乎其微的作用。例如，大众传媒在教育政策问题受到关注的阶段起到尤其重要的作用，而在教育政策实施阶段起到的作用则相对较弱。

2.不同国家的特色。由于各国社会的政治制度、经济发展状况、文化传统、教育制度与环境等方面的差异，各国教育政策的利益相关体的构成及其相互作用方式也不尽相同。例如，不同的国家，公民在利益相关体中所处的地位和作用有较大差别。在西方代议民主制度下，尽管公民的政治参与及对公共政策的影响是有限的，但公民还是拥有比较大的自主权，至少他们获得了反映社会问题和决定重大事务的权利和机会，这对公共权力构成一种牵制，制约着政权机关的行为，因而许多教育问题可以通过公民的争取进入政策议程，以自下而上的方式形成教育政策。而在某些国家，教育政策的形成都是采取自上而下的方式，公民在教育政策过程中处于较弱影响力的位置。

3.不同时代的特征。不同时代的政治、经济和社会特征，影响教育政策的利益相关体构成。显然，在集权专制的社会，普通的民众对教育政策的影响力极低、而大众传媒也不可能成为像今天这般重要的教育政策的利益相关体。只有经济和信息越来越发达、民主政治越来越发达的时代，大众传媒和普通民众才有可能越来越多地成为重要的教育政策利益相关体。时代变迁引起的教育环境的变迁亦影响教育政策的利益相关体构成。如，终身教育理念的提出和发展，使得教育政策涵盖的范围越来越大，不仅仅包括青少年，而且也更多地涉及成人和老年人。因此，教育政策的制定将受到更广泛团体的关注，而教育政策的参与主体也将成为教育政策问题、建议、信息的主要来源。

（三）教育政策利益相关体的功能

教育政策利益相关体的直接作用对象就是教育政策，因而教育政策利益相关体的功能，也可以解释为教育政策与利益相关体的关系。教育政策与利益相关体之间存在相互依存、相辅相成的密切联系。

一方面，教育政策是教育利益相关体相互作用的原因。教育政策影响着不同群体的利益并激发各种利益集团的活动。教育政策具有价值导向和利益分配的特性，因此，出台某项教育政策与否、怎样确定教育政策的内容和标准等等，往往涉及资源和利益的分配，而不同的利益相关体往往又具有不同的价值诉求，这样，教育政策过程便导致了利益相关体之间进行联合、对抗与博弈等种种形式的相互作用。

另一方面，教育政策也是教育利益相关体相互作用的结果。教育政策的隐含价值和利益取向引起了不同利益相关体的博弈乃至斗争，但利益相关体的博弈乃至斗争并不全然是坏事，恰恰相反，总体看来，教育政策正是团体间利益均衡的结果。在教育政策实现的过程中，利益团体向政府提出对它的利益有着威胁或危害的问题，使政府制定的政策能够维护这个团体的利益，当某个团体在政策过程中赢得胜利，其他团体会立即跟进，提出相应的要求。如此周而复始，最后由政府作出适应各团体的决策，维持各团体的利益的均衡。教育政策正是在这种利益的冲突——博弈——均衡——再冲突的循环往复过程中不断建立和完善起来的。

二、教育政策利益相关体的分类

教育政策利益相关体范围广泛且构成多样，因而对其划分类别对于研究利益相关体的构成及其对教育政策过程的作用十分必要。常见的教育政策利益相关体分类标准包括利益相关的强度、方向、权威性等等。(1)按照利益相关的程度来分，利益相关体可以分为核心利益相关体、中间利益相关体、外围利益相关体；或者分为直接利益相关者和间接利益相关者。直接利益相关者包括具体的教育政策的主体及教育政策的目标群体，间接利益相关体包括与教育政策的过程具有间接联系的个人或团体、组织等。(2)按照利益相关的方向来分，利益相关体可以分为主动利益相关体和被动利益相关体。其中主动利益相关体为对政策进程施加影响大于被政策所影响的利益相关体，被动相关体为受到政策影响比较大，而影响政策进程的能力比较小的利益相关体。(3)按利益相关体的权力大小分，利益相关体可以分为权威性利益相关体、半强制性利益相关体和参与性利益相关体，如政府机构具有强制力的部门作为权威性利益相关体，目标群体和其他公众常作为参与性利益相关体。他们在对教育资源的控制和分配、结构位置和行动的可能性等方面是不等同的，其权力和影响是严重不对称的，这会直接影响到教育政策过程的走向和选择。

这种单一维度的分类方式较易理解，第一种和第三种分类方式较为常见，如胡赤弟在《高等教育中的利益相关者分析》一文中，结合我国大学的实际情况，提出三类利益相关者：教师、学生、行政人员、出资者、政府等是大学的权威利益相关者；校友、捐赠者则是潜在的利益相关者；市民、媒体、企业界、银行等是第三层利益相关者。① 除此之外，还存在多维度分类方法。这种分类方法来源于 20 世纪 90 年代后期美国学者米切尔和伍德提出来的利益相关者的分类方法之一"多维分析法"，即从合法性、权力性和紧迫性三个维度分类。米切尔等人从三个属性（合法性、权力性和紧急性）上对可能的利益相关者进行评分，然后根据分值的高低来确定某一个体或者群体是不是企业的利益相关者，是哪一类型的利益相关者。所谓合法性，是指利益关系具有合法的来源；所谓权力性，是指利益关系具有足够的影响力；所谓紧迫性，是指利益关系具有紧迫感。②

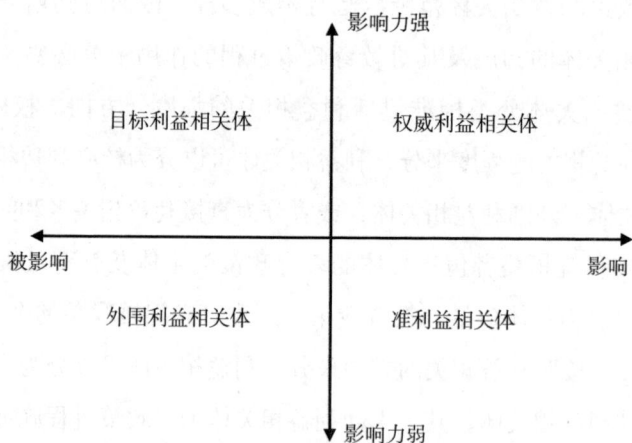

图 1-1 利益相关体的分类示意图

本文参考现有分类标准，结合本研究需要，从利益相关体与政策相

---

① 胡赤弟：《高等教育中的利益相关者分析》，《教育研究》2005 年第 3 期。
② 耿殿磊：《中外合作办学利益相关者分析》，《高教探索》2007 年第 1 期。

互作用的方向（主动与被动）和这种相互作用的程度大小（影响力的强弱）将利益相关体分为四类：权威利益相关体（主动强力影响）、目标利益相关体（被动强力影响）、准利益相关体（主动影响力弱）和外围利益相关体（被动影响力弱）。然而，这里对教育政策利益相关体的分类并不是绝对的，这只是对利益相关者的一个静态描述。而在现实中，在一定条件下，这些利益相关者的位置会发生变化，具有动态性。

（一）权威利益相关体

权威利益相关体是指对教育政策的影响程度大于受教育政策所影响的程度，包括这种影响力较强的个人或组织。在所有教育政策的利益相关体中，最基本、最核心、最具权威性的当属党和政府。因为它们对教育政策的形成、实施与评价过程有着不可替代的强力作用。权威利益相关体包括政府主体和执政党，政府主体包括立法机关、行政机关和司法机关。

1.政党。政党作为阶级利益的代表者和阶级力量的领导者，在当代政治生活中发挥着日益巨大的作用。在政党政治中，它更是扮演着重要的角色，诸如法律、大政方针政策等公共政策都直接与政党相关。政党在教育政策实现过程中的作用主要体现在意志方面，主要涉及对于教育大政方针的方向定位，以及教育在国家各项政策中的优先发展地位等方面。一个国家的政党尤其是执政党在公共政策主体体系中居于主导地位。由于西方国家一般采用两党制或多党制，我国采用中国共产党领导下的多党合作制和政治协商制度，所以政党在公共政策中的地位和作用在不同的政党体制中是大不相同的。

2.立法机关。立法机关或权力机构是制定教育政策的一个重要的组成因素，它的主要任务是履行制定法律和政策这一政治系统中的主要职责，即立法。在西方，立法机关指国会、议会、代表会议等国家权力机构；在我国，则是指全国及地方各级人民代表大会及其常务委员会，它是教育政策制定的主要机构，也是教育政策执行和监督的制约机构。[1]一般

---

① 陈振明：《政策科学——公共政策分析导论》，中国人民大学出版社2003年版，第85页。

来说，教育法律和重要政策都要经过立法机关的讨论通过，才能完成其合法化的程序，从而付诸实施。由于世界各国政治制度不同，不同国家的立法机构在公共政策过程中所扮演的角色、所起的作用也不完全相同。但不论各国的政治体制如何，立法机关的职能或职权主要包括立法权和监督权，从而在根本上控制了教育政策乃至公共政策的实现过程。

3. 行政机关。行政机关是贯彻执行国家的法律和政策、管理国家的内政、外交等行政事务的机关，它重点掌握国家行政权力，运用公共政策对国家公共事务进行管理，是立法机构所确立的国家意志的执行者。它可以分为中央行政机关和地方行政机关，即中央政府和地方政府。在管理社会的实践中，行政机关权力的行使和作用的发挥都直接与公共政策紧密相连，甚至贯穿、影响其全过程。教育政策的制定和实施等与国家行政机关有直接的关系，包括政策实施的资金保障等。与教育政策的制定与执行最直接相关的行政机关即为教育管理部门。教育政策的制定一定离不开国家教育管理部门的指导与参与。依据政策的强制力及作用范围不同，制定政策的主体层级有所区别，但从中央到地方的各级各类教育管理部门都在教育政策过程中发挥着不可或缺的作用。地方教育管理部门更直接地与公众进行接触和沟通，他们具有执行者和制定者的双重身份，更能体会到教育政策中的要义以及所存在的失误和问题，从而为修订、完善公共政策做准备。中央教育管理部门则更多的是针对宏观的、涉及全球、全国的教育问题进行教育决策。除此之外，教育问题与文化、环境、安全、青少年等问题密不可分，教育政策的制定与实施通常会受到相关职能部门的影响。

4. 司法机关。司法机关作为政府的重要组成部分，也是教育政策利益相关体的重要组成部分之一。虽然传统上司法机关被认为只是一个检查、判案的机构，但实际上它在公共政策过程中发挥着重大作用。尽管在许多发展中国家，法院难以介入政策制定的过程，没有实际的决策功能，使得其对公共政策的影响难以表现出来，但在有些国家例如美国，司法机关能够通过行使司法审查权和法令解释权对公共政策的性质和内容产生很大的影响；通过判例对公共政策的实施过程进行导向和约束。

（二）准利益相关体

准利益相关体是指对教育政策的影响程度大于受教育政策所影响的程度，且这种影响力较弱的个人或组织。政府是公共管理活动的核心主体，但他们不是唯一主体。一般来讲，政府主体以外的教育政策利益相关体可统称为准教育政策利益相关体。准利益相关体在整个教育政策体系中仅处于从属性和辅助性的地位，但是随着公共管理社会化的趋势，要求多样化和多层次的政策利益相关体来解决问题，准利益相关体在整个教育政策体系中开始发挥越来越重要的作用。

1. 政策研究组织。它是教育政策利益相关体中一个十分独特且非常重要的组成部分，被认为是现代决策链条中不可缺少的一环。在外国又称思想库或脑库等，是现代政策研究组织的别称。思想库是由专业研究人员组成的跨学科跨领域的综合性政策研究组织，对于改善政策环境、促进政策决策质量的提升都有着积极的影响。其中，教育政策的研究组织对于教育政策的实施和评估都有着不可取代的作用。如果教育政策研究组织隶属于政府及教育管理部门，那么，它对于教育政策的决策也将起到很大的作用。

2. 非政府组织。也称利益集团，是指基于某种共同的价值、利益、态度或行业而形成的非官方群体组织，其目的在于维持和增进本团体成员的共同利益。此类组织包括基于共同职业而形成的教师协会、基于共同信仰所形成的宗教组织和基于共同的民族所形成的民族保护组织等。在西方，不同的利益集团会通过多种途径和方式影响政策过程，如游说、宣传、抗议等，以争取自身的利益。在我国，随着社会主义市场经济的不断发展，利益多元化格局的逐渐显现，各种利益集团也不断形成和发展，成为重要的社会力量，对政策产生日益重要的影响。

3. 大众传媒。通过制造和传播社会舆论成为极具"杀伤力"的社会行为主体，大众传媒虽然不具有正式的权力，但对教育政策的形成有着极大的影响，并对国家教育政策行为构成直接的制约，即所谓的"舆论控制"。由于大众传媒的作用很大，以至于在西方国家，有许多人将大众传媒称作是与立法权、行政权和司法权并列的"第四种权力"。在我国,大众传媒虽然还没有西方国家大众传媒所拥有的权力,但在公共政策过程中的作用也正在日益增大。在教育政策的实现过程中,大众传媒主要发挥着以下三个方面的功能:(1)选择教育问题进入政策议程。哪些教育问题能够受到人们的广泛关注,从而得到决策者的重视,这在很大程度上取决于大众传媒所发挥的作用,大众传媒造成了人们对问题认知程度上的差别。(2)监督政策实施过程。大众传媒具有信息传递的快捷性和广泛性,它能快速地将教育政策实施过程的效果和问题反映出来,使得政策的执行过程"曝光"于广大群众面前,对政策的执行者产生舆论的压力,促使其完善政策实施过程。(3)扩大公众参与度,利于教育政策改进。大众传媒作为一种连接公众与党政决策系统的桥梁,可以帮助很多无法直接与决策系统接触的公众来公开表达自己的政策利益诉求,使下情直接上达。这有助于促进公众的要求和愿望在教育政策中得到表达,从而利于政策的完善和改进。

(三)目标利益相关体

目标利益相关体是指对教育政策的影响程度小于受教育政策所影响的程度,且这种影响力较强的个人或组织。目标利益相关体通常即指政策的目标群体,也就是受政策规范和制约的社会成员。教育政策的目标利益相关体主要包括家长、学生、教师乃至学校。不同的政策针对不同的目标群体,所要影响或调节、控制的社会成员及其行为的范围也不同。国家的总政策和基本政策发生作用的范围最广,涉及的几乎是所有的社会成员;而特殊政府部门或地方政府的政策法规发生作用的范围较窄,仅仅涉及某一阶层、某一行业或某一部门的部分成员。大部分政策的目标群体都不是单一的利益群体。一项公共政策特别是系统层次的政策和宏观层次的政策,往往会涉及多种目标群体的利益,政策所要调整或规范的就是目标群体的行为以及目标群体之间的关系尤其是利益关系。

在教育政策实现过程中,目标利益相关体受到教育政策直接且强烈的影响,但通常没有能力对教育政策的进程施加影响,因此在与政策的互动中显得被动，但是不表示在政策的过程中可以完全忽略此种群体的意见。因为如果他们大多数不能够对政策表示认同，却没有恰当的反馈途径用于表达呼声和影响政策，长久下去必会影响到社会的稳定。因而，一方面，党和国家的领导者需要建立和完善政策反馈的途径和方式，使目标利益相关体也能表达自己的愿望和要求。全面了解政策涉及的目标群体的需求、利益和心态，这样才能制定出适应具体情况、能被人民群众所普遍接受或能被多数人所理解的政策，有助于政策的顺利执行，充分发挥政策的作用，取得预期的政策结果。另一方面，政策的制定和实施者需要协调目标利益相关体和其他利益相关体之间的利益关系，需要协调不同目标利益相关体之间的利益关系，以促进政策的顺利实施和政策问题的有效解决。这有利于处理好全社会成员的利益与各种利益团体之间的关系，解决人与人、人与团体、团体与团体之间的利益冲突，建立起一个有利于安定团结，促进生产力发展的利益格局。

（四）外围利益相关体

外围利益相关体是指对教育政策的影响程度小于受教育政策所影响的程度，包括这种影响力较弱的个人或组织。其最主要的代表人物就是公众。公众虽然没有明确的组织，力量也比较分散，但却是一种最广泛的教育政策利益相关体。公众通过各种政治参与途径，影响或制约教育政策的制定和执行。在现代社会，公民决定或影响公共政策的主要途径有：一是以主权者的身份，以投票的形式对某些重大政策问题直接行使主权。如采取直接投票的方式选举领导人和完成重大政策修订等。二是用间接或代议的方式，选出自己的代表者，以代议制的形式制定或修改并执行公共政策。三是使用请愿、示威游行、罢工、罢课等各种威胁性方式去反对某些政策，或反映社会问题表达制定新的政策的要求。四是通过参加利益集团，借助团体的力量去影响政策；或通过制造舆论的方式影响政策。五是对政府通过并实施的政策采取合作或不合作的态度，以此影响政策结果等。

教育政策的制定和实施需要进一步扩大公众的参与度，因为教育比起其他政策领域是广大公众更为关心且更能触及的领域。只有让公众对于自己利益相关的教育问题，表达自己的愿望和需求，才能制定出更完善的满足大多数人利益的教育政策。如，2010 年出台的《国家中长期教育改革和发展规划纲要》经过了几轮广泛的征求公众意见，从第二次面向社会公开征求意见，到审议定稿，政策文本充分吸收社会各界意见，正式文本对征求意见稿做了 400 多处的细致修改。本次《纲要》的制定过程，是一种开放式的决策过程，它在专家学者进行调查研究、建言献策，对国外经验学习、参考和借鉴的同时，又强调问需于民、问计于民、问政于民。这是教育重大政策制定的未来发展方向。

尽管四种不同的教育政策利益相关体与教育政策过程有着不同形式的关联，在教育政策过程中起着强弱不同的作用，但是，正是因为存在这些不同类型的利益相关体，存在它们之间的相互作用，存在它们对教育政策过程的作用，教育政策才能更好地关注不同人群的利益诉求，才能更准确地解决教育领域的问题。最后，需要指出的是，不同的教育政策阶段，四种教育政策利益相关体所包含的个体和组织机构是不断变化的，所处地位和所起作用也具有相对的强弱变化。如在教育政策的评估阶段比起在制定阶段，准利益相关体所起到的作用更大；比起教育政策的制定阶段，在教育政策的实施阶段权威利益相关体对教育政策的影响力更强。

第二节 教育政策利益相关体的互动机制

教育政策利益相关体的互动是政策的形成和发展过程的重要动力，有效的互动机制是确保教育政策公平及有效性的重要因素。政策利益相关体各自不同的利益诉求构成了互动存在的基础，因而，忽视或打压来自各利益相关体的不同声音对于有效实施政策目标是背道而驰的。这种互动的机制常常有命令服从、联合协同和对立博弈等不同的表现形式，它们对政策过程的影响各不相同。

一、互动的存在基础——政策利益相关体各自的利益诉求

利益问题是一个关涉到人的生存与发展的根本性问题。当把"利益"作为研究对象纳入学术研究时，首先应该把作为学术概念的"利益"和日常生活中与"道义"相对、带有私利色彩的"利益"区分开。利益是政治学的一个重要研究对象和研究领域。政治学理论认为，人的需要是利益的自然基础，社会关系是利益的社会基础，人需要的对象是利益的内容和载体。概言之，利益在人类社会中是客观存在的。无论个人与群体还是民族与国家，只要生存就必然要具备维持生存、追求发展所必需的各种物质的与非物质的条件，而在人类社会中这些条件即是"利益"。人类必须从事追求利益的各种社会活动以满足生存与发展的需求。马克思曾明确指出："人们为之奋斗的一切，都同他们的利益有关。"并且这个"世界并不是某一独特利益的天下，而是许许多多利益的天下"。而这许许多多不同的利益之间即存在一致性，又存在着利益差别、利益矛盾乃至利益冲突，各种利益主体之间的复杂关系，也就是利益关系，构成了社会关系的本质。

教育无论作为人类社会的一种特有现象、人类特殊的实践活动抑或是社会大系统的子系统，与利益之间都存在着不可分割的联系。首先，教育是人类生存所必需的"资源"之一，因而也是利益角逐的一个领域。其次，教育是社会利益结构的一个组成部分，何人接受教育、接受何种的教育，实际上都是资源在不同主体之间的分配，也是特定利益关系的体现。再次，教育是社会关系再生产的工具，具有延续既有利益格局的功能。同其他社会现象与社会活动一样，教育的背后也隐藏着不同个体、群体之间的利益关系。在这种意义上，教育改革、教育政策从根本上说是对教育中利益结构的调整。教育与利益密不可分，教育中含有必然的利益关系，即使不能说一切教育问题都是"利益"问题，但绝大多数教育问题都可以从"利益关系"的角度得到合理解释。

政策是实现利益的手段之一。戴维·伊斯顿认为"公共政策是对全社会的价值做有权威的分配"，"一项政策的实质在于通过那项政策不让一部分人享有某些东西而允许另一部分人占有它们"。政策是各种利益群体

把自己的利益要求投入到政策制定系统中，由政府依据自身的利益需求，对复杂的利益关系进行调整、综合和博弈的一个动态过程。

因而，在教育政策的系统中，不同的利益相关者为了追求各自的利益，通过进行命令、合作、博弈等各种方式的互动，从而推动或阻碍教育政策的形成和发展。不同的利益诉求是正式利益相关体互动得以存在的根本。例如，在高校投资的政策中，各方利益相关体是这样进行决策的：(1)政府：作为学校最主要的投资者和管理者，政府对高等教育的投资动机包括，高等教育的发展有利于降低犯罪率和失业率，增强社会凝聚力；有利于提高人口素质，促进科学发展和技术进步，提高社会生产率；同时，随着受教育水平的提高，个人对社会和国家的贡献将多于依赖，例如，创造的社会价值增加，上缴的税收增加，而领取的失业救济金、贫困补贴金等减少，这些都是教育所产生的公共经济效益。故而，高校为了获得更多的政府投资，需要具有良好的社会声誉，较高的就业率和显著的科研成果。(2)学生及其家庭：受教育者对高校进行投资的根本原因是为了得到优质教育，提升个人价值。学费已逐渐成为高等教育尤其是地方院校经费的另一重要来源。因而，高等院校要吸引受教育者的投资，首先必须提高自身的办学质量。(3)企业：为了优先获得优秀的人才，企业与高校合作办学；由于生产和管理技术更新的需要，有时会直接投资创办大学；还有企业为了增加社会声誉，捐赠资金给某高等学校；或者为减少人才质量的考核成本，在大学以企业名义设立奖学金，以吸引优秀学生等。总的说来，在保证教育的独立性的前提下，企业与高校的合作是双赢的局面。(4)其他社会资源主体：教育是一种大家公认的公益事业，捐赠或直接投资创办非营利性的大学，在一定程度上能够使得这类资源主体满足慈善心的同时获得良好的社会声誉。当然也有的资源主体就是为了营利而投资高等教育。(5)高等学校本身也是利益主体，其利益诉求是提高教育质量和教育自主性。可见，基本的共同利益——高质量的教育是各利益相关体得以共同出资支持高等教育的基础，但介于利益诉求的不同之处，利益相关体间也存在矛盾，例如，政府对高校的管控和高校的自主性要求间的矛盾，企业要求的利润可见性与高校提升教育质量的长期目标的矛盾等。高校也需要斡旋在各种相关利益体之间，以求得自身的最大发展。

二、互动的持续动力——利益相关体不同强度的政策影响力

从本质上说，教育政策过程就是对社会利益结构的规范，教育政策执行的最终结果就是对象利益的调整和稳定。在现代社会中，教育问题上的冲突基本发生在有组织的群体之间，而不是发生在孤立的个体之间。利益相关体之间的规模、资源、力量和政治导向上有着显著区别，但有一个共同因素就是成员间存在着某种程度的共享利益。不同利益相关者在对教育资源的控制和分配、结构位置和行动的可能性等方面是不等同的，他们之间的权利和影响是严重不对称的。利益相关者之间的权利差序，即不同利益相关者行动能力和权利相关性位置的差异，直接影响到教育政策的制定与实施。

也就是说，教育政策利益相关体是一个复杂的利益主体，他们在决策中的参与程度和影响力度是不一样的。正是这种不同强度的政策影响力造成了互动的多样性与复杂性。各种利益主体为了实现自身的利益最大化，希望参与教育决策，制定出有利于自身的教育政策；而且少数决策精英往往难以考虑到所有利益主体的利益要求而造成部分利益主体的不满，政府为了更公平地分配教育利益、更能代表民意、制约和监督教育政策，也希望更多的利益主体参与教育政策过程。

一般来说，权威利益相关体影响力最强，而外围利益相关体影响力最弱，但是，在政策过程不同的阶段中，各利益相关体的影响力会有所变化。政策过程大体上包括政策制定、政策实施和政策评估三个部分，每个部分又有着更为细致复杂的内容。其中，政策制定是利益表达的过程，是利益相关体互动较为激烈的一环。完整的政策制定过程可以分为四个阶段：政策问题的界定、政策议程、政策形成和政策采纳。在这四个阶段中，政策问题与政策议程具有一定的"隐蔽性"，一般不会引起社会的广泛关注；而政策形成和政策采纳则更容易引起社会的察觉，一直是社会关注的焦点。美国政治学专家托马斯·戴伊（Thomas R. Dye）提出的政策过程理论受到学界的广泛认同。在他看来，政策问题认定主要是社会对政府提出要求，要求政府关注、解决某一问题的过程，利益集团是这一过程中的一个重要参与者，议程设定是政府选择所要解决哪些问题的过程，主要是政府行为。政策形成和政策合法化是针对具体问题设计预选方案和择定方案的过程，也是利益集团对政府直接施加影响的阶段。政策执行是相关政府机构通过政策宣传、调集资源、制定实施细则并付诸实践等方式落实政策内容。政策评估是通过调查、访谈、统计、收集反馈信息等方式了解检验政策实施所产生的效果，考察政策目标的达成程度。

由此可见，政府等权威利益相关体在政策的制定、实施与评估过程发挥着最为重要的决定性作用，尤其在政策形成、合法化和执行等中间环节拥有绝对的主导权。而政策研究组织和大众传媒等准利益相关体在问题认定、议程设定、政策形成和政策评估阶段都有较强的参与度和影响力。而公众等目标利益体在问题认定、政策执行和政策评估环节有较强的参与度，但一般说来，其影响力往往不够。

表1-1　在政策过程不同阶段利益相关体的参与和影响力强度

过程	行为	重要参与者及其影响力强度
问题认定	公布社会问题，表达对政府行为的要求	大众传媒，政策研究组织等准利益相关体＞公众等外围利益相关体
议程设定	决定政府要解决哪些问题	政府等权威利益相关体＞媒体，政策研究组织等准利益相关体
政策形成	提出解决问题的政策建议	政府官员等权威利益相关体＞政策研究组织等准利益相关体
政策合法化	对政策方案作出抉择，寻求政治支持，使之成为法律，决定其合宪性	政府、法院等权威利益相关体
政策执行	组织有关部门和机构，提供相关费用与服务	政府行政部门等权威利益相关体＞公众等目标利益相关体

续表

过程	行为	重要参与者及其影响力强度
政策评估	报告政府项目的结果，评估政策对目标群体和非目标群体的影响，建议政策变更或改革	政府行政及监督部门等权威利益相关体＞大众传媒，政策研究组织等准利益相关体＞目标利益相关体＞公众等外围利益相关体

资料来源：[美]托马斯·戴伊：《理解公共政策》，孙彩虹译，北京大学出版社2008年版，第32页。

除了在不同的政策阶段外，同一政策在不同的历史时期，各利益相关体的参与度与影响力也有所不同，引起的互动形式也会有所变化。如，在新中国成立初期，公众和传媒的政策影响力较弱，形成了教育政策领域国家利益主导的局面。甚至，教育政策一度为政治服务。随着社会乃至教育领域的民主化，传媒和公众对政策的影响力逐渐增强，出现了各种利益相关体共同博弈的局面。而在此变化过程中，各利益相关体的博弈也由不合作逐渐走向合作。

三、互动的表现方式：命令—服从、联合—协同、相互博弈

由于利益相关体的利益诉求和权威性、影响力的不同，利益相关体之间的互动存在三种不同的基本方式：命令服从式，主要存在于权威性相差较大的利益相关体之间；联合协同式，主要存在于具有相同利益诉求的非权威利益相关体之间；对立博弈式，主要存在于利益诉求不同且权威性相差不大的利益相关体间。

（一）命令—服从：权威利益相关体与直接利益相关体、潜在利益相关体甚至外围利益相关体的互动方式。如果按照命令—服从此种方式顺利互动，政策的进程会变得尤其顺畅与快速。当其他利益相关体对命令不满，采取直接或间接的方式进行反抗的时候，命令—服从的互动方式就变成命令—反抗的互动方式，此时博弈就产生了。

国家助学贷款政策涉及中央政府、商业银行、普通高校和经济困难学生四方利益相关者，它们具有各自的利益需求和出发点，并在实践中表现出一定的隐藏冲突而导致国家助学贷款政策实行中的梗阻。国家助学贷款政策是帮助学校中经济确实困难的学生支付在校期间的学费、住宿费和日常生活费，因此，国家助学贷款政策的直接受益者和最大受益者是贫困学生。国家助学贷款政策可以使学校吸引更多的生源，获得稳定的学费和促进学生欠费问题的解决，从而集中精力搞教学和科研等。因此，普通高校是国家助学贷款政策的受益者之一。同时，高校是银行与经济困难学生之间进行联系的桥梁，又是国家助学贷款政策的实施者之一。中央政府在国家助学贷款政策中是"唱主角"的，出发点是为广大经济困难学生着想的，从而为其提供更多接受高等教育的机会。作为国家助学贷款供给方的银行，可以获得免税的利息收益、直接接触未来重要客户以及积累早期信用档案等利益。

　　国家助学贷款政策自出台后迅速实施，但随即受到阻滞，是因为在此项政策中，各利益相关体的互动方式以"命令—服从"为主，国家助学贷款是由商业银行办理的一种由政府贴息的商业性贷款，采用无担保的信用方式，且执行基准利率，是一项典型的政策性金融业务。但银行考虑更多的是信贷资金的安全性、流动性、盈利性。助学贷款对商业银行而言，具有本金来自银行、国家核销政策烦琐等特点。同时，银行在发放贷款时面临诸多信用风险。因而，许多银行对承办助学贷款并不积极，而是迫于政府的压力所为。故而，在政策现实的实施进程中受到阻滞也是显而易见的。

　　（二）联合—协同：权威利益相关体与潜在利益相关体、权威利益相关体与外围利益相关体、直接利益相关体与外围利益相关体、直接利益相关体与潜在利益相关体等等常常发生联合行为。联合协同是建立在共同的利益诉求的基础上的，只有当共同目的能够满足或者有利于达成各利益相关体的目标时，合作才有可能形成。同时，联合协同是建立在"求同存异"的基础上，不同的利益相关体不可能达到利益的完全一致，因而它们必须通过暂时放弃某些利益来换取更大的利益。联合协同的状态是暂时的，随着政策的不断推进与发展，不同的利益相关体所追求的目标可能发生变化，在此情况下，联合协同的互动方式会随之转变成对立博弈。

联合协同的互动方式有利于政策的顺利推进。例如，在开办私立幼儿园政策的利益相关者中，政府作为权威利益相关体为了增加教育经费，减轻国家教育拨款压力，在学前教育范围引入良性竞争而采取相关政策。在除政府外的其他利益相关体中，利益诉求具有一致性，因而它们迅速形成合作，推进私立幼儿园的发展。

家长的主要利益诉求即是幼儿的健康成长，只要孩子能够健康成长，家长愿意支付幼儿园所要求的保育费和教育费。调查结果发现，家长选择幼儿园的前提是自身的经济承受水平能够承担幼儿园所要求的费用，在选择就读的幼儿园之后，家长对费用的高低没有异议，前提是幼儿园能履行招生广告中的承诺，孩子在幼儿园能健康成长。

教师的主要利益诉求是合理的物质回报、良好的人际关系、领导与家长的认可与自身专业能力的提升。教师利益需求满足的前提是履行工作职责。教师是愿意履行工作职责的，因为如果不履行工作职责，教师将会失去工作的机会，失去实现利益诉求的机会。所以教师会为了实现自己的利益诉求，履行与幼儿园、家长之间的契约，为幼儿提供所需的教育服务，促进幼儿的健康成长。

园长的主要利益诉求是赢得尊敬与信赖；实现教育理想与抱负；有吸引力竞争力的薪酬；施展才华与能力的环境和机会；工作顺利，无纠纷与事故。园长为了实现利益诉求愿意履行与幼儿园之间的契约。园长负责管理幼儿园教育保育工作及其他日常管理工作，其工作职责其实指向幼儿的健康成长。举办者利益诉求的实现依赖于幼儿在幼儿园能够健康成长。因为幼儿园的产品是教育服务，教育服务的购买与消费同时发生，不像其他商品能够拿在手中观察质量。作为一种服务，教育消费者只能感受其质量，所以，举办者为了赢得良好的声誉与口碑、持续稳定的生源，愿意促进幼儿的健康成长。

从上述分析可以看到，私立幼儿园的各利益相关者都有一个共同的利益取向，即是幼儿的健康成长。除家长外，教师、园长、举办者都需要幼儿的健康成长，都努力工作以促进"幼儿的健康成长"。因为，幼儿的健康成长与他们的利益诉求的满足是一致的，是不冲突的，并且，幼儿的健康成长是他们利益诉求得以满足的前提。

（三）对立博弈：博弈是各利益相关体为了自身利益而进行的较量，博弈可以在各种利益相关体中进行，是最广泛存在的一种利益相关体的互动方式。由于在利益需求上存在着分歧与矛盾，不同利益主体之间必然存在着竞争。在社会处于资源占有饱和或者资源供给不足的状态时，一个群体的利益获取必然要以其他群体的利益损伤为代价，这时的竞争将尤其激烈。每个群体都想方设法扩大自己的利益，通过种种方式制约和影响那些与自己具有利益冲突的群体。或者在进入政府程序前与其他群体达成妥协，或者分别对政府机构施加影响以争取政府对本群体的支持。这一过程就是利益博弈。

为了更清晰利益博弈的互动方式是如何进行的，不妨以高校考试制度改革过程中利益相关体的博弈为例来进行说明。在高考制度改革政策中，存在的利益相关体主要有教育主管部门，高校，高校的教育工作者和学生，家长和用人单位等。第一，教育主管部门。从教育主管部门有关考试制度的规定或指导性措施中可以看出，主管部门是按照素质教育的要求进行制度规定的。然而，教育主管部门的利益在于管理的方便性。为了便于管理，执行者倾向于高校简化考试形式，以便于教育主管部门检查评比。对于考核大学生的能力等软性指标，由于无法直接衡量，管理工作难度大，考试的改革措施在实际执行中不受教育主管部门青睐。第二，高等学校。高校深知学生素质的高低直接关系到本校的声誉，抓考试制度改革就等于抓住了关键，在落实教育主管部门有关考试制度改革措施时非常积极，但在具体的政策制定上，由于受自身师资力量、学生适应水平、学校软硬件环境等诸多因素制约，在具体制度方面往往注重知识考核，形式比较单一。第三，教务管理者、教学管理者、教师和学生。这些主体作为具体的执行者或实践者，在完成工作任务或学习任务的同时，均存在付出最小化而收益最大化的倾向。教务管理者要想完成考试管理基本任务，单一化的闭卷考试可以说是一种简单易行的方法，如果改为多次考试和多样化考试，其管理难度与工作强度就会加大。对于教学管理者而言，现行考试模式比较容易达到教学计划要求，是一种快速提升日常教学管理水平的有效表现形式。对教师来说，现行知识型考试和单一化的闭卷考试在一段时间内工作量比较集中，在考试结束后和平时授课会很轻松，只需传授本门课程的基本知识，至于大学生的情感培养、学习能力、分析和解决问题的能力以及动手能力等培养则无须费神。对学生来说，考试的目的就是为了取得较为满意的分数，可以高分评奖，受人尊重，谋到一份好工作。因此，学生认为选择知识点考试的闭卷考试是一种最轻松的行为，也是一种向各方均好交代的方式。第四，用人单位或部门。作为高等教育的真正受益者，用人单位或部门对待高校考试制度改革的态度和行为是选择不作为，对高校的考试模式予以认同，在招聘大学生时，它们会参照高校考试的基本做法，从用户层面强化了现行高校考试模式的作用。第五，家长。高等教育的规律性和各类专业的复杂性，客观上决定了家长没有能力具体参与高校考试制度改革。不参与也是一种无奈的选择，他们共同的期待是自己的孩子在校考试成绩优秀。综上所述，尽管各类主体都认识到高校考试制度改革的重要性，各自追求自身利益的最大化，形成了高校考试制度的现状，造成了现有考试制度重知识，轻能力；重记忆，轻创新；重笔试，轻应用；考试时间灵活性低；信息反馈不灵等各种弊端的存在。这是各方博弈的均衡结果，最终导致无人对高等教育产品——人才质量负责。

相互博弈是最普遍的一种利益相关体互动方式。在此种互动方式下，各利益相关体的对立博弈可能对教育政策的目标实施造成不利影响。如，对政策的执行造成阻滞，造成教育资源的浪费，教育系统的不稳定等。教育政策作为对主体利益资源与格局的一种重新分配机制，这其中必然涉及对政府部门的利益、区域的利益和集团的利益的重新调整，也正是在这三种利益形态的交杂博弈和选择中，我国教育政策在实施过程中往往会出现实施活动和结果与政策目标、要求相背离的现象。①

　　但从长远看来，博弈是恰当表达各方利益诉求最直接的方式，博弈有利于促进政策的更新和变革，对于教育政策的完善与发展具有重要意义。因为，联合协同只存在于利益一致性的前提下，而大多数情况下，各利益相关体的利益诉求往往大相径庭。而"命令—服从"式的发展对于政策顺利推进的确大有益处，但一味地"命令—服从"是各利益相关体不正常互动的表现，而这种互动不完全是政策民主化发展不完善的体现。利益相关体的互动不畅会严重影响教育政策的实施乃至整个教育领域的发展。倘若利益诉求各不相同的利益相关体对政策的影响力固化，也就是说一些利益相关体无法参与到政策过程中来，而一些既得利益者强势掌握政策过程的运行，那么教育政策将难以达成公平和有效的目标。因为教育政策的变动会引起教育资源、教育机会和政治权力的重新分配，必然会引起既得利益者的利益受损，如果既得利益者是强势相关者，那么决策者往往会担心自己的政治支持受到削弱、社会稳定受到威胁而"屈从"于强势相关者，进而对教育政策制定过程的重新选择和调整熟视无睹。

---

① 曲正伟：《论我国教育政策实施过程中的利益主体因素》，《教育理论与实践》2007年第12期。

第二章 教育政策形成、实施及 评价的政策环境

第一节 教育政策环境的含义

首先，一切教育政策都是特定的社会在特定的时代为解决教育问题，或实现一定时间内教育目标而制定的。其次，教育政策运行过程包括形成、实施和评价三个主要部分，该过程中涉及政策的决策者、执行者和评价者，由此可以看出，教育政策所涉及的个体和组织十分繁杂。最后，在教育政策的形成、实施和评价过程中，不可避免地还要受到许多诸如经济、政治、文化等方面的影响。因此，教育政策离不开社会情境，这种情境包括社会科学研究范畴的诸多方面，例如经济状况、政治因素、人口趋势、意识形态、传统价值观等等，而这些现象并不是一成不变的。福勒认为，"某一特定时间和特定地区的复杂的社会因素，构成了特定的政策环境。"①

由于前文已经提及的教育政策离不开具体的社会情境，它不可避免地与整个社会发生千丝万缕的联系。其形成、实施和评价的过程中有许多教育之外的力量介入，因此，不考虑社会情境而单独研究教育内部环境的

---

① ［美］弗朗西斯·C.福勒：《教育政策学导论》，许庆豫译，江苏教育出版社2007年版，第50页。

做法是不对的。诚然,教育政策作为一种较为特殊的公共政策,其运行过程中也受制于教育的内部环境:即学校教育和非学校教育中对政策运行造成影响的复杂因素之总和。但是由于研究者能力的限制,下文将试图探讨教育政策的外部环境,而将更为复杂的教育政策内部环境搁置。

任何教育政策都是具体环境的产物,其产生必定有特定的地域环境和时代背景。而在教育政策的实施过程中,涉及的社会个体就更为多样,既有教育行政人员,也有一线教师和学生等等。在教育政策的评价过程中,评价者的价值取向和教育素养对评价的结果至关重要。由此,我们可以得出:由于教育政策涉及群体的广泛性,它不可避免地受到政策环境的影响。教育政策环境与一切政策环境一样,都包括特定时间和特定地区复杂社会因素的总和。"所谓政策环境就是指影响政策产生、存在和发展的一切因素的总和。"① 同样,教育政策环境是指影响教育政策产生、存在和发展的一切因素的总和。有时候,教育政策本身在运行的过程中也成了政策环境的一部分。因此,政策环境包括的内容非常广泛和复杂。

第二节　教育政策环境的内容

教育政策环境包括自然地理环境、政治环境、文化环境、国际环境等。在以上环境构成中有的属于事实环境,典型的有自然环境、经济、技术条件等;有的属于价值环境,如社会环境中的道德价值观、社会对公平与效率的基本态度和文化环境中的传统习俗等。任何决策都必须适应环境的要求,不能只依据事实环境,价值环境也应成为政策制定的重要考量。②

教育政策的环境包含的因素非常多。一般来说,任何公共政策的运

---

① 陈振明主编:《政策科学——公共政策分析导论》,中国人民大学出版社 2004 年版,第 60 页。
② 石火学:《教育政策视角下的教育公平与效率问题研究》,《清华大学教育研究》2010 年第 10 期。

行都离不开物质保障，这就包括人力、物力、财力三个方面。另外，公共政策的运行还需要政策决策系统、执行机构和监督机构，因此，政治因素也是政策环境的重要组成部分。此外，作为上层建筑的文化环境也在政策运行的过程中发挥着重要作用。随着时代的发展和全球化浪潮的日益盛行，国际环境也成为教育政策环境中的重要因素。

一、地理自然环境

地理自然环境就是教育政策系统所处的地理位置和自然状况，包括国土面积、地形地貌、气候、纬度、自然资源等。地理自然环境为人类的发展提供了物质基础，是所有国家和地区经济建设的出发点和立足点。客观上，地理自然环境也影响着包括教育政策在内的公共政策系统。

从地理自然环境作用于生产方式来看，马克思指出："不同的公社在各自的自然环境，找到不同的生产资料和不同的生活资料，因此，它们的生产方式、生活方式和产品，也就各不相同。"[1] 也就是说，由于地理自然条件的差异性，人们不得不找到适应所在环境的生产资料。劳动对象的不同导致了人们的劳动工具、劳动技能等等方面的差异。这种差异最终会影响人类全部生产关系以及人类的整个思想上层建筑。教育政策作为人们社会复杂现象中的一种，也不可避免地受其影响。

从地理自然环境作用于文化来看，黄济先生认为："地理环境，不但对人类生存和发展产生着巨大影响（当然人类不是像动物那样只能本能地适应环境，人类还能自觉地改造环境），而且对文化环境的发展也直接发生着影响。如气候的寒热对儿童成熟早晚的影响，交通的便利与否对文化发展快慢的影响。"[2] 地理自然环境以一种内化到人们日常生活的方式潜移默化地影响着文化的发展。同时，"教育体系是每个民族的民族意识、文化与传统的最高表现，既然每个国家都有它不同的语言、地理、文化和社

---

① 《马克思恩格斯全集》第 23 卷，人民出版社 1995 年版，第 560 页。
② 黄济：《教育哲学》，北京师范大学出版社 1985 年版，第 55 页。

会—职业环境，没有一个国家与其他国家完全相同，因而世界教育的多样性就是必然的。"① 由此可见，地理自然环境是教育发展的重要背景，甚至在某种程度上决定了该环境下教育的一些特质。

简言之，人类世代生存和发展的物质基础是地理自然环境。纵观世界，每一个民族其文明的产生、发展和衰亡都是与地理环境紧密相连的，同时人类意识或精神也深受其影响。教育体系作为文化的最高体现，也深受地理自然条件的影响。

二、经济环境

经济环境是对教育政策系统具有重要影响的多种经济因素的总和。它包括生产力的发展水平，生产资料的所有制形式、经济结构、经济制度等等。经济基础决定上层建筑，无论是何种性质的政策主体，其决策机制、决策目标、决策行为和决策方法都要受到经济环境的制约。② 具体来说，体现在以下几个方面。

首先，经济环境是教育政策制定的基本前提。经济环境是人类生活最基本的环境，在这个系统不可能超越已有的条件为教育政策提供物质条件。有权主体在制定和实施教育政策的过程中，必须充分认识其所处的经济条件。

其次，经济环境是教育政策实施的保障。教育政策在制定、执行和评价的过程中需要人力、物力、财力、信息等资源，其运行必然要受到经济发展情况的制约。政策过程作为上层领域里的政治活动，唯有与国家或地区的经济整体发展相一致的前提下才能获得经济资源的支持。也就是说，经济环境是教育政策实施的保障。

最后，教育政策要适应经济环境的变化。经济环境是教育政策的基本前提，同时也是保障教育政策运行的重要物质基础。反之，教育政策也

---

① 联合国教科文组织教育发展委员会：《学会生存》，上海译文出版社 1979 年版，第 235 页。

② 刘斌、王福春：《政策科学研究》，人民出版社 2002 年版，第 127 页。

对经济环境有重要影响。教育担负着培养劳动力的任务，是社会再生产的必要条件，也是经济增长的必要条件。社会再生产主要依靠劳动力再生产而实现，而劳动力再生产的最基本的因素是教育和训练。政策和环境互相促进，因此，教育政策也要适应经济环境的变化。

三、人口环境

人口是构成人类社会的基本要素，在不同的国家和地区，人口呈现不同的特点。人口因素包括：人口数量、人口质量、人口结构、人口流动等，这些因素都对教育发展提出了要求，并直接影响教育的规模、速度和结构。与地理自然环境一样，人口因素构成教育政策的重要制约因素，是教育政策环境的一部分。

人口数量对教育政策环境的影响。具体而言，人口数量影响教育发展的规模，人口数量的变化必然要求教育规模随之发生相应的变化。具体而言，即是人口的数量决定着教育事业的可能规模，人口的增长速度决定着教育事业发展应有的速度。从教育经费上看，在国家财政既定的情况下，人口越多，能够用于发展教育的钱物也就越少。学龄人口的增加，不仅使人均教育经费减少，学校基建困难，而且给师资队伍建设也带来了很大的困难。学龄人口数量的变化对各级各类教育有连锁效应，这种效应甚至持续到非学校教育。总之，人口数量是教育政策环境中的一个重要因素，它制约着教育政策的方方面面。

人口质量对教育政策环境的影响。通常认为，人口质量指的是社会人口总体所反映的身体素质、科学文化素质及道德素质等方面的一般情况。身体素质包括遗传素质和健康状况，是人口质量的物质要素。科学文化素质包括科学知识状况与智力发展水平。道德素质包括政治思想觉悟、道德修养等。科学文化素质和道德修养是人口质量的精神要素。[①] 人口质量对教育的影响表现为直接和间接两个方面。直接影响是指入学者已有的

---

① 何齐宗、戚务念：《我国教育与人口关系研究述评》，《江西社会科学》2000 年第 2 期。

水平对教育的影响，间接的影响是指年长一代的人口质量影响新生一代的质量，进而影响以新生一代为主的学校教育和非学校教育。在教育政策过程中，必须将人口质量因素纳入考虑范围。

人口结构包括人口的自然结构和社会结构。前者涉及人口的性别和年龄等方面，后者涉及人口的阶级、文化、职业、地域等。人口结构是教育政策环境中发挥作用的一个重要因素：人口的年龄结构会影响各级各类学校的规模，并改变它们在整个教育系统中的比例；人口阶层的差异要求教育政策为所有人提供社会地位流动的机会；人口的民族、种族结构对教育的影响则更为复杂，处理不当的话甚至会对整个社会带来不安定因素。

人口流动主要是指人口在空间上的变动。在现行的教育体制下，对于受教育者来说，流动意味着接受学校教育的场所的更换；而对于提供教育的政府而言，人口流动意味着将要面对新的挑战。此外，人口流动对教育政策环境的影响不仅体现在受教育者的流动上，也包括师资的流动和人才的流动。

人是教育政策环境的主体，因此，人口因素对教育政策的影响举足轻重。任何教育政策的制定都必须考虑到具体国家和地区的人口特征。此外，人口对教育的影响并不是单方面，教育作为培养人的活动，对提高人口素质有重要的作用。

四、政治环境

教育政策的政治环境是指直接或间接影响一个国家或地区教育政策的政治制度、政治体制和政治文化等情况的总和。[①] 政治环境对教育政策有重要影响，具体体现在以下几个方面。

首先，政治环境决定着教育的领导权。任何社会的教育领域有权主体都是由政治环境决定的。有权主体掌握了教育的领导权，就会通过制定教育法律、颁布教育方针政策、规定教育目的、明确教育内容、任免教育

---

① 王曙光等：《公共政策学》，经济科学出版社 2008 年版，第 86—87 页。

行政人员和教师、控制教育经费的分配和使用等手段，将教育权掌握在自己手中。

其次，政治环境决定教育政策系统的民主化程度。教育是一项涉及绝大多数社会个体的事业，属于公共问题的领域，教育政策运行的过程中必须做到民主化。如果体制之外的客体缺乏参与教育政策过程的制度化途径，教育政策的有权主体和教育政策的目标群体缺乏良性互动，政策系统就会成为一个封闭的、专制的系统。而教育政策系统内的民主化程度与政策环境息息相关，民主化的政策运行系统必须依赖于民主化的政治环境。

最后，政治环境决定教育政策的合法化程度。前文已经提及，教育政策具有权威的强制性，这种权威的强制性必须以政治环境为基础。只有在一个法制健全、司法独立，真正做到依法治国、依法行政的社会中，教育政策才有可能从内容到形式实现合法化，并得以保证其权威的强制性。

五、文化环境

文化环境是规范人们思想文化行为的社会行为准则。文化环境以不同的形式贯穿教育政策形成、实施和评价的过程中。下面将从政治文化和社会文化两个角度阐述文化环境对教育政策的影响。

政治文化的概念最早是由美国学者阿尔蒙德提出的，他认为每一个政治系统都植根于一种政治行动的特殊取向模式中，这种特殊的取向模式就是该政治系统的政治文化，即一个民族在特定时期流行的一套政治态度、信仰和感情。① 政治文化对教育政策的影响主要表现在三个方面：(1) 政治文化影响政策方案的制定。在政策的形成过程中，有权主体秉承着一定的价值观和尺度去认识和衡量政策问题，去权衡各方的利害关系，从而形成该价值观和尺度下的教育政策。(2) 政治文化影响政策执行者和目标群体对该政策的选择。特定政治文化的人们秉承特定的政治价值观，

---

① ［美］G. A. 阿尔蒙德、小鲍威尔：《比较政治学：体系、过程和政策》，曹沛霖等译，上海译文出版社 1987 年版，第 29 页。

这种价值观会影响他们对政策的选择。尽管教育政策具有权威的强制性，但是教育作为培养人的活动，目标群体的主观感受也对最终的结果有重要的影响。(3) 政治文化是教育政策评价的重要依据。教育政策评价是教育政策在形成、实施之后，根据一定的标准对该项政策进行全面的分析和判断。教育领域的评价标准包括客观的指标也包括非量化的、无形的主观标准，而政治文化则可以构成重要的无形标准。教育政策评价主体能否客观地评价教育政策，取决于他们的政治文化素养。

社会文化作为社会成员认同的社会行为模式，规定了每个人的社会角色，规范着社会成员的行为，并衍生出一定的社会价值观和人类共同体的行为准则，因此，任何政策的产生都会打上一定社会文化的烙印。[1] 教育政策运行的过程无法脱离特定的社会文化环境。通常，这种文化环境并不以制度的形式对教育作出规范。根据诺斯的观点，非正规制约的内容包括名誉、被广泛接受的行为标准以及在重复关系中形成的传统，它们是对正规规则的拓展、阐明和修正；社会公认的行为标准；内部实施的行为标准，非正式社会规则来源于社会所流传下来的信息以及我们称之为文化的那部分遗产。这种非正规制约持续不断地对教育政策系统发生作用，在一定程度上影响了教育政策的时机、路径与效果。

六、国际环境

教育政策的国际环境是指对一个国家或地区教育政策的形成、实施和评价产生影响的，由国家和国家组织相互间的竞争、合作、冲突所形成的，带有一定稳定性的世界政治、经济、文化运行的秩序和格局。在当今国际环境全球化的趋势下，各国（地区）的教育政策不可避免地发生密切联系和相互作用。因此，国际环境是现代教育政策过程面临的一个重要挑战。随着现代信息技术的发展和人员交流的日益频繁，尤其是比较教育学科的发展，各国和地区理论界的交流不断增多，任何新的思潮马上就可以

---

[1]　徐家良：《公共政策分析引论》，北京师范大学出版社 2009 年版，第 62 页。

传遍全球。在实践层面，各国的交流与趋同也日益明显。

高等教育领域，欧洲"博洛尼亚进程"加强了欧洲各国之间的高等教育一体化进程，"伊拉斯谟项目"则从 2004 年开始鼓励欧盟与世界其他国家高等教育的交流，为欧盟成员国与非欧盟国家高等教育的交流提供了平台。

基础教育领域，一些国际性的大规模测试对各国和地区的教育决策和评估产生了重要影响。目前，许多发达国家都从国内和国际的视野同时评估本国的教育质量和公平，在开发本国的大规模学生学业测试的同时，引入国际性的大规模测试。大规模的国际测试，如，英国、美国、澳大利亚、加拿大等欧美国家，一般都参加以下几种国际测试：经济合作与发展组织（OECD）实施的"国际学生评估项目"（Program for International Student Assessment，简称 PISA），国际教育成就评价协会（International Education Assessment，简称 IEA）组织的"国际阅读素养研究"（Program of International Reading Literacy Study，简称 PIRLS）和"国际数学和科学趋势研究"（The Trend of International Mathematics and Science Study，简称 TIMSS）。[1] 以 PISA 项目为例，该评估项目与传统意义上的中学毕业考试不同，其主要目的是考察各国和地区义务教育结束时学生对基本生存技能的掌握程度，考察内容包括阅读素养、数学素养和科学素养三个方面。迄今，该评估已经进行过七次（2000 年、2003 年、2006 年、2009 年、2012 年、2015 年、2018 年），越来越多的国家和地区参与到此项目中，2000 年举行的 PISA 测试仅有 43 个国家 / 地区参与[2]；2009 年有 65 个国家 / 地区参与了 PISA 测试[3]；而 2018 年参与 PISA 测试的国家 / 地区达到了 79

---

[1]　占盛丽、文剑冰、朱小虎：《全球化背景下 PISA 在美国基础教育质量评估体系中的贡献——基于美国 PISA 与 NEAP 的比较》，《外国中小学教育》2010 年第 5 期。

[2]　OECD，"Programme for International Student Assessment"，2011 年 1 月 12 日，http：// www.oecd.org/pisa/ aboutpisa/ pisa 2000 list of participating countries economies.htm.

[3]　OECD，"Programme for International Student Assessment"，http：//www.oecd.org/pisa/ aboutpisa/pisa2009 participants.htm.

个之多①。PISA 项目的结果为各国提供了跨国跨文化的比较，对各国的教育改革产生了一定影响。中国上海自参与 2009 年、2012 年以及 2018 年的 PISA 项目以来，各项指标均遥遥领先于其他参与者。上海 PISA 项目秘书长陆璟认为，PISA 是一项以改进教育政策为目的的实证研究，希望通过这一视角，加强教育决策的科学性。②

目前，尽管教育领域的国际化项目并未能纳入全球所有国家和地区，但是，这种国家间的交流、协作和相互影响已经成为一种不可阻挡的趋势。国际环境已经成为教育政策形成、实施和评价过程中不能忽视的重要因素。

第三节　教育政策环境如何影响教育政策

一、对教育政策的形成而言

教育政策是具体社会环境复杂运行的产物，它的产生离不开特定的政策环境。教育政策作为公共政策，涉及的社会个体和组织非常广泛。教育政策的目的在于解决问题或完成一定时间内的教育目标，这种问题一般来源于环境，而教育目标也与社会的发展有很大关系。因此，教育政策环境在政策的形成过程中扮演重要角色，环境因素中的政治、文化、经济、人口等因素都是政策形成的背景。

袁振国认为，教育政策的制定是一种政治行为，在政策制定的整个过程中，政治环境的影响无处不在。③ 首先，政治影响教育目标的确定。不同时代的不同国家在制定教育政策的过程中，都必须确定明确的政策目标。具体政策目标因政策而异，但实质上是一样的，即都体现了在政治上占据统治地位的社会阶级和集团的利益、理想和愿望。其次，政治影响政

---

① OECD, "Programme for International Student Assessment", http：//www.oecd.org/pisa/aboutpisa/pisa-2018-participants.htm.

② 陆璟：《PISA2009 上海实施报告》，《教育发展研究》2009 年第 4 期。

③ 袁振国：《教育政策学》，江苏教育出版社 2001 年版，第 35—37 页。

策问题进入政策议程。教育问题通常需要通过一定的政治过程才能进入政策议程。最后，政治影响政策方案的选择。不同的教育政策方案往往决定着社会中教育机会和权利的不同分配。虽然从根本上说社会所能提供的资源是由社会的经济发展水平决定的，但是这些资源的分配方式却是由政治决定的，政治规定了不同阶级、社会集团及其成员在占有教育资源中的机会、权利的差异。

此外，教育政策的形成还受到其他多方面因素的影响。这种影响集中体现在决策者制定政策的过程中。我们知道，人是一切事物中最主要的因素，教育政策制定也不例外，没有人，也就无所谓政策。政策制定者必须充分考虑到包括自然地理环境、政治环境、经济环境、文化环境、人口环境以及国际环境等方面因素的影响。不同的政策需要考虑政策环境的侧重点不一样。

在众多与政策形成相关的人物当中，决策者、专家与智囊系统、行政人员对教育的形成影响最大。决策者即政策最终制定者，亦即根据法律在政府中占决策职位的直接决策者。专家是指具有专门知识与技能的学者。智囊系统一般是多学科专家的集合体，注重于发挥集体智慧；同时也是一个由不同的知识结构组成的运用现代科学理论、方法和手段，可以互相补充、启迪和丰富的知识信息综合体。专家与智囊系统帮助决策者对重大教育问题作出准确预测，确定具体教育政策的目标和价值，收集和提供政策环境信息，提出各种拟订方案并予以解释。按照政治与行政相分离的原则，行政人员主要是负责教育政策执行，不可否认，其对教育决策也会产生一定影响，他们的意见和建议以及在政策执行中所掌握的反馈信息都会通过决策者影响政策制定。与这几类人物相对应，袁振国认为，一个理想的教育决策体制应该是以决策系统为核心、信息系统居外圈，智囊系统（或称参谋系统）居于二者之间的三环套决策机制。[①] 而信息系统则是政策环境的一部分，也就是说，并不是所有的政策环境因素都能进入决策的

---

① 袁振国：《教育政策学》，江苏教育出版社 2001 年版，第 62 页。

信息系统从而影响到最终的决策。在每一项政策的形成过程中，考虑到的政策环境因素只是整个大环境中的部分因素。如图 2-1 所示：

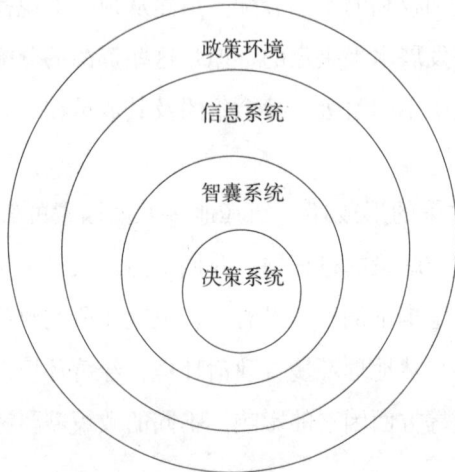

图 2-1 政策环境与政策的形成

综上所述，在教育政策的形成过程中，包括自然地理环境、文化环境、经济环境、人口环境等因素在内的政策环境是最终所形成的政策的大背景，只有部分的政策环境因素成为政策形成的信息系统的一部分，而信息系统的部分信息进入智囊系统的考虑范围之内，进而成为决策系统的一部分。这个过程的发生有赖于政策的决策者及其他的相关人员。因此，政策环境因素是通过一系列与政策形成相关的人的取舍以及价值判断才进入到政策的决策系统之中的。

二、对教育政策的实施而言

政策的实施也即政策的执行过程，在对政策执行理论的研究中，许多学者把影响政策执行的环境因素作为研究的重点，被称为"环境影响模式"。保罗·塞巴梯耶尔与丹尼尔·马兹曼尼恩（Paul Sabatier& Daniel Mazmanian）非常重视"环境因素"对政策执行过程的影响，他们将政策执行过程视为因变量，把环境因素视为自变量，当执行者实际推行某项政策时，政策环境中的因素便不断影响执行人员的行动。因此他们认为，一个理想的政策执行模式必须重新建立执行者行政行为与政策环境之间的关联性。他们认为，影响政策实施各阶段的变量可以分成三大类：（1）政策问题的可处理性；（2）政策本身的规范能力；（3）影响政策实施的非政策变量。每一大类又可以细分为几个小项，具体如图 2–2 所示。

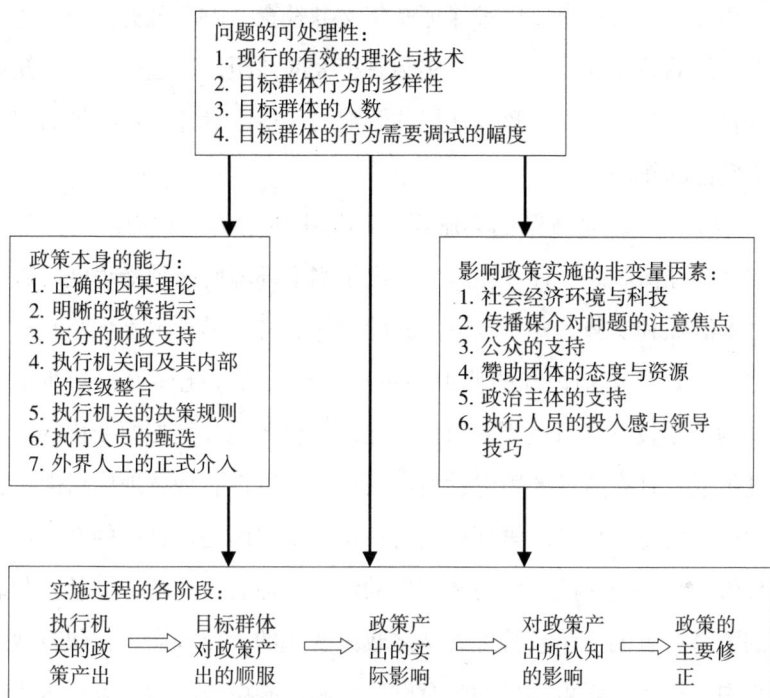

图 2–2　政策实施的环境影响因素

　　教育政策在实施的过程中，受到多方面因素的影响，而其能否顺利实施是由三大类因素决定的，一是政策所针对的问题是否具有可处理性，二是该政策本身的能力，三是影响政策实施的非变量因素。在分析政策所针对的问题是否具有可处理性时，我们需要考察目标群体和现行的理论及技术。政策本身的能力包括的方面非常之多，如该政策是否符合正确的因果理论、是否有充分的财政支持、合格的政策执行人员以及政策的执行机关是否能够有效地运转。而影响政策的非变量因素则更加复杂，社会的经济环境状况以及公众、媒体等因素都是影响政策能否顺利实施的重要因素。

　　以我国为例，由于幅员辽阔，各个地域差别很大，经济发展状况并不均衡，文化和社会风俗各不相同，教育资源以及对教育的重视程度的差异性也很大。我国的教育政策一般是中央一级教育政策制定主体制定的，并在全国范围内普遍实施的政策。但是，各个地区实施的过程和效果则千差万别，当东部有重教传统的山东省已经提出要普及 15 年义务教育的同时，西部的省市甚至还很难保证 9 年义务教育。由此可见，同样的教育政策在不同的政策环境之下，其实施有很大的差距。这也就从一个侧面说明，教育政策的实施深受政策环境的影响，环境因素甚至对政策的实施起到了决定性的作用。

总结来说，教育政策的实施需要环境提供财力、物力、人力等多方面的支持，任何脱离了社会实践、超出了当下环境所能承受程度的教育政策势必不能顺利实施。对于政策实施的主体而言，尽管很难预测政策的变化，但是掌握环境知识却能使他们不至于在政策变化面前不知所措。福勒[①] 认为，学校领导者应当对自己所处的社会环境及其如何变化的情形保持高度敏锐。具有这样的敏感性将会帮助学校管理者理智地应对那些预料之外的政策变化。理解政策环境的另一个重要原因是，这样的知识可以帮助学校管理者避免时间、精力和资源的浪费。最后，理解环境及其与教育政策的关系，有助于学校管理者掌握政策变化的大致方向。在教育政策实施过程中，环境因素可能成为政策顺利实施的隐患或阻力，有时也可能成为政策实施的契机或助力器。教育政策的实施离不开环境的支持。

三、对教育政策的评价而言

所谓教育政策评价，是指按照一定的教育价值准则，对教育政策对象及其环境的发展变化以及构成其发展变化的诸因素所进行的价值判断。[②] 也就是说，教育政策评价包括三层含义：一是强调教育政策评价的本质，即在事实判断的基础上所作出的"价值判断"；二是须明确教育政

---

① [美] 弗朗西斯·C.福勒：《教育政策学导论》，许庆豫译，江苏教育出版社 2007 年版，第 50—51 页。

② 袁振国：《教育政策学》，江苏教育出版社 2001 年版，第 230 页。

策评价的对象、阈限；三是教育政策评价的准则。

教育政策评价的对象、阈限强调的是"政策对象及其环境的发展变化，以及构成其发展变化的诸种因素"。这句话包含两种意思，其一是强调教育政策评价的重点是教育政策对象及其环境发展变化。其二是强调构成教育政策变化的诸种因素，包括对教育政策方案进行价值分析、可行性分析和结果预测分析，及政策执行前的预评价。因为政策方案的优劣直接决定政策执行后的产出。除此之外，还要对影响政策执行的因素进行评价，包括人、财、物、时、空、信息等方面的因素，即所谓执行评价。由此可见，教育政策评价其实涵盖预评价、执行评价和后果评价三个层面，重点在于后果评价。在整个评价过程中，政策环境始终在发挥着不可忽视的作用。

预评价是指对教育政策方案本身所做的评价，主要是从价值分析、可行性分析和后果预测分析这三个方面入手。执行评价就是"检查教育政策执行过程是否按照原定政策方案施行，其二是审核方案的继续执行能否达到预期目标"。后果评价是对教育政策执行后的产出以及所产生的影响所做的价值判断。包括政策效果评价、政策效益评价、政策影响评价。上述三个过程并不是互相割裂的，而是统一为一个整体。事实上，预评价、执行评价和后果评价在实施的过程中都受到政策环境的影响，都需考虑政策环境的因素，具体情况如图 2–3 所示。

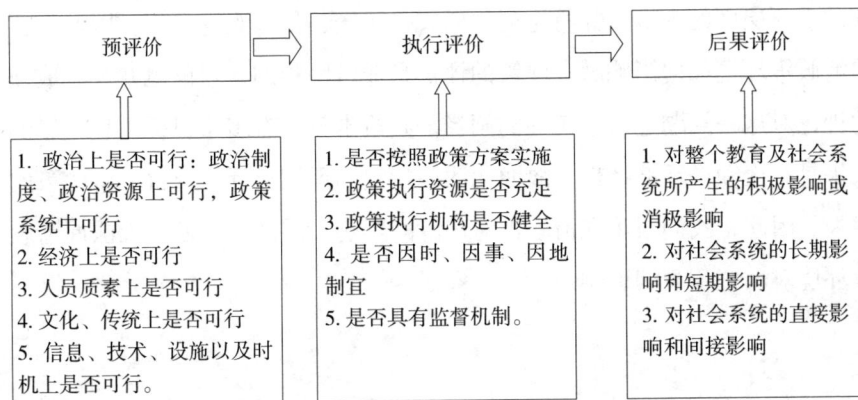

预评价	执行评价	后果评价
1. 政治上是否可行：政治制度、政治资源上可行，政策系统中可行 2. 经济上是否可行 3. 人员质素上是否可行 4. 文化、传统上是否可行 5. 信息、技术、设施以及时机上是否可行。	1. 是否按照政策方案实施 2. 政策执行资源是否充足 3. 政策执行机构是否健全 4. 是否因时、因事、因地制宜 5. 是否具有监督机制。	1. 对整个教育及社会系统所产生的积极影响或消极影响 2. 对社会系统的长期影响和短期影响 3. 对社会系统的直接影响和间接影响

图 2–3　政策环境如何影响教育政策评价

在评价的过程中，主要考虑的因素是该政策在政治上、经济上、人员素质、文化传统、信息技术设施以及时机上是否可行。而在执行评价的过程中，需要考虑到政策执行资源是否充足、政策执行机构是否健全等制度方面的保障。在后果评价中则主要考虑该政策的效果以及影响。尤其重要的一点是，一项政策能够顺利实施，必须要有相应的执行机构以及监督机制。由此可见，政策环境是决定政策能够顺利实施的关键。此外，教育政策评价本身也需要相应的人力物力财力以及政治环境来实施。

对教育政策进行评价，一方面是为了检查该政策的实施情况，另外一方面是为未来的政策过程提供经验。教育评价包括可量化的指标和不可量化的指标，这就需要政策的评价主体在结合政策环境的基础上，作出相对客观的评价，为此后的政策制定提供有益的经验。另外，教育政策的评价可能促成下一项政策的形成，教育政策的运行并不是割裂的过程，而是互相影响、互相促进。在这一个过程中，政策环境始终是一个重要的影响因素。

在实践过程中，教育政策评价主要有以下几个困境。首先，环境以一种无孔不入的姿态渗透到教育政策的方方面面，任何一项政策的运行过程都是特定环境之下的产物。教育政策环境不仅是政策制定者应该考虑的内容，也是教育政策研究者们应该研究的对象。这一对象不仅包括显性可见物质内容，如自然地理条件、经济发展水平和人口状况等等，也包括隐性的观念层面的内容，如特定群体的文化传统、价值观念等等。因此，要厘清政策环境如何影响教育政策的评价是非常困难的，目前也并没有成熟的理论对这一问题进行系统性的阐释。政策本身具有多重目标，且其影响效果具有连锁循环的特性，故而无法用特定的预期目标来评价一个政策的得失。因此，我们很难厘清政策对环境的影响。同样，我们也无法厘清政策环境对教育政策的影响。

第三章　英国"教育行动区"计划
的问题、成效及后续影响

当今世界，教育公平已经成为现代教育的基本价值和基本诉求。其中，尤其是薄弱地区与薄弱学校的教育问题得到了西方国家的广泛重视。英国自 20 世纪 60 年代就开始进行有关于薄弱地区与薄弱学校改进政策的尝试，而随着经济的发展和教育问题的凸显，自 20 世纪 90 年代以来，英国对薄弱地区和薄弱学校开始了大刀阔斧的改革。其中，"教育行动区"计划（the Education Action Zones Programme，EAZs）是新工党 1997 年上台以来针对提高薄弱地区的教育质量实施的一项改革，在英国跨世纪的教育公平政策中处于重要地位。本章以对英国"教育行动区"计划的制定、实施与评估过程的论述为基础，分析其过程中的问题、成效及对后续政策的影响，以期对我国的薄弱地区和薄弱学校的改革起到借鉴作用。

第一节　英国"教育行动区"计划的制定

英国是一个有悠久教育传统的国家，它的教育体系在几百年的沿革中逐渐形成了完备的系统。然而，英国虽然拥有世界一流的学生，但其薄弱地区和薄弱学校的教育水平和教育质量比较低下。英国新工党政府自 1997 年上台后，致力于改善教育不公平的现状，将提高所有学生的学业水平、促进整个国家的教育发展作为其教育理念，针对薄弱地区和薄弱学校的改进也制定了一系列政策，"教育行动区"计划就是其中之一。

一、英国"教育行动区"计划提出的背景

（一）教育发展不均衡的问题日益突出

撒切尔夫人自 1979 年成为英国首相后，保守党内部出现的一股占统治地位的"新右派"势力的意识形态被称为"撒切尔主义"。[①] 在对待平等问题上，撒切尔主义非常明显地表现出对不平等现象的漠视，甚至是对这种现象的积极支持。因此在教育领域，英国大搞学校排行榜、国家统一考试等运动，学校的发展被纳入"标准""等级"的规范之下。考试成绩几乎成为衡量学生优秀与否的唯一标准。这样一来，家长根据教学质量的高下来为孩子选择学校，由此导致了英国的学校迅速两极分化。优秀的学校急速膨胀，而教学质量不尽如人意的学校则每况愈下。总体来看，英国公立学校的教育水平跌入了一个不断下滑的轨道。

另一方面，如我们所知，全球化的浪潮推动了信息社会和知识经济时代的降临，这意味着教育进步与经济发展已成为一个正相关联系。然而，在英国，撒切尔主义的精英教育理念意图通过竞争促使学校自然选择，去芜存菁，实际效果却事与愿违，薄弱学校最终被关闭，这些地区的学生事实上丧失了应有的竞争力。这直接导致了英国失业率居高不下。据统计，在英国缺乏专业技能的人陷入失业状态的可能性是具有较高学历者的五倍。教育开支在国内生产总值中所占的比例，从 1975 年的 6.7% 下降到 1995 年的 5.2%。[②] 教育的两极分化在时代发展中凸显出来，同时也制约了经济的发展，因此针对教育发展不均衡这一问题进行改革也就迫在眉睫。

[①] 马忠虎：《撒切尔主义对当代英国教育改革的影响》，《比较教育研究》2001 年第 10 期。

[②] 韩丰连：《"第三条道路"指引下的当代英国福利和教育改革》，天津师范大学史学理论及史学史专业硕士学位论文，2007 年，第 12 页。

（二）"第三条道路"的教育理念对"教育行动区"的催生

在 1997 年 5 月英国大选当中，工党领袖布莱尔胜出，当选新一届政府首相。布莱尔一上台旋即在经济领域、社会福利、教育政策等诸多方面展开了全面改革。他的执政理念具有鲜明的特色，即在保守党的撒切尔主义和老工党的民主社会主义之间保持平衡，采取所谓"第三条道路"的施政方针。"第三条道路"思想是一个完整的思想体系，它涵盖了经济、福利、教育、社会等多方面的内容，在社会民主主义的基础上，肯定自由市场的价值，强调解除管制、地方分权（非核心化）和低税赋等政策。

布莱尔在《第三条道路》一文中强调指出："教育是急需优先考虑的重点。……有效的新投资推动着学校的根本改革，对那些衰落的学校预先建立目标并加强干预，从而使未来所有的公民都具备工作所需要的基本技能，并使大多数人获得更高的水平。"[1] 工党政府对教育的重视程度可见一斑。具体措施有以下几点：

首先，政府大规模增加教育投入。政府对教育的重视首先体现在教育资金的投入上。1998 年英国政府所做的财政开支计划中，在未来三年内以逐年递增的方式向教育部门追加了共 190 亿英镑的投入。[2] 其次，重视基础学科的教学工作：对教育质量进行更加严格的评估与监测。英国教育管理部门对文法学校提出要求，规定在普通中等教育证书（GCSE）的考试中达到最高等级的科目不少于 5 门的毕业生比例要达到 90% 才算合格，加强读、写、算等主干课程的教学。第三，进行教育特色化改革。英国大力建设具有专业教育性质的特色学校。针对学生的具体情况和专长，这些学校偏重于某一方面的知识传授和技能培训，包括语言、艺术、体育及其他各项技术。

这些措施的实行直接催生了"教育行动区"计划。事实上，"教育行

①　[英] 托尼·布莱尔：《第三条道路：新世纪的新政治》，载陈林、林德山主编《第三条道路——世纪之交的西方政治变革》，当代世界出版社 2000 年版，第 37 页。

②　易红郡：《"第三条道路"与当前英国教育改革》，《外国教育研究》2004 年第 4 期。

动区"计划的提出正是"第三条道路"思想在教育领域的具体落实。在设定区域的选择上，城镇以及乡村中由于种种原因而导致的学生成绩欠佳的学校所在地为首选。在这些地区，原有教育行政部门的管理体制已回天乏术。为了提高这些地区学校的教育质量，政府允许社会各界，特别是私营工商企业提出申请，在学生学业表现欠佳的薄弱地区成立教育行动区，接管所属的公立学校。这直接得益于"第三条道路"的政策导向。

二、英国"教育行动区"计划的制定过程

英国教育政策的制定主体有议会、内阁、枢密院和中央教育行政部门。[①] 历史上英国很多重大教育政策的制定和实施都是通过教育立法的方式进行的，而教育政策上升为国家意志、成为法律的过程主要包括政策问题的产生、专家研究与社会辩论、政策文本的出台、法案的形成、议会审议和国王批准等若干程序。

"教育行动区"计划是由 1998 年《学校标准与框架法》提出的，因此该计划的制定也是通过教育立法的方式进行的，其过程有以下几步：

（一）政策问题的界定

毋庸置疑，经过长时期的积累与发展，英国教育金字塔中顶端的学校及其学生显然不逊色于任何其他国家和地区的学校和学生。然而，同时不可否认的是，处在中下游的学校的情况就不容乐观了，它们从整体上削弱了英国教育水平同其他国家相比的吸引力。英国从 20 世纪 60 年代起就开始关注薄弱学校的发展，1967 年发表了《普劳顿报告》（*The Plowden Report*），提出了"教育优先区"计划，但当时由于条件限制，并没有真正付诸实施。教育标准局在对 1993—1997 年中学阶段教育的一份评估报告《中学教育 1993—1997——对中学的一项研究》中指出："学生的社会经济状况与学业成就之间有很大关联性。在学生社会经济水平比较优越的学校中学生的 GCSE 考试平均成绩几乎是那些拥有最贫困学生的学

---

① 阚阅、汪利兵：《英国宏观教育决策研究》，《比较教育研究》2007 年第 12 期。

校中学生成绩的两倍。"① 布莱尔政权建立后将对教育的重视化为了实际行动。落到实处的政策即是通过对社会力量的吸引，来改善薄弱地区和薄弱学校发展不均衡的问题，促进教育管理模式的多元化、民主化，最终提高整体的教学水平。

（二）政策方案的设计与选定

1995 年英国工党政府就成立了专家工作小组，对全国范围内儿童的读写成绩进行了调研，1997 年工作小组出具了《文化工作组研究报告》（*Literacy Task Force*），为《追求卓越的学校教育》白皮书的发布打下了基础。1997 年 5 月新工党上台之前就多次进行了对教育和学校质量的评估和调研，督学提出了有"特殊教育需要"（Special Education Needs，SEN）的学校这一概念，并发布了对运作不良学校的改革方案。有特殊教育需要的学校包括有学生学业成绩较差、学校教育教学水平较低、学校纪律涣散、学校管理十分不利、学校教育资源相对不足且利用率低等方面不足的学校。②

1997 年《追求卓越的学校教育》白皮书为了收集家长们的意见，教育与就业部开通了热线，接到了 1700 多个来自家长的电话；在超市和商业街店面分发免费摘要，以及在《太阳报》刊登了 4 页的插页，收到了 3500 份家长对白皮书的积极回复。所有意见都被纳入考虑范围内，白皮书的最终版本千呼万唤始出来。③ 白皮书中提出，为促进城镇和乡村贫困地区年轻人的发展，将首先在两制三年内建立 25 个"教育行动区"作为试点，这些行动区一般建立在既有成绩不佳的学校又有经济困难的学校的地区。行动区将以论坛的形式进行运作，除了学校和地方教育局的法律代

---

① The Office for Standards in Education, "A Review of Secondary Education Schools in England", 2008 年 8 月 11 日，http://www.archive.official-documents.co.uk/document/ofsted/seced/chap-2c.htm.

② 秦素粉：《英国薄弱学校改进政策研究》，华中师范大学比较教育学专业硕士学位论文，2007 年，第 13 页。

③ UK Cabinet Office, "Modernising Government", 2008 年 8 月 11 日，http://www.archive.official-documents.co.uk/document/cm43/4310/4310-02.htm.

表，还将包括学生家长、当地商业和社区团体的代表。一个典型的行动区将包括两到三所中学和为它们提供生源的小学，以及给有特殊教育需要学校的物质提供。①

（三）政策合法化

根据 1997 年《追求卓越的学校教育》白皮书，英国教育与就业部于 1997 年 12 月将法案送达议会审议；并拟订"教育行动区"政策白皮书，分送内阁部长及议会议员参考，希望借由对政策方案的说明使法案顺利通过。经议会审议和国王批准，"教育行动区"计划由 1998 年的《学校标准与框架法》颁布实施。《学校标准与框架法》规定了"教育行动区"及教育行动论坛的建立、教育行动论坛的功能、成员学校的教师工资和工作条件等内容。

教育与就业部将"教育行动区"的申请手册寄发给地方教育局和一些地方组织，另向有关学校发布成立"教育行动区"的倡导，该项申请案则于 1998 年 3 月 20 日截止收件。教育与就业部在收到的申请表中甄选出 50 个申请案，进行复审，最后正式核定 25 个教育行动区作为试点并于 1998 年 6 月公布，其顺序为 1998 年 9 月先成立 5 个行动区，1999 年 1 月再成立 20 个行动区。1998 年 9 月，教育与就业部发布了《教育行动区手册》（*Handbook for Education Action Zones*），提出了"联合企业、学校、地方教育当局和家长中新型改革运动的标兵，使社会不利地区的教育向现代化迈进"这一目标，并列出各项主要计划：1. 专家学校；2. 早期卓越教育中心；3. 高级技术教师；4. 暑期读写学校；5. 家庭读写计划；6. 校外学习活动；7. 与就业有关的学习；8. 信息通信技术。②

---

① The Department for Education and Employment，*Excellence in Schools*，London：DFEE，1997，pp.81.

② 张明辉：《英国"教育行动区"计划及其对我国教育改革的启示》，2008 年 8 月 11 日，见 http://web.ed.ntnu.edu.tw/~minfei/%E8%8B%B1%E5%9C%8B%E3%80%8C%E6%95%99%E8%82%B2%E8%A1%8C%E5%8B%95%E5%8D%80%E3%80%8D%E8%A8%88%E7%95%AB.html。

第二节　英国"教育行动区"计划制定
过程中的问题及其原因

一、"教育行动区"计划制定过程中的问题

（一）政策理念表述不准确

1997 年的绿皮书题为《所有儿童的成功：满足特殊教育需要》（*Excellence for all children：Meeting Special Educational Needs*），这个目标本身就是自相矛盾的。"excellence"是出众的意思，是精英教育的代表理念，与新工党政府奉行的教育大众化理念相违背，因为不可能所有人都出众。而后来的白皮书题目就仅仅是"高质量"了，但仍然表明了有一部分学校被排除在外，这与"每所学校都成功，每个儿童都成功"矛盾。[1]

（二）政策目标群体的确定不合理

白皮书把学生学业成绩不达标归咎于学校。1997 年的《文化工作组研究报告》指出，即使在允许各校有享受免费的学校午餐的学生比例不同后，各学校学生学段二（Key Stage 2）[2]成绩达标（达到水平4[3]）比率仍有差别。但事实情况是，学校免费午餐并不能作为衡量学生学业成就的指标，因为学校虽对弱势学生提供帮助，但学生之间成绩仍有差距，这是因为学生入学时的水平也对最终成绩有很大影响。白皮书认为在发达地区和

---

[1]　Ward，Stephen & Eden，Christine，*Key Issues in Education Policy*，London：SAGE，2009，p.23.

[2]　英国义务教育的对象为 5—16 岁学生，11 年的义务教育分为四个学段（Key Stage 1—4）：5—7 岁（学年 1—2）为学段一（Key Stage 1），7—11 岁（学年 3—6）为学段二（Key Stage 2），11—14 岁（学年 7—9）为学段三（Key Stage 3），14—16 岁（学年 10—11）为学段四（Key Stage 4）。

[3]　英国的中小学生在学段一至三结束时都要进行标准成绩考试（Standard Attainment Tests），考试成绩达到一定的学业水平（Attainment Levels）即为达标。学业水平分为八个等级：水平 1—8（Level 1—8），学段一结束时达标水平为水平 2，学段二结束时达标水平为水平 4，学段三结束时达标水平为水平 5 或 6。参见英国 BBC 国际新闻网 http://www.bbc.co.uk/schools/parents/work/curriculum_guide/key_stages_levels.shtml.

不发达地区学生学业成绩都有好有差，过于注重学校间的差距而忽视了学生本身的社会经济因素。①

（三）学业成绩目标不合理

白皮书提出的学业成绩标准不合理。白皮书强调儿童识字和算数能力的提高，设定了到 2002 年英语和数学成绩需达到的成绩标准，仍以达到水平四或以上的学生的比例来衡量，要求学段二英语成绩达标率应达到80%，数学为 75%，而没有提出科学课程的标准，这与白皮书提出的全面提高学业标准的目标是相矛盾的。而且考试题目的顺序、内容、形式的细微变化都会引起成绩的变化，而与政策的执行情况无关。因此目标看似清晰，但漏洞颇多，经不起仔细推敲。

（四）资源分配不合理

白皮书中提到要在一些地区成立一系列教育行动区，这些地区的特点是为"整体教育水平薄弱且该地区有一些学业成绩不佳的学校"，且白皮书指出教育行动区"首先要从其所有相关的核心改革项目中获取资金"。②也就是说，政府并没有计划给薄弱地区的学校提供更多的资源。这样的资源分配显然是不合理的。兰开斯特大学教授保罗·特罗勒尔（Trowler，Paul）指出，政策制定者往往忘记了政策的实施至少和政策目标同等重要，因此在制定政策时提供给政策实施所用的资源常常比较匮乏。③

二、问题产生的原因

（一）主观原因：信息不准确

在一般情况下，政策的科学性取决于信息的可靠性、准确性和信息量的大小。充分、及时而准确的信息是政策制定的基础和依据，信息的不

---

① Plewis, Ian. & Goldstein, Harvey, "The 1997 Education White Paper-a failure of standards", 2008 年 8 月 11 日, http://www.cmm.bristol.ac.uk/team/HG_Personal/critique-of-1997-white-paper.pdf.

② The Department for Education and Employment, *Excellence in Schools*, London: DFEE, 1997, p.39.

③ Trowler, Paul, *Education Policy*, New York: Routledge, 2003, p.167.

完整和不真实会影响政策制定的效果。"教育行动区"计划的制定过程中，数据信息的处理和分析不够准确，这也是该计划目标设定不合理的重要原因。

第一，具体的学生学业成绩目标设定时数据分析不够准确。如 1997年的《文化工作组研究报告》很多方面是基于对 1995 年学段二英语成绩的分析而得出的。白皮书指出 58% 的 11 岁学生英语成绩达到水平 4 或以上。但该数据是在对 94% 的学生统计的基础上得出的，若统计所有的学生，则结果应该是约 61% 的 11 岁学生英语成绩达到水平 4 或以上。这导致了在评估政策的实施效果时数据信息不够准确——学生成绩的增幅被夸大，因此政策的最终实施效果则被夸大。

第二，资源分配的数据基础不准确。早在 1967 年，贺尔西教授（Halsey，A. H.）在《普劳顿报告》中提出了"教育优先区"计划，"教育优先区"与"教育行动区"有极为相似的目标，但并不成功。除了当时不具备实施计划的物质条件外，还有一个很重要的原因是很多贫困学生并不居住在贫困地区，也没有在薄弱学校中学习。白皮书指出，学校中享有免费午餐的学生不到学生总数 30% 的优质小学的数量，是学校中学生享有免费午餐超过学生总数 30% 的薄弱小学数量的三倍。[1] 如果我们合理假设在薄弱小学中贫困学生是优质小学中贫困学生比例的三倍，那么优质小学就比薄弱小学中贫困学生的数量多 1/3。因此，分配资源到薄弱学校将造福在薄弱学校中上学的 10% 的非贫困学生，而很多薄弱地区的贫困学生却没有被政策惠及，资源分配与倾斜的方案令人匪夷所思。

（二）客观原因：可行性不足

可行性原则是政策制定的重要原则之一。政策制定的目的在于实施，而实施又必须具备包括实施的制度、物质和价值心理因素等条件。

从制度条件上来看，英国是中央联邦集权和地方分权并行的政治管

---

[1] The Department for Education and Employment, *Excellence in Schools*, London：DFEE, 1997，p.81.

理体制，在教育方面，地方教育局享有对基础教育阶段相当大的管理权限。而"教育行动区"计划的制定者只提供了一个宏观的指导纲要，具体计划由各行动区自行制定，行动区的管理者一般由地方教育局委任。行动区的管理者如果没有很高的素质和能力，很难将行动区计划精神贯彻到具体措施中去；而完全依靠管理者也无法推动改革措施的持续进行。从物质条件上来看，改革措施过多，容易分散人力物力财力，使本来就有限的资源更为紧张，再加上民间资金的条件不足，计划易遭遇瓶颈。从社会背景来看，薄弱地区的教育现状不是一朝一夕形成的，它有其深厚的社会经济文化背景。过于注重学校间的学业成绩差异而忽略了学生本身的社会经济文化背景使得政策目标设定得不够合理，在短期内也是无法实现的。计划的可行性不足，导致了其实施效果欠佳。

综上所述，"教育行动区"计划的制定过程中程序科学规范，各环节进行迅速，但从本质上来说政策制定的信息性原则和可行性原则未得到很好遵循，这是其政策制定过程中政策目标设定不合理的主要原因，同时也导致了政策的实施效果和评估效果的偏差。因此"教育行动区"计划的制定作为政策过程的关键一环，其过程中出现的问题也是政策效果不够理想的根本原因。

第三节　英国"教育行动区"计划的实施

政策实施是将政策目标转化为政策现实的唯一途径。政策实施的有效与否是政策成败的关键因素。"教育行动区"计划的实施，一方面是对政策本身正确与否的检验；另一方面也是对政策的不断完善与修正，以提高政策的可行性和有效性。而该计划在实施过程中出现的问题与取得的成效又与其制定和评估环节有着千丝万缕的联系。

一、英国"教育行动区"计划的实施过程

"教育行动区"计划的实施过程可分为准备阶段和执行阶段两个主要

阶段，而政策的协调监控则是政策实施全过程顺利进行的保障，贯穿于政策实施的整个过程中。

(一) 准备阶段：明确政策目标，落实政策任务

"教育行动区"计划的最直接背景在于英国薄弱地区和薄弱学校发展的不均衡问题，因此可以说它的出现根本上是要解决这一现实矛盾，维护教育应有的公平原则。也就是说，教育公平理念始终是该计划的行动指针。罗尔斯指出，"社会和经济的不平等（例如财富和权利的不平等），只要其结果能给每个人，尤其是那些最少受惠的社会成员带来补偿利益，他们就是正义的。"[1] 在"教育行动区"计划中，薄弱地区的薄弱学校和处境不利的学生就是弱势补偿的对象。

如前所述，从目标来看，"教育行动区"计划改变了原有的管理模式，力图通过吸引教育职能部门以外的社会各界力量参与教育薄弱地区学校的管理工作，来实现管理模式的民主化，并获取多领域的经验和多渠道的资金，提高学校的教育质量。因此，英国教育与就业部在《教育行动区手册》中指出，行动区的总目标是"联合企业、学校、地方教育当局和家长中新型改革运动的标兵，使社会不利地区的教育向现代化迈进。"[2]

由于针对薄弱学校的问题英国政府才制定出"教育行动区"计划，因此它们基本上是在需要特别关注的地区成立，这些地区的教育水平普遍处于较低状态。鉴于旧有的教育管理部门对提高这些薄弱学校的教学质量已经无能为力，政府才设立教育行动区，引入私营企业、家长、其他社会团体等多方面力量来共同管理学校。在教育行动区的申请上有一个很重要的原则，即原有地方教育行政部门和学校自己不能以单一主体自行申请建立，它们必须要同其他社会力量相结合才具有这样的资格。而且，教育行动区在申请之际应附带一个行动计划，期限3—5年，较之以往它有更具

---

① [美] 约翰·罗尔斯：《正义论》，谢延光译，中国社会科学出版社1988年版，第12页。

② The Department for Education and Employment, *Handbook for Education Action Zones*, London：DFEE，1998，p.7.

挑战性、更艰巨的中长期目标。① 在教育行动区成立的同时，还有一个行动论坛成立起来作为对它的领导机构。按照《学校标准与框架法》的规定，行动论坛对每所学校的教育质量负责，可以根据需要聘请一位原教育行政部门官员、学校管理者、工商界人士或其他社会人士作为项目主任，来直接协调各行动学校的工作。

（二）执行阶段：改革措施的具体实践

首批 25 个试点行动区于 1998 年 9 月或 1999 年 1 月开始建立，开始时各项措施都举步维艰，随着时间的推移渐入佳境。第二批行动区于一年后开始运行，在第一批行动区评估结果的基础上进行调整，解决实际中遇到的问题。到 2001 年共有 77 个大行动区和 41 个小行动区处于运作期。②

在革新主题方面，"教育行动区"计划将其设定为达成社会性包容；提高教、学双方面的质量；获取家长、学生的支持；引入工商界力量办学。行动区由此制定了相关的配套措施：扩大学科专家的数量、增加教学助手，从总体上增强师资力量；解决对抗性师生关系问题；与政府和社会相关力量合作，解决儿童辍学问题；提升家长对学生学业的关注；从多种渠道吸引资金改善办学条件等。

如布莱克本（Blackburn）教育行动区民族构成复杂，以印度人和巴基斯坦人为主的亚裔在这一地区占有很高的比例，③ 家长对学校事务的关心和了解程度极低。因此该行动区将发挥家长的作用作为突破口，通过制定"家庭行动"的计划，从家长中招募一些人参与学校的管理。巴恩斯利

---

① The Department for Education and Employment, "School Standards and Framework Act 1998", http：//www.hmso.gov.uk/atcs/acts1998/80031-d. htm#10, Chapter 3.10 (2).

② The Office for Standards in Education, "Education Action Zones：Tackling Difficult Issues in Round 2 Zones", 2008 年 5 月 4 日, http：//www.ofsted.gov.uk/content/download/1777/12002/file/Education%20Action%20Zones%20tackling%20difficult%20issues%20in%20round%202%20zones%20（PDF%20format）.pdf.

③ The Department of Education and Skills, "Blackburn_with_Darwen_EAZ", 2008 年 5 月 4 日, http：//www.standards.dfes.gov.uk/midbins/eazones/Blacbburn_with_Darwen_EAZ. PDF.

教育行动区师资水平低下,对学生学习管理力度不够,就此行动区建立了多个教师专业发展小组,尤其是行动区与通信技术部门合作开发了一个"学生在线评价系统"对学生成绩进行前后对比,在教师之间、教师与家长之间实现了信息共享,这对于学生学习水平的提高具有极大的帮助。赫里福郡教育行动的最主要问题是师资严重不足,因此该行动区的管理层决定以大量增加助教的方式来减轻教师的压力。在人员选择方面,以家长为主的社区成员成为助教优先的候选对象,这样做的道理与其他行动区一样,即使学校、教师、家长和学生紧密结合起来,更有利于教育质量的提高。由此可见,在"教育行动区"计划比较成功的典型案例中,教师的专业发展和家长的参与具有重要作用。因此家长参与学校的教学与管理对儿童的学业进步与个人发展起着极其重要的作用。

在"教育行动区"计划实施期间,教育标准局对其进行了多次评估,并根据评估过程中发现的问题不断调整政策的实施。

二、英国"教育行动区"计划的实施成效与问题

(一)"教育行动区"计划的实施成效

据评估资料显示,"教育行动区"计划取得的成效主要有以下几个方面:

1. 学生成绩提高。据教育标准局 2002 年的年度报告显示,1998—2001 年间,第一轮教育行动区中学段一的学生改进速度明显比国家水平要快。在读、写、算方面,学生达到水平 2 及以上比例分别上升了 7、8、11 个百分点,而同比较组和全国对应学科的成绩仅提高了 5、6、8 个百分点和 4、5、7 个百分点。在普通中等教育等级证书考试和普通国家职业资格证书(GNVQ)考试中,教育行动区的成绩表现出显著的进步。如进步最大的纽汉(Newham)行动区学生有五门或五门以上达到 A*—C 等级的比例增加了 22 个百分点,国家水平只增加了 3.7 个百分点。①

---

① 秦素粉:《英国薄弱学校改进政策研究》,华中师范大学比较教育学专业硕士学位论文,2007 年,第 23 页。

2. 学生出勤率提高。与改进学生成绩一样,"教育行动区"计划增加了学生的自信心和学习动力,教师也意识到学生出勤的重要性并承担起监督学生出勤的责任,出勤人数增加。如汉密尔顿的牛津学校合作(Hamilton Oxford Schools Partnership)行动区建立了学校和家庭扶助机制,促进学生出勤率的提高,1999—2002 年间小学出勤率提高了 1.5%,初中提高了 1.1%,高中提高了 3.4%,增幅均高于地区平均水平。①

3. 行动区内各组成部分的关系密切。行动区中各部分之间的合作包括对校长的培训、信息通信技术支持、培训与设备的提供、为学生安排工作以及产业中的科学课程学习。如北萨瑟克(North Southwark)与当地一些国家艺术机构建立了重要的联系。② 教育行动区帮助学校之间发展了合作关系,让学校间能分享各自的观点与想法。行动区在最大程度上将学校和教师结合在一起,积极鼓励学校间的密切合作。

4. 行动学校的管理水平日渐良好。"教育行动区"计划的成功执行在很大程度上取决于高水平的学校管理。③ 开始时教师在行动区管理机制中很少有话语权,在后来的运行过程中,一些行动区采取措施保证校长、教师和各组织机构的代表都参与交流与讨论,使他们在计划的发展与执行过程中起到了一定作用。

---

① The Office for Standards in Education,"Education Action Zones: Tackling Difficult Issues in Round 2 Zones",2008 年 5 月 4 日,http://www.ofsted.gov.uk/content/download/1777/12002/file/Education%20Action%20Zones%20tackling%20difficult%20issues%20in%20round%202%20zones%20(PDF%20format).pdf.

② The Office for Standards in Education,"Excellence in Cities and Education Action Zones: Management and Impact",2008 年 5 月 4 日,http://www.ofsted.gov.uk/content/download/1798/12107/file/Excellence%20in%20Cities%20and%20Education%20Action%20Zones%20management%20and%20impact%20(PDF%20format).pdf.

③ The Office for Standards in Education,"Excellence in Cities and Education Action Zones: management and impact",2008 年 5 月 4 日,http://www.ofsted.gov.uk/content/download/1798/12107/file/Excellence%20in%20Cities%20and%20Education%20Action%20Zones%20management%20and%20impact%20(PDF%20format).pdf.

（二）"教育行动区"计划的实施偏差

虽然一些改革措施取得了一定的成效，但问题也同时凸显出来，主要有以下几个方面：

1. 改革措施的持续性无法保障。教育标准局在对"教育行动区"计划的评估中发现，由于无法有效吸引民间企业参与和募得基金，且对学校水准的提高无显著绩效，该计划并没有真正的创新行动，因而该计划于2001年底开始喊停。特罗勒尔指出："'教育行动区'计划为城市学校配置的额外资源相当有限，也没有成功吸引到足够的风险投资。"此外，由于行动区的一项创新行动往往由一个或几个关键人物推动，没有形成长期的政策或者规章，这导致改革措施的延续性缺乏保障，改革难以深入开展。

2. 改革措施缺乏针对性。行动计划往往涵盖多个主题，涉及方方面面的内容，政策制定者急于求成，导致了教育资源的分散投入，短期内难以见成效。许多行动区的改革措施中，既涉及扩大信息技术的运用、强调读、写、算和职业教育、加强课程之间的联系、建立俱乐部，又涉及教师的专业培训、引专家教师入校、成立社区学习中心等，在改革实施过程中发现措施过多没有实际效果，无形中浪费了许多人力物力。

3. 改革中的问题未及时解决。首批行动区评估中发现的问题未得到及时的政策调整，第二批行动区改革措施的实施中仍存在这些问题，如：行动区总的计划与各个学校的目标不一致，行动区计划和改革措施未植入学校发展计划之中；未以改革目标为导向，为改革措施提供更好的监控机制，且未及时进行反馈；没有赋权学校，学校对行动区资源还有相当大的依赖性；一些改革措施开支很大，未及时进行调整；教师和行动区内其他机构的代表在政策的发展与执行过程中并未起到重要作用等等。

4. 教育投资管理混乱。第一批行动区在头一年运行时资金管理十分混乱，几乎所有行动区都没有自己的收支结算体系。这些困难导致了财务责任的不确定性、账目清算的延迟、拨款的支出不够审慎等。这些问题在后来的行动区运行中有所改善，但一些行动区仍然存在这样的问题。另外，一些行动区并未充分吸引民间投资。

三、英国"教育行动区"计划实施偏差的原因分析

(一) 主观原因

实施原则处理不当。政策实施的过程中既要坚持坚定性原则，也要坚持灵活性原则。而在"教育行动区"计划的实施中，中央教育行政部门只是从宏观上做了规划，具体的运作由地区教育局和行动区自行设计，一方面，有些行动区在制定计划时不得要领，致使行动论坛的运作与计划出台时教育政策制定者的设想有一定的差距；另一方面，实施过程中过于刻板不知变通，为了达到政策设定的目标，行动区在设计行动计划时往往面面俱到。

实施机构管理不到位。"教育行动区"计划实施机构管理缺陷的一个主要问题是组织结构的不合理，在教育决策中地方教育局的管理仍然是行为的主导，其他组织、机构和个人并未有效参与行动论坛的讨论，在决策中没有地位。有很大一部分行动学校的教师感到他们并没有改革的主动权，学生和家长名义上作为行动区管理的参与者，在实践中同样没有改革的主动权。"教育行动区"计划实施机构管理缺陷的另一个问题是实施机构的沟通不畅。由于各个行动区的地理环境、物质条件、社会经济状况和人口结构都不尽相同，因此各行动区试图因地制宜实施改革措施。然而教育行动区却几乎各行其是、各自为政，没有互通有无。以地域为基准来成立教育行动区，固然加强和落实了管理者的职责，然而同时也将历史上有一定程度联系的学校社区分隔开来，使他们缺乏必要的交流。

实施过程监控不力。"教育行动区"计划的实施过程中，由于管理权几乎全部转移到私人手里，在日常教育教学活动中没有来自政府方面的监督，加之大部分行动区都缺乏一个有效的监督评价制度，各加盟学校仅通过学生成绩来衡量改革的成败，并以此作为衡量学校、教师进步的尺度。同时，行动区整个的运行时间只有几年，需要及时了解哪些改革措施有效哪些没有，而监控的缺乏使行动区无法及时控改革措施的有效性，无法及

时判断哪些措施该继续进行而哪些需要调整，尤其在计划实施的初期行动区往往制定了太多改革措施而未得到及时的调整与纠正，导致了资源的浪费。

（二）客观原因

政策目标不准确。一方面"教育行动区"计划的目标内容不具体，目标有时候不切实际，且制定计划时并没有提出达到目标的明确方案，导致实施部门不清楚如何实施。因此很多行动区在制定的行动计划过于宏大，计划所安排的程序过多，致使行动区需要很久的适应期才能步入正轨，而行动区的运行时间只有三到五年，这样就浪费了很多时间。另一方面，"教育行动区"计划的标准不合理，由于数据分析不准确的问题导致了政策标准不符合实际情况。

政策对象结构复杂。由于政策实施会对政策作用对象产生重要的影响，其政策涉及对象的范围越广所产生的社会震动就会越大，在实施中的阻力就越大；政策作用对象的构成越复杂实施就越困难。"教育行动区"计划的作用对象和影响范围较广泛，涉及私营工商企业、学校、家长、地方教育局和当地其他机构和个人等，而且其作用对象由不同阶层组成，有来自统治阶层的地方教育局官员，也有社会经济地位较低的学生家长，因此在实施过程中困难重重。

总的来说，"教育行动区"计划的实施虽然取得了一定的成效，但也出现了很多的问题，这些问题一方面是由于政策制定过程中的失误这样的客观原因所造成的，另一方面也是由在政策实施时未完全遵循政策实施的原则、实施方法和途径不当等主观原因所导致。而政策实施中的问题在评估中未能得到及时有效的解决，这也是该计划在后来饱受诟病的原因之一。

第四节　英国"教育行动区"计划的评估

英国"教育行动区"计划的评估在计划的整个过程中占有重要地位。

英国政府和教育有关部门通过对各种评估结果的整理分析，对政策进行价值判断，从而提出修订或是终止的意见。通过对"教育行动区"计划评估的分析，我们可以了解其评估的标准、方式和内容等方面有哪些可取和不足之处，作为政策过程的重要一环，它的这些特点对政策的成败起到了怎样的作用。

一、英国"教育行动区"计划的评估过程

若我们以评估的实施机构来划分"教育行动区"计划的评估类型，可分为地方评估和整体评估。其中，地方评估是各行动区内进行的评估，主要由行动区管理者、地方教育局和督学以及高教研究机构组织进行；整体评估则由英国全国教育督导机构组织皇家督学（Her Majesty's Inspectors，HMI）① 进行。

在"教育行动区"计划的各种评估中，教育标准局的整体性督导评估占有重要地位，因此我们这里以这种评估为例阐释"教育行动区"计划的评估过程。

（一）评估的准备

政策评估作为一项复杂、系统的工作，在实施前必须认真做好各项准备工作。评估的准备阶段是政策评估的基础和起点，也是评估工作得以顺利、有效实施的前提条件。组织工作准备得比较充分，才能保证评估工作有计划、按步骤展开实施，避免评估工作的盲目性。在准备阶段，应制

---

① 教育标准局的督导成员包括皇家首席督学（Her Majesty's Chief Inspector，HMCI）、皇家督学（Her Majesty's Inspectors，HMI）和补充督学（Additional Inspectors，AI）。皇家首席督学是领导全国学校督导工作的最高长官，由女皇直接任命。皇家督学作为首席皇家督学的下属直接向他负责，根据任职条件在任期内服务。其职责主要是：监控全国的教育水准；监督注册督学及其督导小组的工作，并将优劣反馈给他们；对"薄弱学校"或"问题学校"进行督导等。补充督学是由首席皇家督学任命的，在其授权的范围内协助工作。从学校层面来看，原来由皇家督学和地方视导队伍分别进行的督导现在统一由注册督学及其率领的督导小组进行，人员包括：注册督学（Registered Inspectors）、督导小组成员（team members）和外行督学（Lay Inspectors）。见丁笑梅《英国学校发展性督导评价改革及其启示》，《比较教育研究》2003 年第 8 期。

定评估方案，对评估的基本要素进行说明。

"教育行动区"计划开始进行后，教育标准局于 2000 年制定了评估的框架，对评估目的、评估标准、评估对象、评估步骤等进行了说明。

（二）评估的实施

1. 商议评估安排。待评估行动区至少提前 40 个工作日接到评估通知。① 一名领队的督学将与行动区管理者和行动论坛的主要代表商讨评估安排。行动区管理者需提供该行动区的行动计划表，其中包括培训与会议，以及行动区的合作组织、机构和个人列表。

2. 收集与分析信息。行动区管理者须提供行动区的成立背景、计划、组织结构、人员、改革实践活动、与当地其他改革措施的联系、经费支出、取得的成效与障碍等方面的信息。领队的督学对行动区内所有行动学校和与行动计划相关的其他机构发放问卷，同时也以文本形式接受行动区主要合作机构和个人的意见。该督学收集行动学校分别在计划执行前和执行后的成绩情况，中央教育行政部门向督学提供行动学校的学生成绩信息。教育标准局最终收集到的信息包括评估获取的数据信息和皇家督学考察的作为行动区改革措施典范的学校信息。

3. 进行实地评估。此阶段由两到三名督学在一周之内完成。评估的实施根据评估的主要内容来安排，包括对行动区活动及其成效的文件进行考察，与行动区工作人员、行动论坛代表、地方教育局、其他主要机构的代表、教师和学校领导以及社会机构代表进行磋商。此外，督学也进行入校考察。督学将对校长和其他机构的组织者进行访谈，确定将要走访的行动学校和其他社区机构，一般入校考察不超过一天时间。

4. 出具行动区评估报告。督学在每个行动区评估后都要出具一个简短的评估报告。其内容包括：行动区管理对学校与其他机构合作所提供的

① The Office for Standards in Education, "Framework for the Inspection of Education Action Zones", 2008 年 5 月 4 日, http://www.ofsted.gov.uk/content/download/4618/38025/file/Framework%20for%20the%20Inspection%20of%20Education%20Action%20Zones%20（PDF%20format）.pdf.

支持是否有效，是否达到了预定目标；行动区通过实施改革措施和与当地其他薄弱学校改进计划相联系，在提高学生学业成绩和促进社会包容性方面取得的效果。

（三）评估的总结：提交评估报告

评估的结束阶段是处理评估结果、撰写评估报告的阶段。教育标准局进行的评估实施结束后，督学对评估结果进行处理，将各行动区报告进行整合。行动区评估报告的草案一式两份，一份与行动区管理者进行核对，另一份提中央教育行政部门的标准与效能小组进行商议。[1] 报告的最终版发送至行动区管理者，五个工作日内分发给行动论坛的所有成员、所有行动学校和行动区的主要合作者，并将其公开，使需要的人能有获取的途径。皇家督学经过交流与讨论商议，出具最终的评估报告提交给国务大臣。

二、英国"教育行动区"计划评估中的问题及其原因

（一）评估机构的价值导向误区

政策评估以评估机构为标准来分类，可以分为内部评估和外部评估。内部评估是由政策制定机构内部的评估者所完成的评估，包括由操作人员自己实施的评估和由专职评估人员实施的评估。外部评估是由政策制定机构外的评估者所完成的评估。[2]

"教育行动区"计划的评估主要是由教育标准局指派督学进行的。1992 年英国教育标准局从原教育部中独立出来，成为一个与英国国家教育行政部门同级的、能单独行使职权的国家教育督导机构。[3] 因此，教育标准局进行的评估不受政策制定者的左右，属于外部评估。同时，教育标

---

[1] The Office for Standards in Education, "Framework for the Inspection of Education Action Zones", 2008 年 5 月 4 日, http://www.ofsted.gov.uk/content/download/4618/38025/file/Framework%20for%20the%20Inspection%20of%20Education%20Action%20Zones%20(PDF%20format).pdf.

[2] 王曙光、李维斯、金菊：《公共政策学》，经济科学出版社 2008 年版，第 253 页。

[3] 赖水随：《英国的教育督导制度及对我国的启示》，《基础教育参考》2008 年第 7 期。

准局对评估的信息收集较为全面，避免了行动区数据的虚假性和片面性。但事实上，教育标准局的非执行委员会成员由中央教育行政部门所指派，督学与中央和地方教育行政部门有千丝万缕的联系，在对国家的教育政策结果的考察方面也会有预设的心理导向。

以评估过程中的评估对象选择为例，首先在选择被评估的行动区时，是按照地域的东、中、西部划分英国的行政区，然后在每个地区根据改革措施的范畴进行抽样选择行动区。然而事实上每个行动区的情况都不相同，而且抽样的基数小，以偏概全。评估时只对行动区的三到四项主要改革措施进行评估，而行动区管理者和代表往往从众多改革措施中选择实施效果好的措施提供给主任督学，这样的评估结果也就不够准确。

（二）评估标准不够准确

政策评估过程是一种紧紧围绕着政策效果而展开的行为活动。为弄清楚一项政策的效果好与坏，是否实现了预期的政策目标，就必须首先建立一套评估标准。政策评估的首要标准是政策效益标准，即政策达到目标的程度。① 而在考察政策达到目标的程度时，有两点要格外注意：一是评估所获取的信息中表达的政策效果是否完全由该政策的实施所实现；二是政策除了其目标效果外，是否还造成了其他影响。

"教育行动区"计划的评估并未注意到这两点，原因如下：1. 政策资源的混合性。由于中央教育行政部门和地方教育局同期都实施了许多针对薄弱地区和薄弱学校改进的相关政策，各种不同的政策效果混杂在一起，因此并不能确定评估所得数据反映出的效果仅是"教育行动区"计划的实施产生的效果。同时，由于很多行动学校没有自己的收支结算体系，资金管理十分混乱，很难分清哪项资源的支持究竟应该属于哪项计划。2. 政策影响的多样性。"教育行动区"计划涉及的改革措施很多，涉及学校、家庭、社区以及其他组织机构，在达到政策目标——提高所有学生的学业标准的同时，也产生了方方面面的其他效果，而除了学生成绩外，其他的影

---

① 王曙光、李维斯、金菊：《公共政策学》，经济科学出版社 2008 年版，第 256 页。

响都无法量化。这种多样性和广泛性的影响以及影响政策因素测定的困难，给评估带来了很大的障碍，因而在进行评估时只注重检验政策预期目标的实现情况。同时，评估只从政策广泛影响中选取了有利因素进行评估，从而影响了评估的全面性和客观性。

(三) 评估发现的问题未及时解决

政策评估的主要目的，是为政策制定者、实施者和其他有关人员提供政策过程的客观信息和资料，并作为政策制定、政策实施、政策效果的测评和决定政策去向的依据。① 由于社会情况的复杂性，完全理性的政策是不存在的，加之政策实施过程中会出现种种问题，政策往往与其目标间存在差距。评估的进行正是要判断政策制定和实施过程中的问题并及时作出调整。而前面也提到，"教育行动区"计划的监控与评估不够有力。第一，并未从计划实施的一开始就进行，很多行动区在运行初期管理者对活动项目的制定和实施都存在偏差，没有取得很好的效果。第二，虽发现了行动区运行中出现的问题，但政策未及时作出调整，导致了后来批准运作的行动区重蹈覆辙，这样评估的目的与作用就没有达到。

综上所述，"教育行动区"计划的评估主要由进行学校督导的权威机构教育标准局进行，但由于英国政治体制的问题和政策本身的复杂性，评估中也会出现这样那样的问题。而由于政策评估是政策调整的依据，评估中的种种问题也是"教育行动区"计划在实施过程中不够顺畅的原因之一。由此可见，政策的制定、实施和评估间彼此联系，任何一个环节出了问题都会对其他环节造成影响，因此"教育行动区"计划出现的问题是其政策过程各环节共同作用的结果。

第五节　英国"教育行动区"计划对后续政策的影响

"教育行动区"计划的运行期虽已结束，但其留给人的思考还是很多

---

① 王曙光、李维斯、金菊：《公共政策学》，经济科学出版社 2008 年版，第 255 页。

的。后续的薄弱地区和薄弱学校改进政策从"教育行动区"计划的问题中吸取了许多教训，同时也从其富有成效的举措中获得了成功的经验。工党政府在后来的政策中依然致力于达到"每一个儿童的成功，每一所学校的成功"，并且加大了改革的力度。

一、英国"教育行动区"计划的经验与教训

(一)"教育行动区"计划的经验

推动薄弱地区和薄弱学校的教育发展是英国工党政府执政后的基础教育发展的一个目标。工党政府执政以来，明显增强了对薄弱学校发展的责任和使命感。这种意识主要体现在政府的决策当中，更体现在政府的财政支持力度上。政府不但继续对薄弱学校进行拨款，而且还另行追加薄弱学校建设的配套资金。薄弱学校需要特别政策的支持，这方面政府的作为是应该得到认可的，并且在今后的发展中政策力度还要加强。同时，吸纳社区参与必然意味着政府一定程度的放权。在"教育行动区"计划中，各行动区有自身独立的法人地位，其日常运作不受地方教育局的控制，地方教育局与原所辖学校的关系不再是领导与被领导的关系，而成为合伙人关系，行动区具有了一定自主性；而且企业组织、学校、地方教育局和家长通过行动论坛联合在一起，弥补了单一资源的不足，相邻的学校相互结盟展开合作，互相利用其教学资源以实现资源共享，这样不仅可以最大限度利用资源，更可以促成学校找到发展的新力量、新增长点和突破口，最终实现学校的共同发展，这是英国"教育行动区"计划改造薄弱学校的一个富有成效的举措。

(二)"教育行动区"计划的教训

由于信息不准确导致了政策目标的不合理，而这又造成了改革目标过于宏大，致使大多数教育行动区的行动计划涉及过多方面，其结果是教育资源的投入分散，短期难以见成效。同时，由于行动区管理者实际上并不愿赋权他人，多方参与并不深入，管理者对各行动学校的具体改革措施的指导力度也不够，而且行动区参与者之间话语系统不同，沟通不畅，这种情形也致使行动区"赋权人民和社会团体"的目标形同虚设，无论是校长、行动区各机构的代表，还是家长，事实上都没有实质性的反馈或意见参与进来，行动区管理者和地方教育局仍在行动计划的设计中占主导地位，当地的教育决策的模式依然未能摆脱传统管理模式窠臼。此外，只有少数行动区对其行动区内各项措施的各个环节进行了监控。而在学校层面监督与评价则十分薄弱，行动区各项计划的评估也不严格。监控力度不够导致的问题不能及时解决的状况是"教育行动区"计划在实施过程中的一个硬伤，问题的一再凸显是其运作效果不佳的主要原因之一。

二、英国薄弱学校改进政策的实施现状与发展趋势

(一)"教育行动区"计划的后续发展及新政

1."城市卓越计划"行动区和"卓越群集"

教育行动区于 2003 年开始转入"城市卓越计划"行动区（EiC Action Zones）与"卓越群集"（Excellence Cluster）。行动区后来的发展更加注重改革措施的针对性和学校间的紧密合作。

"城市卓越计划"行动区和与"卓越群集"都是"城市卓越计划"的一部分。"城市卓越计划"是针对城市中心地区教育质量低下的问题制定的一项薄弱地区与薄弱学校教育改进计划，该计划与"教育行动区"计划都是由 1998 年《学校标准与框架法》颁布实施的，目标是为青少年提供多样化的教育，为所有学生提供全面优质的教育，并把成功的机会扩展到所有学校，促进平等的实现。

原先处于城镇地区的一部分"教育行动区"在 2003—2005 年间转入"城市卓越计划"行动区，使其在"教育行动区"计划法定期限结束后仍能享有额外资源。"卓越群集"是"城市卓越计划"在城市之外的延续。处于乡村地区的"教育行动区"在其运行期满后转入"卓越群集"。"城市卓越计划"与"教育行动区"相比改革措施更加集中，学校联系更加紧密，但仍存在监控力度不够，进展缓慢的问题。

2. 布朗政府对薄弱地区和薄弱学校教育改革新政策

2007 年 5 月 27 日，财政部长布朗接替布莱尔正式出任英国首相。布朗延续了布莱尔的教育理念，坚持大力推进教育改革。

在教育管理体制方面，布朗政府将原来的教育与技能部重组并拆分成了分管儿童事业与基础教育的儿童、学校与家庭部（Department for Children，Schools and Families，DCSF）和分管继续教育、成人教育、高等教育的创新、大学与技能部（Department for Innovation，Universities and Skills，DIUS）。儿童、学校与家庭部是布朗政府新成立的三个主要负责教育的政府部门之一，它不仅继承了原教育与技能部 19 岁以下儿童的教育工作，还接管其他部门跟儿童和家庭相关的所有工作，包括司法部的青少年司法工作，财政部和就业与养老金部的儿童贫困工作，卫生部的儿童卫生工作，以及文化部的青少年体育工作等。将儿童、学校与家庭部作为中小学教育的主管部门，反映了政府对中小学教育的重视及中小学教育与学校、家庭的重要联系。

2007 年 12 月 11 日，英国儿童与教育大臣艾德·鲍尔斯（Ed Balls）公布了英国教育与儿童事业发展的十年规划《儿童计划——创造更美好的未来》（*The Children's Plan*：*Building brighter futures*）。① 《儿童计划》勾画了英国儿童发展的十年战略规划：以学校为中心，家庭和社会积极参与，全面关注儿童教育、福利、心理健康、贫困，以及青少年犯罪、酗酒、校园暴力等等问题。

同时，布朗政府还通过发放教师资格认证的方式吸引激励优秀教师到艰苦学校任教；引导优秀学校改造薄弱学校；创建国立综合中学，改善贫困社区教育环境等方式共享教育资源，改进薄弱学校。

（二）薄弱地区和薄弱学校教育改进政策的发展趋势

由"教育行动区"计划及其相关薄弱地区和薄弱学校改进政策的经

---

① The Department for Children，Schools and Families，"The Children's Plan：Building brighter futures"，2008 年 8 月 11 日，http：//www.dcsf.gov.uk/childrensplan/downloads/The_Childrens_Plan.pdf.

验和教训以及现行的此类政策我们可以看出，薄弱地区和薄弱学校教育改进政策有以下几点发展趋势。

1. 扩大教育扶助对象的年龄范围

小学和中学阶段虽然是义务教育的重要阶段，但若把政策的落脚点全部放在中小学阶段，那么政策是无法取得很好效果的。我们从《每个孩子都重要》绿皮书、《14—19岁教育和技能白皮书》和《教育与技能议案》等政府文件的精神中可以看出，无论是使学龄前儿童"确保开端"，延长义务教育年限，还是为青年人提供更多的受教育机会，政府都致力于使每个学生终身都成功。政府对弱势学生的扶助不能仅依靠对某个学龄阶段的重视，而是要从全局入手，彻底改变弱势群体的教育现状。

2. 更加重视家庭的作用

家庭是儿童成长的基本环境，对儿童的成长过程影响最大的并不是学校教育，而是儿童的家庭环境。一般来说处境不利的儿童家庭环境并不理想，他们往往出生在贫困家庭、单亲家庭、残障家庭或是家中有病人需要他们来照顾的家庭。因此，在日后的改革措施中，一方面学校要更加深入了解儿童的家庭背景，另一方面家长参与学校活动的机会将越来越多。

3. 加强校际合作

学校间的教育资源共享是"教育行动区"最富有成效的举措之一，这一改革措施在后来的政策中也屡试不爽。薄弱学校之间的资源共享只是薄弱学校改革的第一步，而优质学校和薄弱学校之间的合作则是更进一步的发展。因此，加强学校间尤其是优质学校和薄弱学校间的合作，对提高薄弱地区的教育质量会起到很大作用，最终将实现国家整体教育水平的提高。

综上所述，英国的"教育行动区"计划是英国政府为提高教育薄弱地区的教育质量而采取的一项重大教育改革措施。而我国幅员辽阔，教育发展极不均衡，改善教育落后地区尤其是西部广大教育薄弱地区的教育教学水平是促进教育公平的基础与首要解决的问题。英国"教育行动区"计划提出了很多因地制宜的改革措施，虽然在倾斜教育资源与吸收资金方面并不成功，但其经验和教训仍值得我们借鉴。综观英国薄弱地区和薄弱学校的改革政策，不难看出是一项复杂而困难的工程。制定符合国情的、有中国特色的薄弱学校改进政策，是促进我国教育公平的必然要求，也是我国教育政策制定者们一项艰巨而又重要的任务。本研究希望对我国借鉴英国经验，吸取英国教训，探索出一条合适的改革之路提供一点启示。

第四章　俄罗斯联邦《教育法》
运行与成效

在当今世界各国，依法治国、依法治教已经成为共识，教育法制化已经成为教育发展的必然趋势。苏联教育曾经创造的辉煌至今让世人赞叹。苏联解体之后，俄罗斯作为世界大国之一，其教育领域的一举一动仍然牵动世界的目光。俄罗斯多年来一直重视教育法律法规的建设，一直把教育法律、法规作为教育发展的主导思想。1992年7月俄罗斯政府签署颁行历史上第一部教育法——《俄罗斯联邦教育法》（以下简称《教育法》）。《教育法》是俄罗斯在教育领域的第一大法，具有教育领域"母法"的功能。《教育法》的颁行标志着俄罗斯走上依法治教的轨道，既是国家发展的重要战略，也是建立完备教育法制、实现依法治教的重大举措，在实际运行中，《教育法》引领教育发展、规范教育活动，但与社会环境及教育实践亦可能发生诸多的冲突。1996年和2004年，俄罗斯政府组织人力对《教育法》进行修正和补充，两次修正和补充都在不同时期及时指导教育改革，规范教育发展。2012年年底俄罗斯联邦政府组织人力再次对《教育法》进行修订，2013年9月1日新版《教育法》正式生效，取代了原来的《教育法》和《俄罗斯联邦高等及大学后职业教育法》，在俄罗斯教育发展中，《教育法》的颁行与修正功不可没。

第一节 《教育法》的颁布与修正

苏联解体之后，伴随着政治经济变革，俄罗斯教育也发生巨大变化。在外部环境影响以及教育系统自身发展需求等各种因素的共同推动下，1992年7月俄罗斯总统签发颁行历史上第一部教育领域母法——《俄罗斯联邦教育法》。该法在教育体系、教育管理、公民受教育权利方面进行全方位规范。在教育机构办学主体，教育领域思想意识形态以及教育标准方面的规定显示出与苏联时期相比的突出变化。《教育法》的颁行对俄罗斯教育法制建设以及教育改革实践都具有重要意义。

一、《教育法》颁行

为顺应国际教育法治化大环境，在教育系统内力与外力的推动下，俄罗斯颁布《俄罗斯联邦教育法》。《教育法》共有6章58条。6章分别为：总则；教育体系；教育体系的管理；教育体系的经济；公民受教育权的社会保证；教育领域的国际活动。与苏联时期的教育法令比较，《教育法》在教育机构创办、教育内容管理、教育经费的划拨等方面都作出开创性尝试。

（一）追求教育领域的去意识形态

《教育法》首次提出不允许在学校组织政党、宗教团体，不允许强迫学生参加社会政治组织、运动和党派及其活动。这一规定造成教育领域的去意识形态化，学生缺少精神信仰，学校道德教育成为薄弱环节。

（二）普及免费教育年限缩短为9年

该法规定，公民接受普及免费普通教育，在竞试基础上接受免费职业技术教育，即初等职业教育不再普及。这一规定实际上将初等职业教育从普及免费教育范畴中剥离出来，普及免费教育年限从苏联时期的11年缩短为9年。这一规定引起当时社会普遍的不满，被认为是一种社会倒退。

（三）制定国家统一教育标准

《教育法》首次确立了包含联邦、民族、区域成分的国家教育标准，不仅为教育教学工作提供指导性方向，同时为教育监督和评价提供了统一的标准。

（四）重新划分教育体系

与苏联时期不同，《教育法》将整个教育体系划分为普通和职业两大部分。普通教育包括：学前、普通初等、普通基础、普通中等（完全）教育。职业教育包括：初等职业、中等职业、高等职业、大学后职业教育。这样，传统意义上的高等教育就被称为高等职业教育。

（五）允许个人、社会办学

《教育法》首次规定，教育机构的创办者可以是国内外的机构、团体和个人，此外还允许联合创办教育机构。这一规定标志着国家不再是举办教育的唯一主体，社会和个人也有权利办学。

（六）首次明确教育财政拨款额度

《教育法》首次明确，政府每年应拨出不低于国民收入 10% 的资金用于教育需要；对于教育机构的商业性经济活动所获得的收入，国家在税收上给予优惠。此外，非国立普通教育机构自获得国家认证之时起，便享有国家和（或）地方拨款的权利，其拨款标准不低于该地区同类国立和市立教育机构的拨款标准。

为使《教育法》能够顺利贯彻执行，一方面，国家颁布下位法律法规来补充《教育法》的未尽事宜，或不需上升到法律地位的一些法规。这些教育法令法规逐渐构成教育法体系。另一方面，国家颁布多项教育政策支撑《教育法》的实施，贯彻《教育法》精神。《教育法》在实践中的运行与转型时期俄罗斯的教育改革及发展相得益彰。

二、《教育法》修正历程

（一）1996 年《教育法》的修正

20 世纪 90 年代初，俄罗斯国内政治不稳定，经济濒临绝境，政府无力专注教育领域。《教育法》在实施过程中，出现诸多问题。当时教育领域管理混乱，教育经费极度匮乏。教育设施条件恶劣，学生道德水平下降，犯罪儿童增多，普及免费教育年限的缩短也遭到社会各界的强烈谴责。

1996 年俄罗斯对《教育法》进行较大的修订，将普及免费教育年限从 9 年恢复至 11 年，逐步规范、限制教育私有化，保障教育公有化。法定辍学年龄提高至 15 岁，以防止更多未成年人流入社会、消除未成年人犯罪的社会隐患。在职业教育阶段新添加大学后职业教育，在高等职业教育机构里，每月发给相当于最低工资 1.5 倍的现金补偿。其工作人员每月要领到高于其他教育工作人员 0.5 倍的现金用于书刊的购买和订阅。这些规定保障了高等职业教育机构中工作人员的权利和社会福利，为大学后职业教育蓬勃发展提供条件。

（二）2004 年《教育法》的修正

1996 年《教育法》的修订解决了教育实践中存在的一些问题，然而教育经费短缺、教育质量下降问题并没有得到实质性解决。随着政治和经济状况的好转，特别是 2000 年之后，俄罗斯政府将更多的精力投向教育的发展，教育拨款逐年上升，教育开始良性、有序发展。伴随 1996 版《教育法》的实施，以往教育发展中悬而未决的问题，以及教育实践中的新问题逐渐暴露出来：职业教育体系的发展已经不能完全适应劳动市场的需求；教育财政拨款中不仅存在拨款数量问题，也有拨款的程序和利用问题；教育领域的腐败现象也日益严重。

2004 年 12 月《教育法》历次的修订汇编正式出版，该版《教育法》又有新的修订：学前教育首次被纳入普及免费教育范畴；进一步确认联邦、主体、地方三级教育管理制度；联邦政府更加注重宏观控制下的分权管理，同时加强教育机构各种活动的宏观调控。

2004 年《教育法》较之前相比，最突出的变化就是国家撤销了财政拨款不少于国民收入 10% 的承诺，撤销了国家提供的一系列税收优惠政策，但鼓励教育机构多种渠道筹措资金。重新确定财政拨款方式：隶属于联邦国立教育机构的财政拨款，按照国立教育机构联邦财政拨款标准实施；各主体所辖教育机构、市立教育机构的财政拨款，根据联邦标准和联邦主体标准实施。该版《教育法》删除了保障教师工资待遇和权利的条款。但在减少教师待遇和权利的同时，政府鼓励教师进行有偿教育服务，扩大个人收入。

（三）2013 年《教育法》的修订

2008 年之后，俄罗斯教育事业进入快速发展时期，公民对教育的需求不断增长、教育分层，公民要求教育公平、提高教育质量、实现教育权利的渴望愈发强烈。而教育实践中，教育权力机构管理水平低，官僚腐败现象严重，教育机构培养人才的质量和水平也落后于国际先进水平。此时，教育权利和教育责任之间已经失去平衡，公民对教育公平的诉求和教育权利的提高与教育机构人才培养能力和教育质量的落后之间出现矛盾。

2004 版《教育法》已经不能满足公民日益提高的教育民主、教育多样化需求，教育实践需求与法律保障之间已经出现明显的差距；另一方面，《教育法》不但在自身内容上存在空白和前后条款矛盾的问题，而且在整个教育法律体系中，《教育法》与《高教法》以及其他教育法令、教育条例之间存在条款重复和矛盾的情况。因此，2010 年开始俄罗斯政府组织人力对《教育法》进行全面的调整修订，其主要变化体现在以下方面：

1. 结构内容上作出重大调整，覆盖面更加广泛。2013 版《教育法》将原来的 6 章调整顺序并添加大量的新内容，构成现在的 15 章，分别为：总则；教育体系；教育活动的主体；学生及其家长（法人）；教育机构的教师、领导及其他工作人员；教育关系发生、更改和终止的原则；普通教育；职业教育；职业培训；补充教育；实施某种教育大纲和个别学生获得教育的特殊性；教育系统的管理，教育活动的国家调节；教育领域的经济活动；教育领域国际活动；条例的过渡及终止。内容涉及范围全面，取代了之前的《教育法》和《高教法》两部基本法的内容，各章各条款的内容都规定非常细致，使法律的操作性更强。

2. 增添基本概念的阐述，立法技术更强。新《教育法》在第一章总则中新增加了"该法所应用的概念"一条，其中包括本法所涉及的 35 个法律概念，除了"教育""教师""学生""教学""教育标准"等最基本的教育术语之外，还添加了"实践""教育服务""职业定向""教育工作者利益冲突"等概念。这些概念在教育实践中经常出现，但在原版《教育法》中没有进行规范阐述。法律基本概念的阐释避免了出现概念歧义的现象，提高了该法的技术精准性。

3. 教育管理更加民主、公开。《教育法》总则中规定，保障教育机构自治、教师与学生的科研权利和科研自由、教育领域参与者的自由平等权利，保障实现教育领域国家与合约调节相结合的原则。该法还规定，教育体系的管理秉承教育机构法治、民主、自治、教育体系信息公开性原则。教育活动的参与人都有权获得联邦境内教育发展的相关信息，联邦、主体及地方各教育权力机构都有责任保障教育信息的公开。教育机构要确保学生、家长及其他公民通过网络获得学校活动的相关信息，保障其教育信息的开放性。显然这些规定在满足公民参与教育管理、监督教育发展，实现教育权利的诉求方面进一步得以规范化。

4. 重新明确教育层次。与之前相比，普通教育层次没有变化，依然包括学前、初等、基础和中等教育阶段。职业教育层次发生变化，分别包括中等职业教育、高等教育—学士、高等教育—专家、硕士、高等教育—高水平人才培养四个阶段。这次修订取消了初等职业教育阶段。

5. 重视教育质量的监督，加强监管力度。该法在普通教育、职业培训和教育管理等方面，增加了对教育质量监督和监管的条款规定。在普通教育一章中，学生参加国家鉴定以及国家统一考试被作为单独条款列出来，关于国家鉴定和国家统一考试的适用对象、规则和程序均有详细规定。并且国家统一考试首次以法律形式确定下来。在职业培训一章中，将职业考试作为职业培训的一种考核评价形式单独列出。

"教育系统的管理，教育活动的国家调节"一章中，在原来国家对教育活动的许可、认证和监督监察的基础上，添加了国家对教育法律执行情况的监察、职业社会组织对教育大纲和教育机构科研组织的认证等条款。这是首次提到社会中立机构对教育质量的认证问题，这些条款既加强了教育质量的监管力度，同时也体现了教育管理中的开放和民主。

6. 保障特殊人群受教育权利。第 11 章明确了具有超常才能的公民接受教育的问题，单独阐述了实施宗教、文化体育、艺术、医疗制造教育大纲的特点。此外，该法还首次涉及到在法律层面保障有特殊才能的公民、外国公民、无国籍人员和其他需要特殊社会法律支持公民的受教育权利等内容，并特别关注到健康情况受限人群的教育一体化问题。

第二节 《教育法》颁行与修正在教育实践中的功效

《教育法》自 1992 年颁行，经历了 1996 年和 2004 年两次重大的修正，《教育法》无论是其自身的技术水平，还是其实施、贯彻效果都有明显的提高。《教育法》颁行的意义和修正的成效在不同阶段的教育改革实践中体现明显。

一、开创教育新时代——1992 年《教育法》的颁行

（一）开创自由、民主的教育理念

《教育法》的颁行开创俄罗斯教育自由、民主的新理念。首先，《教育法》明确规定：国家制定教育政策应遵循教育自由、多元化的原则，教育管理的民族性和国家—社会性，教育机构的自主性等原则。教育领域的民主化促进教育管理体系的分权化，消除之前教育政治化、行政化的弊端。其次对教育目的的规定具有鲜明的民主价值取向："培养独立的、自由的、有文化的、有道德的人，使之意识到对家庭、社会和国家的责任。"最后，在《教育法》执行的过程中，俄罗斯政府通过办学体制改革，高等教育结构改革，侧重性教学改革，为学生和家长提供自由、民主的教育。

在俄罗斯教育法制化过程中，首先能够看到有关社会价值、个性自由发展、自由、多元问题的反映。在俄罗斯，颁布《教育法》标志着在复

兴民主法律、国家社会和公民社会的路上前进一大步。

（二）保障教育在国家优先发展的地位

在俄联邦《教育法》中，总则第一条规定教育的国家政策，它首先确立的是"教育领域是国家优先发展领域"的基本国策。这一规定首先确认教育在国家的优先发展地位，给予教育发展以高度的重视。这是俄罗斯历史上第一次以教育基本大法的形式确定教育优先发展地位，加强了教育的战略性功能，给予教育在国家发展中的重要地位，将教育视为保障民族安全和实现国家现代化的重要手段。虽然，苏联时期也同样重视教育发展，但并没有将之以国家法律的形式体现，此次以教育基本法的形式，而且在法律文本的首要位置明确教育的优先地位，并以法律的强制性推行该思想，使之具有普遍意义，这充分表明了国家优先发展教育、强化教育法制的决心。

（三）构建俄罗斯教育法制体系

沙俄时期以及苏联时期，亦曾颁布过多项教育法律、法规，但这些法律法规都是教育某一领域的部门法规。而俄罗斯1992年颁布的《教育法》是统领整个教育领域的母法，该法保障公民的教育权利，调节教育内部的各种法律关系。该法能够完全体现宪法精神，其颁布标志着俄罗斯教育已走上法制化的轨道。在此基础上，俄罗斯教育法制将走向系统化，规范化，教育法制的建设也会因此变得理性和有序。

（四）私立教育蓬勃发展缓解国家负担

《教育法》颁布之后，私立教育机构如雨后春笋般迅速涌现。1992年底，私立普通学校已有300所，学生近20万人。1995—1996学年，私立普通学校已发展到525所，在这些学校学习的学生达45.8万人，由此可见俄国私立学校的发展速度之快。在高教领域，私立学校发展亦相当迅速，1993全俄私立高校已占到国立高校的26.3%，其在校生为国立学校在校生总数的2.7%。①

---

① 肖甦：《俄罗斯市场经济条件下教育的私有化趋向》，《东欧中亚研究》1999年第6期。

尽管私立教育的发展中存在鱼目混珠的成分，但客观地讲，私立学校的出现在很大程度上缓解了国家的经济负担。很多高等私立教育机构能够根据市场劳动力需求变化，及时调整专业设置，为国家和社会经济发展培养更多的专业人才。私立学校的出现使国立学校的竞争意识加强、更加具有紧迫感。有竞争才有进步，显然，私立学校的出现从另一方面促进了国立学校加强自身建设，努力发展自我。

二、制止教育倒退、强化监控——1996 年修正的成效

（一）国家逐步恢复对教育的领导权，私有化得到控制

1996 年《教育法》颁布后，国家逐渐控制教育私有化的发展，私立教育增长速度放慢。1994—1997 年，私立高校以 101%、23%、26%、24% 的速度增长。1997 年之后，增长速度明显下降，1998—2004 年增长速度分别为 10.5%、4.5%、2.3%、8.1% 、—0.8%、2%、4.3%。[1]

私立普通学校同样存在这样的状况，1994—1995 年，私立普通学校以 21.4%、17% 的速度增加。1996 年之后明显下降，分别为 2.9%、5.5%、—0.4%、77%、5%、4%、3%、4%、0.1%。[2]

同时，俄罗斯政府加强对国立学校的支持，取消非国立学校的相关待遇。从下表中的国立与非国立高校运作的基本参数就可以看出，国家对待国立与非国立高校持完全不同的两种态度。（见表 4–1）

表 4–1　国立和非国立高校运作的基本参数

现代条件下国立和非国立高校运作的基本参数	
国立高校	非国立高校
1. 国家为教学过程和科研的进行提供物质基础（校舍、设备）	1. 非国立高校的相当一部分自筹资金用于建设校舍、购买设备（达到年周转金一半）
2. 从国家那里获得对毕业生的订单	2. 得不到国家的经费支持

---

[1]　Соколин В.Л., *Российский статистический ежегодник 2005*, Москва, 2005, p.265.

[2]　Соколин В.Л., *Российский статистический ежегодник 2005*, Москва, 2005, p.247.

续表

现代条件下国立和非国立高校运作的基本参数	
国立高校	非国立高校
3. 联邦教育发展计划给予相当大的支持	3. 获取联邦教育发展计划资源的通道被封闭
4. 国立高校得到财产税补偿（价值的 2.2%）	4. 支付全部财产税，最发达的高校遭到打击
5. 能获得科研和加工方面的订单	5. 根据俄联邦教育与科学部的命令，非国立高校的资源通道被关闭
6. 计划招收新生，在国家的场地上进行教学	6. 没有计划招收新生和在国家的场地上进行教学的可能性，因为国家实际上拒绝对非国立高校的资金支持
7. 国家促进国立高校获得信息资源	7. 国家拒绝对非国立高校的资源支持

资料来源：朱小蔓、Н.Е.鲍列夫斯卡娅、В.П.鲍利辛柯夫：《20—21 世纪之交中俄教育改革比较》，教育科学出版社 2008 年版，第 316 页。

（二）流浪儿童和犯罪儿童数量减少

普及免费教育期限的延长，使那些有意接受初等职业教育的学生能够有机会回到学校，可以接受 11 年免费教育。国家提高辍学年龄，家长和学校有责任把 15 岁以下的孩子留在学校接受教育，使社会上流浪儿童数量得以减少。

1996 年之后，特别是 2000 年之后，俄罗斯政府开始加强学生的道德意识培养，连续颁布多个法令法规。1999 年 10 月俄罗斯教育部颁布《俄罗斯学校思想道德教育 1999—2001 年发展纲要》，2002 年 1 月教育部又颁布《2002—2004 年俄罗斯学校思想道德教育发展纲要的基本方针和实施计划》，加强学生的思想道德教育。这一时期儿童的犯罪数量减少，据调查，2000 年未成年人中犯罪案件比上一年降低了 5.2%。[①]2000 年 12—

---

① 肖甦、王义高：《俄罗斯转型时期重要教育法规文献汇编》，人民教育出版社 2009 年版，第 565 页。

16 岁少年犯罪数量比 1999 年降低了 6.2%。[1]

（三）高等教育质量监督能力增强

1996 年版《教育法》与《高教法》的颁布，推动高等教育进一步发展。国家开始重视教育质量问题，并率先构建高校认证制度。该认证制度实施后，国家对高等教育质量的监控能力，尤其是对非国立高校和国立高校分校的认证明显增强，有效保障了高等教育质量的整体水平。

1999 年初，俄罗斯所有国立和非国立高等学校都通过评定，进入国家鉴定程序，95% 的国立高等学校通过了鉴定。根据资料显示，1999 年只有 12 所非国立学校具备大学后教育许可证，至 2004 年已有 90 所非国立高等学校获得该许可证，11 所非国立高等学校开设了副博士研究生部，12 所非国立高等学校获得综合大学地位，13 所非国立高等学校获得了专业大学地位。[2] 1998—1999 年，年均 250 所新分校通过认定，2000 年有 307 所国立高校的分校和 98 所非国立高校的分校获得许可证[3]。

三、加强宏观调控、扩大教育权利——2004 年修正的成效

（一）构建教育统一空间

2004 年版《教育法》颁布之后，俄罗斯不断加强对教育的宏观管理，努力构建国家教育统一空间。俄罗斯政府通过全面实施国家统一考试，修订国家统一教育标准、构建全民教育质量监督体系等措施，加强标准化建设，制定统一评价标准，加大教育质量的监督力度，从教学、评价等几个方面形成国内教育统一空间。与此同时，高等教育的国际化进程亦在加速。首先是与多个国家签署相互承认文凭的合约；其次，通过落实博洛尼亚条款措施，改革学分制，弱化"文凭专家"的培养模式，深化落实高等

---

[1] 付轶男：《国家政策的回归——新世纪俄罗斯思想道德教育发展走向》，《外国教育研究》2003 年第 3 期。

[2] Гуров.В.，"Качество образования в негосударственных вузах"，высшее образование в Росси，No.6（2004），p.149.

[3] Гуров.В.，"Качество образования в негосударственных вузах"，высшее образование в Росси，No.6（2004），pp.150-151.

教育两级体制等措施，完成与国际文凭对等的重任。再次，加强国际学术交流，为国际教育有偿服务的输出提供条件。这些措施有效加快了高等教育国际空间一体化的进程，促进了与世界高等教育的接轨，不断向实现教育现代化和教育创新的目标切实迈进。

（二）教育机构多渠道筹措资金补充教育经费

《教育法》明文规定学校可以进行独立的经济活动，允许进行有偿性质的补充教育服务和商业活动。普京在联邦会议上就曾指出，教育不能只期待国家的预算资金，学校的预算外经费更重要，但目前有偿教育服务市场还有待规范。可以看出，俄罗斯政府已经明确提出教育机构需筹措资金来补充国家教育预算支出的不足。

为增加教育经费，很多国立中小学通过开办商店、餐厅和健康中心来创收。农村学校通过田间劳动，收获农产品送到学校食堂，或者出售，获得资金用于补充教育经费。职业教育机构通过开办工业企业和有偿教育服务等方式获得经济利润。很多学校都是依靠预算外的资金维持学校各项工作的正常运转，毕竟仅仅依靠财政拨款，根本不能维持学校的正常开销。从下面的职业教育机构经费来源表格中就可以看出预算外资金的比例。高等职业教育自筹资金达到44.6%，在资金总额中占有相当大的比例。（见表4-2）

表4-2　职业教育机构按照经费渠道的资金结构（按百分比计）

各级教育	初等职业教育	中等职业教育	高等职业教育
资金总额	100	100	100
各级预算资金	90.7	61.0	47.6
预算外资金	7.0	36.2	44.6

资料来源：朱小蔓，Н.Е. 鲍列夫斯卡娅，В.П. 鲍利辛柯夫：《20—21世纪之交中俄教育改革比较》，教育科学出版社2008年版，第113页。

（三）学前教育受教人数增加

2004年《教育法》宣布学前教育为普及免费教育之后，学前教育机构的数量显现出严重不足，但学前教育机构的受教儿童人数一直在增加。从 2004 年至 2009 年分别为：442.26、453.04 、471.32、490.63、510.54 、522.82 万人，每年以 2.5%、3.9%、4%、4%、2.3% 速度平稳增长。[①] 这一方面说明了将学前教育纳入到普及、免费教育范畴内，确实可以推动学前教育的发展，为更多学龄前儿童提供受教育的机会，另一方面也对加强当前教育建设提出新的要求。

从以上《教育法》的颁行及修正的功效中可以看出，《教育法》是一部进步的法律。《教育法》虽经历两次较大的修正，但其执法、维权的实质精神没有改变。虽然在实施中出现矛盾与冲突，在教育实践中也存在问题与困境，但不可抹杀其对教育发展所发挥的巨大作用。

第三节　《教育法》修订的价值取向

俄罗斯政府在 1996 年、2004 年和 2013 年对《教育法》进行三次较大的修订，分别在教育权、教育性质、教育管理和财政拨款等方面不断调整《教育法》，以适应其运行的环境，协调和平衡《教育法》运行系统中的各种利益关系。通过对每版《教育法》法律文本的分析，可以透视出《教育法》修订的价值取向。

一、教育权方面：曾经失去的国家责任逐渐回归

《教育法》流变的历程中，俄罗斯政府逐渐恢复国家对教育的责任，主要表现在免费普及教育年限方面。1992 年颁布《教育法》后，普及免费的教育年限因由原来苏联时期的 11 年变更为 9 年而遭到社会各界批评。四年之后，1996 年版《教育法》将普及免费教育年限恢复为 11 年。2004 年《教育法》在 11 年普通教育普及免费的基础上，将学前教育纳入普及免费的教育范畴，进一步扩大国家普及免费教育的年限。2013 年版《教

---

① Соколин В.Л., *Российский статистический ежегодник 2009*，Москва，2009，p.220.

育法》中免费普及教育阶段从学前、初等、基础、中等普通教育阶段扩展到中等职业教育阶段。实施普及免费教育的阶段的延长，反映了国家对教育责任的加强。

二、教育管理方面：分权与集权之间动态平衡

苏联解体初期，自由主义思想开始在俄罗斯教育领域露头。与此同时，政府挣扎于政治的不稳定和经济的萧条，无暇顾及教育发展，教育管理上奉行的是解中心主义原则。1992 年《教育法》规定了各级教育管理机关的权限和缩减联邦中央管理机关的日常管理权限。2004 年版《教育法》在教育机构章程的制定、教育标准的确定方面进一步明确了三级教育管理机制，在分权的基础上，加强国家对教育的宏观控制。2013 年版《教育法》在教育管理上一方面继续加强国家对教育的调控，另一方面加强社会监督的渗透。例如，教育体系的管理中实施教育质量的独立评估，加强社会组织的认证等。这些规定都表明，俄罗斯政府在教育管理上不再是简单的分权或者集权，而是尽力做到宏观调控下，联邦主体、地方自治机构及学校、社会相关利益团体各方面权力的共同参与，充分体现了国家—社会的管理原则。

三、教育性质：商业要素的介入更加规范

20 世纪 90 年代在俄罗斯发生的社会—经济全面危机阻碍了教育的发展与进步。国家在很大程度上无暇顾及教育，迫使教育自谋生路，市场化、商业化因素进入教育机构，这一切既给教育发展带来机遇，同时也提出巨大挑战。

（一）商业化活动

1992 年版《教育法》确定了教育市场化、商业化的理念。《教育法》宣布教育机构有权成为财产的承租人和出租人，教育机构有权从事由其章程规定的企业性活动。2004 年《教育法》修订后，依然坚持鼓励教育机构进行商业化活动，但对某些企业活动进行规范。2013 年版《教育法》

明确鼓励教育机构教师和学生进行知识产权成果的创造，确认教育机构是知识产权成果和所获利润的唯一拥有者，这些规定进一步规范了教育机构的商业创收活动。

（二）有偿教育服务

1992 年版《教育法》规定，国立和地方教育机构有权向居民、企业提供有偿教育服务，但须规定服务的范畴。该有偿教育服务带来的资金要上交创办者一部分，其余用作本教育机构的再投入。2004 年版《教育法》进一步规定，教育机构有权按照章程处理有偿教育服务带来的资金，无须再上交一部分给创办者。2013 年版《教育法》更为明确地规定，教育机构可以依据合约提供有偿教育服务，所获资金归该机构所有，但需依据联邦法律和该机构章程使用。这一规定给教育机构进行有偿教育服务以更优惠政策，但同时也须进行国家联邦法律的监控。

商业要素的持续介入缓解了联邦政府的经济重负，也使地方教育机构的教育经费得到补充。同时，俄罗斯政府开始逐渐规范教育商业活动，避免商业化给教育发展带来的负面影响。

四、教育财政拨款方面：财政理念从理想走向可负担的现实

1992 年《教育法》首次以法律条款形式明确教育拨款数额，此举彰显出国家保障教育优先发展的决心。但从当时的社会经济条件来看，这一规定带有明显的理想主义色彩，该条款在执行中也从未实现。在 1996 年版《教育法》颁布之后，特别是 2000 年之后，教育拨款虽然逐年上升，但国民收入 10% 的承诺仍无法实现。于是，政府终于开始正视现实。在 2004 年版《教育法》中不再规定教育拨款的下限度，也没有规定上限，让《教育法》的实施能够更加符合现实。之后，拨款数额在《教育法》下位的预算法案中加以确定。这样，由下位法调整教育财政或某个教育领域的法律问题，执行起来更便于操作。2013 年版新《教育法》中仍没有明确教育拨款的具体数额，只明确了拨款的原则，即联邦教育拨款由联邦、主体和地方财政预算承担，并按照其在教育领域的权限分工来确定。

从对这一问题的修订上可以看出，俄罗斯政府开始重视《教育法》的实施效果，修订的内容愈加符合现实。《教育法》所倡导的财政理念从理想走向现实，从不可执行变为可执行。

2013 年版《教育法》颁行之后，俄罗斯社会各方声音不同。联邦委员会盛赞这部法案，而共产党和社会革命党对此法案并不支持，认为其并不能解决教育改革问题。其实之前关于这部命运多舛的教育法案的讨论已经持续了三年，第一版草案于 2010 年 5 月首次公布在官方网站上，广泛征集公众的意见和建议。经过社会各方的讨论和建议，2012 年 5 月，教育科学部正式签署《教育法》第三版草案，提交国家杜马审议，这期间相关委员会收到了 60 万份公民意见和 4 万份团体意见。[①] 这一次的修订可以看出，俄罗斯教育立法过程逐渐趋向公开和民主，社会团体、教师等非官方参与者对教育立法的影响逐渐加大。2013 年版《教育法》突出了民主、开放、教育权责明确、教育监督强势等特点，其自身的技术性、科学性有明显的提高。新版《教育法》的颁行成为俄罗斯教育立法史上新的里程碑，俄罗斯的教育发展也将展现新的景象。《俄罗斯联邦教育法》的修订也为我国教育立法的修订和实施提供了借鉴。

---

① Правила поступления в вузы изменятся, 2013 年 1 月 10 日，http://www.vedu.ru/news7790.

第五章　美国 NCLB 法案实施中教育政策主体冲突研究

第一节　NCLB 法案出台的历史背景及内容

20 世纪 50 年代，苏联国防力增强，日本经济日趋发达，严峻的国际形势让美国倍感压力。为了保持世界霸主地位，增强国际竞争力，教育改革成为美国各阶层关注的焦点。经过十几年的努力，2002 年 1 月，布什总统签署了《不让一个孩子掉队》法案（No Child Left Behind，以下简称 NCLB）。该法案的出台在美国基础教育改革中占据着重要的地位，对提高基础教育质量，维护基础教育公平有着重要的意义。

一、NCLB 法案出台的背景

一直以来，美国标榜的"自由"和"平等"深入人心，而在基础教育的改革中，也一直以追求学生的平等权利为目标。教育的公平性，教育机会平等成为衡量基础教育的重要标准。除此之外，影响美国基础教育改革的因素还有经济、政治等，这两个因素直接推动了基础教育的改革。

（一）国际竞争日趋激烈

20 世纪 80 年代，世界各国都开始注重新技术的使用，全球开始了一轮新技术革命。这场新技术革命以微电子技术为核心，使得美国社会由工业化向后工业社会、信息化社会发展。① 同时，作为新技术革命发源地的美国，对劳动力提出了新的要求。为了满足经济发展的需要，教育也必须适应新技术的推广，为美国工业社会的发展提供符合其需要的劳动者。

与全球新技术革命推广相伴的是，日本、西欧等发达资本主义国家的经济实力与国际竞争力都在逐渐增强，与美国的差距日渐缩小。就像美国的调查报告——《国家在危机中》提到的一样，日本汽车大量打入美国市场的冲击，韩国拥有了世界上效率最高的钢铁厂，联邦德国的车厂代替了美国的产品。除此之外，在当今的信息世界中，更重要的是知识、学习、信息和技术情报，这些都是国际商业的新原料。要在国际竞争中处于不败之地，就要有领先于国际的新思想和具有竞争力的人才。② 在未来的世界政治、经济的争霸中，所有的竞争归根结底是人才的竞争。他们认为，美国当时的教育比日本、西欧等国落后，要振兴美国经济和增强国家在国际上的竞争力，必须对教育进行改革。"教育是未来经济繁荣的关键"也成为不可争辩的共识。③

（二）基础教育质量低下

20 世纪 80 年代，美国社会各界对基础教育进行了全面的考察。具体的调查报告有：《进入大学的学术准备：学生需要什么和能够做什么》（美国学院入学考试委员会）、《达到优秀的措施：一份改革我国学校的全面计划》（州级教育委员会）、《美国的竞争性挑战：需要全国作出回答》（商业——高等教育论坛）、《高中一：一份关于美国中等教育的报告》（卡耐基教学促进会）等。其中，由国家高等教育质量委员会《国家在危急中：教育改革势在必行》的报告影响最为深刻。报告指出，美国的工业、商业、科学技术等面临着世界其他国家的威胁；国家的基础教育也日渐失去其往日的魅力，基础教育面临的问题将严重影响到国家的未来和社会的发展。这些引起了美国社会各界人士的广泛关注。

---

① 卢海弘：《当代美国学校模式重建》，中山大学出版社 2004 年版，第 4 页。
② 纪晓琳：《美国公共教育的管理和政策》，北京师范大学出版社 1992 年版，第 168 页。
③ 卢海弘：《当代美国学校模式重建》，中山大学出版社 2004 年版，第 4 页。

除了这些报告显示出美国基础教育面临的问题外，国际竞赛中，基础教育的成绩也不如人意。调查显示，在 19 项学业考试的国际评比中，美国学生有 7 项倒数第一；标准化测试中，学生的平均成绩比苏联发射卫星时美国中学生的水平还要低；在 1980 年大学入学考试的学术性测验（SAT）成绩与 1963 年相比，同等级别的中学生数学平均分下降 40 分，语言平均分下降了 50 分。美国分析家保罗·科波曼提出："美国以往各代，在教育、文化和经济上的成就都能超过它的上一代。一代人的教育水平不能超过或与父辈相提并论，甚至还达不到父辈的水平，这在我国历史上还是第一次。"当时美国基础教育问题主要集中在以下几点。

1. 课程设置重点不突出，选修课内容浅显单一。20 世纪 80 年代，美国中学存在的共同问题：课程设置单一，选修课过多，学生选修主修课的学术课程比例下降。学生所选择的辅修课程大多属于浅显易懂、容易通过考试的课程。基础性课程被冷落，不利于学生掌握基础知识。这种课程设置与选修方法直接导致美国综合中学教学质量的下降。

2. 学生学习时间不足，学习习惯不佳。相对于日本、德国、苏联等发达国家，美国中学生学习时间不足，具体表现在基础课程的学习时间减少，家庭作业时间减少等。当时美国 2/3 的高中毕业班学生家庭作业时间少于一小时；有 36 个州在高中阶段数学和科学的修习时间为一年；中学生在数学、化学、物理、地理和生物等课程的学习时间，比其他发达国家学生少 2/3。另外，大部分美国中学的学生在校期间没有形成良好的学习习惯，所学内容也无法形成系统性。这直接导致学生在高等教育阶段学习自觉性差，很多学生无法适应大学的学习生活。

3. 师资力量薄弱，教师社会地位不高。基础教育教师的专业素质不强。很多中小学教师来自高等教育毕业生中程度最差的学生，这从本质上决定了教师的整体水平。教师受聘后，还有一半的数学、科学和英语教师没有办法胜任教学工作。其次，当时美国基础教育阶段教师的工资水平比较低，社会地位也比较差。很多教师除了正常的教课外，还通过课外兼职来增加收入。这在一定程度上也影响了教师的教学质量。

（三）多元文化的社会价值观

多元文化分为主要和次要两个层面：主要层面通常是可视的，如种族、性别、残疾等；次要层面表现为不可视的，如语言、文化、学习方式、受教育程度等。① 在这样的背景下，追求共同目标的同时还要保留对各种文化的尊重与维护。尤其在二战后，美国主流文化呈现出更多宽容性。要求尊重各国文化与民族特征，民权运动的兴起与有色人种要求改变"种族歧视"，使得美国教育政策改革朝着多元化方向发展。推及到基础教育中，要求加强少数族裔学生受教育机会平等的呼声也越来越高，与此同时，关注少数族裔学生与白人学生成绩差距也成为社会的焦点问题。多元化的社会文化形成的价值观与教育政策是相互作用的。多元化的价值观影响着教育政策的制定过程，同时，教育政策的制定也在一定程度上反映了多元文化价值观的博弈结果。相同的价值观对基础教育政策的制定目标和方向有着指导作用，同时还影响着基础教育资源的分配。同样的教育政策会得到不同价值观群体的支持。②

在多元文化的前提下，美国社会的共同目标是：追求"自由"与"平等"，具体表现在对个人主义的推崇上。广义概念上的个人主义认为，"个人的利益是至高无上的；一切价值、权利和义务都来源于个人。"③ 个人主义强调个人的独立、权益和能动性。同时还要求尊重他人的隐私，注重个人的自主选择权、个性的自由等。这要求在基础教育上注重学生的个性与不同需求；尊重学生对教育资源的选择权；同时，要给予不同学生相同的受教育机会与成功机会。美国的多元文化形成的社会价值观使得"自由"和"平等"成为不同社会阶层共同追求的目标。推广到基础教育政策的制定上，各少数族裔学生与白人学生平等的受教育机会和教育结果的平等成

---

① 徐颖果、巨积兰：《美国的多元文化运动及其社会意义》，《大连民族学院学报》2004
　　年第 3 期。

② 李春成：《价值观与社会福利政策选择》，《复旦学报》（社会科学版）2004 年第 6 期。

③ 梁汉平：《美国文化的核心——个人主义与美国社会经济发展》，《改革与战略》2006
　　年第 5 期。

为共同的目标。同时，由于各个社会阶层不同的社会价值观，在基础教育
政策制定中也会存在冲突和矛盾。

（四）追求效率与公平的价值取向

"'效率'是美国社会生活的一种基本价值观，理所当然成为美国教
育及其管理的主要价值观之一。"① 效率作为物理学和工程学的概念，意义
是"有效输出量与输入量之间的比值"。② 在教育上"效率"是指"以尽
可能少的时间和精力达到完成尽可能多的工作的理想结果的能力。"③ 教育
效率就是教育效果与教育消耗的比率，即教育应当力求以最小的投入获得
最大的社会成功，或者在一定的社会成果下，花费的资源最少。对于效率
的追求要求在基础教育上也要注重合理安排时间和资源，寻求实现目标的
最佳方法，即以最小的"投入"获得最大的"产出值"。④ 这就决定了在
教育上注重教育结果的质量，也就决定了美国基础教育上注重责任性的审
查。要求教育政策的执行必须在注重效率的基础上达到预期的教育目标，
实现教育质量的提高。

美国在基础教育改革上追求"效率"的行为主要表现在两个方面：一
是市场化需要基础教育的改革；二是基础教育内部的低效要求基础教育
进行改革，教育供需之间的矛盾要求基础教育转化为"经济市场模式"。⑤
在 NCLB 法案出台之前，基础教育对于效率的追求主要体现在"择校制"
和"教育券"改革上。择校制度主张基础教育阶段学生家长可以就公立学
校教育质量的低下为子女选择其他学校就读。教育券政策主要针对特殊儿
童、贫困学生和学业失败的学生。

---

① 陈如萍：《效率与民主——美国现代教育管理思想研究》，教育科学出版社 2004 年版，
第 20 页。
② 《大美百科全书》第九卷，光复书局 1990 年版，第 381 页。
③ Good, *Dictionary of Education*, New York：Mc Graw-Hill Book Company Inc，1945，
p.148.
④ 李春成：《价值观与社会福利政策选择——以美国公共救助政策改革为例》，《复旦学报》
（社会科学版）2004 年第 6 期。
⑤ 阚阅：《透视教育变革中的市场力量》，《教育科学》2009 年第 4 期。

在追求基础教育效率的同时，能否保证基础教育的公平，成为基础教育改革中主要问题之一。支持择校制和教育券的改革人士认为，择校和教育券对于贫困家庭的子女以及弱势群体的教育公平起到了良好的作用。反对者认为，择校和教育券不但没有实现教育的公平，反而会"把最贫困的学生留在最差的学校"，从而加剧了社会的两极分化。[①] 在反对者看来，贫困家庭在教育消费能力、选择能力上都比富裕家庭弱。

围绕着基础教育的"效率"和"公平"所引发的问题，基础教育改革中引入了绩效责任制。1991 年 4 月，布什总统签发的《美国 2000 年教育战略》，确定了教育责任的标准和目标，开展了全国基于标准的问责运动；1995 年 5 月颁发的《儿童教育卓越法》强化了州、学区和学校的绩效责任，制定了围绕学校的不当自动升级和留级、发行学校报告卡等问题进行的问责措施。

二、NCLB 法案的主要内容及特点

2002 年 1 月《不让一个孩子掉队》法案在布什总统的推动下正式出台。该法案是对 1965 年《初等和中等教育法》的全面改革，围绕着社会关注的少数族裔儿童、家庭贫困儿童以及残疾儿童教育机会的"平等"问题，以及提高美国基础教育整体质量问题进行全面而详细的法案规定。该法案的核心目标是：缩小不同群体间学业成绩的鸿沟，确保所有美国儿童公平、平等地享有高质量的教育，并达到州的学业成绩标准和学业评价的要求。[②] 以下是关于 NCLB 法案主要内容的介绍及其特点分析。

（一）NCLB 法案的主要内容

NCLB 法案主要目标是：提高基础教育阶段学生基础知识的水平；减少少数族裔与白人学生之间的成绩差异；提高基础教育阶段教师的教学质

---

① 周琴：《美国关于择校的争论：公平、效率与自由选择》，《外国教育研究》2009 年第 4 期。

② 田凌晖、陈粤秀：《NCLB 与美国教育政策研究机构发展——以范德堡大学国家择校研究中心为例》，《复旦教育论坛》2009 年第 2 期。

量；加强对基础教育阶段学校的问责制，即绩效责任制。

1. 提高处境不利儿童的学业成就

20世纪80年代以来的调查报告显示美国基础教育阶段教育质量低下，少数族裔儿童和残疾儿童等与白人学生的学业成绩差距很大，为了缩小两者之间的成绩差异，要求提高处境不利儿童的学业成就。具体表现在三个方面：

第一，法案规定通过提高学业的标准和教学的效能来实现学生的平等（第一款A部分），通过标准统一的测试使基础教育阶段的教学重心回归到基本知识和基本技能。第二，注重阅读能力的提高，推行阅读首位，提高学生的读写水平（第一款B部分）。第三，注重基础教育阶段的数学和科学课程的改革，提高学生的数学与科学成绩。联邦政府认为，基础教育阶段学生的数学成绩和科学成绩不高，主要是由于担任数学和科学科目的授课教师水平太差，对于学生课程要求的水平太低。对此要求严格规范数学和科学的课程内容；促进数学和科学学科授课教师的业务水平；鼓励数学和科学专业人士从事学科教学；统一高中数学和科学的科目标准，使其与高校的课程接轨；鼓励研究型大学参与加强幼儿园至二年级的数学和科学教育。

2. 提高基础教育阶段教师群体的质量（第二款A部分）

基础教育阶段的学科教师大部分为高校毕业生中程度最差的学生担任，教师的教学水平不高，教学能动性差，导致教学水平低下，严重影响了基础教育的教学质量。联邦政府的教育官员认为，高标准的教师意味着学生能够更好地学习。因此，提高教师的教学质量成为改进基础教育质量的关键因素。提高教师的教学质量要求基础教育阶段的教师必须达到相应的学历标准。除此之外，还要在任教的科目上达到专业的要求。

3. 激励英语熟练程度有限（ELL）学生达到英语流利水平（第三条款）

针对美国现有300多万英语不熟练的学生，联邦政府决定采取优化双语教育计划的措施，提高移民后裔的英语熟练程度。联邦政府给予各学区使用双语教育资金更大的灵活权，以使学区英语不熟练的学生达到流利使用英语的水平。

4. 创建 21 世纪的安全学校（第四款）

针对大批的在校中学生吸毒、暴力犯罪等问题，NCLB 法案主张各州应把重点放在预防上，确保学生远离毒品、暴力和犯罪。如弗吉尼亚 2003 年 4 月设立了防暴力网站，该网站为预防青少年犯罪、创建安全学校提供服务。

5. 促进家长的选择权力和学校的创新计划（第五条款）

家长如果不满意子女在低绩效学校读书，可以为其重新选择新的学校就读；如果子女就读的学校在两年内未达到州规定的学业标准，家长可以选择更好的公立学校就读，其中也包括特许学校；低收入家庭的学生，如果三年内达不到州规定的学业标准，可以接受补偿性的教育服务（课后补习、暑期学校和导师指导）。

NCLB 法案加强了家长为子女选择学校的权力，为了保证家长更好地行使择校权，一些州采取了以下方法配合法案的实施：鼓励家长参加家长—教师会议或一些特别会议，共同解决学生学业上的问题；对于 NCLB 法案实施中面临的挑战应让家长理解，这有助于家长和学校共同开发社区教育资源；为了让学生家长更好地配合学校的工作，主张把计划的副本提供给父母。

6. 关于州的灵活权和问责制

美国总统乔治·沃克·布什曾经谈到学校责任时说："不允许任何一个孩子在学业上掉队，每个孩子必须学会学习……所以我们通过这个计划，旨在帮助公立学校达到要求……因此，我们必须建立责任制，我们每年通过测评，看看孩子们到底会不会读、写、算。"在 2002 年 12 月民意调查中，66% 的被调查者认为，高标准和责任制比通过投入资金改进学校更重要。现在许多学校已经重新思考如何更好地利用 NCLB 计划弹性政策和现有的资源。

7. 联邦资助

为了确保基础教育阶段的学生到 2014 年在阅读和计算机方面达到较

高水平，联邦政府给予州政府更多的自主权，国会也通过提高对贫困学生的拨款来保障该目标的实现。如新纽约学校收到政府额外为每个贫困学生资助的 1807 美元，在过去两年内（2001—2003 年）增加了 53%。同时，国会解决了教师联合会的担忧，在过去两年，对于教师培训的投入从 1 亿美元增加到 29 亿美元。

（二）NCLB 法案的特点分析

NCLB 法案的制定内容反映出联邦对于基础教育的集中管理，同时，注重少数族裔与处境不利儿童的学业成绩提高，也反映出联邦政府对于基础教育公平的理想追求。NCLB 法案与 1965 年的《初等和中等教育法》相比，具有以下特点：

第一，加强了联邦政府对基础教育的集权。美国历来的分权制决定了教育权隶属于州政府，联邦对于地方的教育管理权非常有限。在这次的 NCLB 法案中联邦政府加强对州政府的教育拨款，同时要求州政府对基础教育进行改革，使其达到联邦的教育要求，这在美国历史上是第一次，从一定程度上反映了联邦政府对于基础教育改革的决心。不过，由于各州基础教育现状的不同，各州政府对联邦的统一要求有着不同的反馈态度。联邦政府的集权在一定程度上触动了州政府的教育立法权，也为今后州政府与联邦政府的教育冲突埋下了伏笔。

第二，追求基础教育的公平与教育机会的平等。从 NCLB 法案对少数族裔以及处境不利儿童学业成绩的提高要求上看，联邦政府开始关注处境不利儿童的教育结果。包括提高移民家庭中英语熟练程度有限的儿童英语成绩，对于西班牙裔和非裔学生的数学、科学成绩上的关注，都在一定程度上表现为追求教育中的公平与美国各种族受教育机会的平等权。在该目标的引导下，还主张对教师教学质量的提高。把家长的择校权也纳入 NCLB 法案的规定，从更大程度上推进公立学校的改革，提高公立学校的教学质量。以上可以看到美国社会文化中对于公平与效率的追求，反映到基础教育改革上来，可谓是一种进步。

第三，绩效责任制在基础教育上的推行，是该法案的最大特点。法案规定，对于没有达到州要求的统一学业标准的学校，面临着改革的危险，学校的教师和管理者都会因此受到影响。绩效责任制强调了基础教育阶段对教育结果的承担责任。在与绩效责任制有关规定中，NCLB 法案规定对于学生的学业成绩，由联邦政府、州政府、学区、学校管理者、教师等共同负责。联邦政府通过经济上的自主和拨款来影响教育绩效；州政府负责提供适当的教育资源给需要的学校；学校管理者必须确保教育资源的有效运用；任课教师必须确保教学质量，保证教学符合课程标准。[①] 每个绩效责任的主体所承担的责任也不同。

　　州一级的教育相关部门需要对教育系统的整体运作进行监督和控制、建立州内学生的学术内容标准和所需达到的学术成就标准；州政府对地方教育机构和学校进行必要的援助，对学区分配不同的教育资源，同时参与全国教育进步评估（National Assessment of Education Progress，NAEP），面向公众和部长作出对州内基础教育水平的相关报告等。学区的责任是对于学区进步的监控，同时又有责任改善学生的学业表现，直接对学校负责，为学校提供教学目标，分配教学资源，评价学校的课程是否有效。学校的责任是，对学校的教学状况进行改革，提高学校的教学质量，为教师提供教学目标，同时对教师的课程进行评价，制定年度进步报告（该报告主要提供学生在校的学业成就、家长参与状况、评估状态以及其他有关执行学校改善计划的信息给家长和社区成员）等。

第二节　NCLB 法案实施中教育政策主体冲突的表现形式及原因分析

　　教育政策实施主体根据各自利益，在教育政策的实施中对政策进行了选择性实施，这在不同程度上影响了教育政策的有效性。NCLB 法案也

---

① 　王俊景、傅松涛：《NCLB 下美国 K-12 教育改革的新特点——绩效责任制的新发展》，《基础教育参考》2004 年第 11 期。

面临着同样的问题，州政府对该法案的选择性实施，学校内部改革中产生的矛盾等，直接影响了法案的效力。

一、州政府与联邦政府的冲突及原因分析

NCLB 法案出台后，州政府为了保护他们本州的利益对国会议员进行游说，要求面对测试时能得到豁免的特权，但是即使州政府做了最大努力，也未能改变联邦政府对州的政策；州为了维护其自治权，对联邦采取了很多激烈的对抗性的方式，个别州在立法上公开反对该法案的实施。

NCLB 法案要求各个州广泛地推行问责制、择校权、教师资格认证制度，如果州政府达不到联邦的要求，联邦便会以撤销对其的财政拨款来威胁州，以确保政策的实施。对于该法案的实施，州政府并没有被动地接受。38 个州已经考虑进行州立法以表示对 NCLB 法案的反对，这些州包括科罗拉多州、伊利诺伊州、缅因州、犹他州。弗吉尼亚州正在通过州立法反对该法案，康涅狄格州对联邦教育署进行起诉，以此来反对 NCLB 的某些规定。研究发现，西班牙裔人口较大，并且贫困率比较低的州对 NCLB 法案的反对最为强烈。

（一）州政府立法选择性实施 NCLB 法案

对于 NCLB 法案的实施，很多州采取了以下措施来反对联邦政府的规定：对 NCLB 的关键条款进行批评，如要求学校在每年的标准测验中必须达到年度要求的进步目标（AYP），很多州是不可能达到这个要求的；个别州已经上书美国能源部（DOE）要求增加有关执行中自主权的要求。州还依赖能够代表他们利益的组织，如全国州长协会（National Governors Association）和全国州议会会议（National Conference of State Legislatures），通过这些组织机构代表他们的利益发言。实践表明，虽然州政府做了以上努力，但是并没有达到它们预期的目标。

美国有 8 个州在这一政策的执行中采取了具有对抗性的策略，并针对 NCLB 法案中忽略它们的利益而通过了州立法。如：犹他州在 2005 年针对联邦的规定进行选择性的实施，并且指使其州政府官员在面临 NCLB

与本州立法冲突的情况下，可以无视联邦的规定。缅因州的法律规定，如果联邦政府提供给州的执行资金不够的话，本州的监察部长可以向联邦政府提供诉讼。虽然各州的反对并不至于使NCLB法案停止实施，但是这些都在一定程度上强迫联邦政府在特定条款上对州进行豁免。由于犹他州的努力，联邦教育部（DOE）不得不采取一种"新的、更温和的立场"对待NCLB法案的实施。不管州对于联邦是象征性抵抗，还是真正的抵抗，这种挑战还是在实施中出现了，并且是前所未有的。曼纳（Manna）认为，联邦政府为了实现公共教育的目标，应该借助于州政府的力量。尽管联邦和州政府关于教育改革的理念与体系相同，但是他们在问责制的实施中有着分歧，就像NCLB法案实施中面对的一样。如麦圭（McGuinn）所指出的那样——"NCLB法案包含了很多因素，以至于遭到了州政府的强烈反对。州政府因此也在奋力地保护他们在学校决策上的自主权。"研究者调查显示，联邦政府为了实现NCLB的既定目标，在拨付给州的教育资金上设置了很多规定。

在这种情况下，联邦对于州政府的资金支持，成为推动州政府政策执行的有力保证。如果州拒绝了联邦对其进行的教育财政上的支持，州政府官员的行为就会在民众中引起强烈反响。民众认为，州政府拒绝了能够给人民带来福利的政策。一旦州政府接受了联邦对其的财政资助，他们就会对联邦形成依赖感，允许联邦对州进行大规模的干涉，州政府没有选择只有服从。联邦政府为了确保法案目标的实现，对州追加越来越多的财政支持，潜在的NCLB法案中涉及的财政流失问题越来越明显。州政府官员也注意到这个潜在的威胁所带来的挑战。犹他州代表玛格丽特·代顿（Margaret Dayton）在介绍犹他州面临的资金问题时，认为"在缺乏现实的有力支持时，将会面临1.06亿美元的损失"。

针对该问题的两项相关研究表明，NCLB法案在实施中有两个因素值得我们关注。马西斯、凯文和温迪（Mathis, Kevin, and Wendy, 2005）假设：学生和学校的成就、学校的资源、农村居住措施以及党派纷争等会导致州对于联邦的抵抗，但是在实际调查中却没有发现州和地方政府就这些因素对 NCLB 进行的反对。他们认为，不能用于考评的政治文化，也许会解释州对联邦政策的反对。基于该研究的基础，洛夫赖斯（Loveless）进行了更深入的调查研究。他设置了一组教育资源等因素不同的两个变量组，并且增加了政治和人口变数的多样性。研究发现，美国南部的一些州政府对 NCLB 法案的反对更强烈一些。这些州的共同因素是：他们在总统选举中的民主投票；拥有少量表现不佳的学校；拥有少数的非裔学生，却在标准测验中显示出了巨大的成绩差异等；拥有更多的西班牙裔；得不到联邦很多教育拨款。

（二）州政府反对 NCLB 法案的因素分析

1. 州教育基础差异

NCLB 法案增加了联邦对公共教育各个方面的要求，这让州政府面临着很大的挑战。格罗根（Grogan）认为，州更倾向于基于原来的政策基础转移相应的资源以达到联邦对基础教育的目标，而不是选择开始新的项目或增加额外的资源去满足联邦的政策需求。所以，那些具备政策基础的州更容易采纳联邦的政策。而那些先前没有这些基础设施能力的州，则会对联邦教育上的统一要求感到压力，从而更倾向于反对联邦的政策。以下三个问题是州政府反对 NCLB 法案的集中体现。

第一，关于"高度合格教师"的要求对州造成了负担，对其构成了挑战。NCLB 要求每个学生必须由"高度合格的教师"（HQT）负责。"高度合格的教师"条款规定，每个教师必须具有大学本科的学历，并且由州对其进行认证，同时，还要熟练掌握教育学的方法以及其主修的科目内容。"熟练掌握教学内容"的要求已经激怒了教师，因为很多老师已经任教了几十年，却还要去证明他们精通所任教的科目内容。还有一些州政府官员对联邦政府感到不满，因为联邦政府暗示他们所在州的教师认证制度有缺陷，并且需要对主要教学科目的考核增加相关的考核费用。

第二，基于各州"问责制"的实施基础不同，各州面临挑战不同。NCLB 法案要求每个州执行各自的系统，同时要求这些州规定的系统必须具有某些特征，而不是制定一个联邦统一的测试标准和统一的测试。一些州因为没有相关的问责系统，不得不就此从头开始，而另外的一些州只需要在原来的基础上进行调整和修改就能满足联邦的要求了。金（Kim）发现以前不存在问责系统或者是问责体制薄弱的州，可能面临达不到 NCLB 法案的规定，所以会尽快地在法律上对其进行抵制。另外一些有问责制基础的州也会对联邦的规定产生反感，因为 NCLB 问责制的要求，它们不得不放弃原来在州内实行的对全体学生学业提高卓有成效的问责体系。康涅狄格州、犹他州和弗吉尼亚州都声称，NCLB 迫使它们修改现有的严格的问责制度，而这些现有问责制的实施已经对州内学业不佳的学生起到了帮助作用。

第三，"择校制度"对欠发达州造成了挑战。NCLB 法案规定，如果一个学校连续两年的时间无法达到 AYP 的标准，该学校必须为学生提供转入同学区内另一所公立学校的权力。该项规定可能会得到欠发达州的反对，因为学区内的择校，使得它们无法满足需要转校的学生的需求，从而达不到法案规定的目标。

2. 政治倾向不同

州政策学者早就认识到，州的教育政治动态会反映到其政策输出上。许多研究表明，在州政策实施过程中，党派控制产生了巨大影响，这些政治动态将会成为阻碍 NCLB 法案实施的强大力量。即使 NCLB 是在两党的强大支持下出台的，但该法案是由小布什总统签署的，所以，一种假设是共和党对该法案的支持力度比民主党更强。如果一个州大多数的选民都不支持小布什，那么他们可能不太支持立法者对现行的教育方案进行修改或者废除。现在，有四个州通过了反对 NCLB 的法案，分别是犹他州、新墨西哥州、弗吉尼亚州和科罗拉多州。

另外一个影响州教育政策输出的关键因素是，利益集团的组成成员以及其对政策进程的影响。在州政策实施过程中，教师利益团体有着广泛的资源和众多的组织成员，他们发挥着巨大的作用。教师工会与州政府的联合会对 NCLB 法案造成更大的抵制作用。NCLB 法案的目的之一就是给教师人员压力，以此来提高学生的学业成绩。美国最大的教师利益组织——全美教育协会——反对 NCLB 法案的关键条款，并且对此提出了诉讼。

3. 种族群体利益对立

NCLB 法案的核心目标——提高低成就学生在教育上的成就。这些低成就学生包括构不成比例的族群和少数民族、穷人以及特殊教育的学生。这些族群相信法案的规定，并且希望大量的少数族群联合起来对州政府施加力量，以发挥 NCLB 法案对其子女教育的影响力，同时，对州政府反对 NCLB 法案持否定态度。这些族群在康涅狄格州，有色人种进步协会与联邦政府结成了统一战线，他们认为州政府对 NCLB 法案的诉讼是因为州政府害怕大规模测试会显现出州在非洲裔美国儿童教育上的失败。在犹他州，拉扎政治行动委员会的主席（Raza Political Action Committee）罗伯特加列戈斯（Robert Gallegos）写道："在犹他州，组织并不支持犹他州基于本州的利益反对联邦的问责系统。"黑人和西班牙裔群体比白人更支持 NCLB 法案，这给州政府带来了更大的压力。NCLB 法案的执行者指出，少数族群的存在使他们实现教育目标的难度增加。AYP 要求所有的学校在标准测试中，必须使学生达到规定的学业目标。这会让学校只关注教育的结果而忽略了要关注的学生。同时，让州和学校为大量成绩低下的学生学业负责是不公平的。NCLB 要求所有的学生，包括英语学习障碍的学生，必须在一年内达到国家规定的 AYP 标准。那些英语学习有限的学生参加英语为母语的考试，极有可能无法通过。所以，基于此对学校实行的惩罚也是不公正的。这些拥有大量特殊教育学生的学校参加统一的评估失败的概率大增。

经济状况较好的州与经济状况较差的州相比，种族群体带给前者的挑战更大。第一，不太富裕的州因为贫困的原因更欢迎 NCLB 法案的实施，NCLB 法案要实现的目标与他们的学校必须面对的问题一致；第二，NCLB 法案在经济基础差的州内实施，面临着与政策实施相辅助的持续的资金支持；第三，富裕的州倾向采用具有创新性的政策，这些政策会对本州带来更大的挑战；第四，经济状况不好的州会对联邦政府的资金资助形成依赖。NCLB"目标一"规定对经济状况较差的州实行资金补助，而富裕的州在改革经费的来源上更多的是依靠本地。贫穷的州失去联邦资金支持的可能性较小，因此它们不会阻碍 NCLB 法案的执行。

（三）州政府与联邦政府冲突对 NCLB 法案的影响

基于以上原因的分析，NCLB 法案在未来有可能面临以下几个方面的挑战：州政府急需联邦政府对 AYP 的标准进行修订，同时，会面临着来自弱势群体对 NCLB 法案的支持；贫困的州和富裕的州将会出现不同的情况。贫困的州会越来越依赖联邦政府的拨款，但与此同时它们却不能达到联邦对其的学业要求，所以未来它们将没有面对挑战的资本。只有那些比较富裕的州，如康涅狄格州才有可能在教育政策的实施上面临真正的挑战。

二、地方学校的内部冲突及原因分析——基于霍桑高中的个案研究

在 NLCB 法案执行过程中，政策指向的最终目标为学校，学校必须针对政策的要求进行一系列的改革。学校的改革措施通过教师具体执行，教师对这些改革的反馈，直接反作用于政策本身，影响到学校改革的推行。为了保证 NCLB 法案的顺利实施，联邦政府和州对当地的学校管理人员以及学校董事会施压，迫使他们在学校内进行改革。学校管理人员在这种压力下产生了受到政府威胁的心理，对外具有了一种严重的防御心态。学校工作人员的防御心理和敌对态度对 NCLB 法案的实施形成了障碍。

（一）学校组织的理论分析

在教育政策的实施中，政策执行的组织与政策目标之间的关系非常重要。学校在州政府的引导下，不仅要实现州政府的既定目标，还要满足学校自身的内在需求。在这种情况下，与实现州政府的既定目标相比，学校自身的生存与发展显得更为重要。比如说，一个幼儿园在创建初期，其首要的目标是为了更好地照顾儿童；但到了幼儿园发展后期，幼儿园开设的首要目的就是维持其发展，幼儿园的工作人员也专注于自己的工作，想

方设法地不让自己失业。这种观点推广到学校，我们就会发现学校的内部成员也不仅仅是为了实现学校的目标而努力，与此同时他们的工作具有更广泛的社会性与非常复杂的社会动机。这些学校组织内部的成员有时也会发生相互竞争，用以表现他们对学校这个组织的忠诚度。①

迈耶和罗恩（Meyer and Rowan 1977）认为，尽管组织内部有各种冲突和斗争，但是当组织作为一个整体面向外界的时候，他们还是显现出其存在的合理性。为了维系组织的规范性，当组织内部出现矛盾冲突的时候，组织会呈现出松散的状态，并且内部成员的工作活动与正式的组织结构之间有一定的差距。例如，通过财政税收支撑运作的公共机构——学校，当其表现得像外界社会期待的成功学校那样时，该学校就会获得额外的利益。这种封闭性的体制保护了学校的核心工作内容（比如，教学工作）免受外界的干扰和质疑。

在 NCLB 法案的实施过程中，学校为了保持其对外的良好形象，在学校内部进行了改革，通过各种方式影响教师的教学行为。如：集中控制信息的流动；集中管理；加强实施和评估程序的简化和规范；对学校职员和工作人员施加压力使其遵守改革的规范。这种施加在教师身上的影响产生了很多后果，如：教师的心理压力增大；组织内和组织外的交际困难；产生焦虑以至怨恨的情绪；个人行为的隐蔽；出现了取代学校第一层领导人的心理动机。在这种学校内部的改革中，教师与学校管理者由于各自的出发点不同，在学校内部改革中存在各种冲突。同时，教师与教师之间也会产生冲突。但在面临共同的目标时，教师与学校管理者、教师与教师也会发生合作行为。为了更好地分析 NCLB 法案在学校中发生的影响，我们用个案研究来表述整个过程中学校内部发生的冲突。

（二）霍桑高中（Hawthorne High School）的教育改革

霍桑高中是位于加利福尼亚州南部农村的一所综合高中。该学校所

---

① Brad Olsen, Dena Sexton, "Threat Rigidity, School Reform, and How Teachers View Their Work Insid-e Current Education Policy Contexts", in *American Educational Research Journal*, Washington：Vol. 46, Iss. 1, 2009, pp.9-36.

在社区是一个历史悠久的拥有众多少数族群的社区，包括中国、日本、菲律宾和墨西哥人等。该学校拥有 3500 名学生，其中三分之一的学生属于英语学习者（EL，主要是西班牙裔）。大约有三分之二的学生享有学校提供的免费或者是半价的午餐。学校大部分学生是拉美裔（93%），其他白种人学生占 5%，亚裔学生占 2%。学校里面的白种人教师大部分经验丰富，平均教龄为 14 年。争议的焦点集中在学生的学业成绩上。根据标准化测试的评估，霍桑学校的教师在教学中的表现和社区的文化表现不佳是造成学生成绩不良的主要原因。霍桑学校在 2005—2006 学年完成了其学业目标。

经过一年的数据搜集后，霍桑学校开始进行改革：建立小型的学习社区；建立并实施课程地图部；采用新的时间表；每天对所有的学生进行"咨询"（advisory）后才开始进行课堂学习。把以上的集中改革措施混合在一起进行，但是大部分的教师反应非常地消极。其中一项改革（特别是在小型学习社区的改革中）被老师认为是强制接受的，因为通过教师提出而非是学校管理者提出的改革方案，在另外一些老师眼里这种行径是卑劣的。除此之外，在学校的春季评估中，这项改革被认为是具有高风险性的。对于教师来说，最后一次评估进行得并不顺利，不仅是霍桑学校只批准了三年的评审期，而且在一周的评审期中，霍桑学校的教师聚在一起共同抱怨、投诉这项改革，并且教师们认为改革强迫他们在任教上进行"表演"，这种表演类似于马戏团的小狗与驯兽师。

由于学校的改革和 WASC 的压力，霍桑学校在这一年处在各种冲突和斗争中。学校的管理者和学校的工作人员之间，学校的工作团队和个别教师之间都存在着摩擦。学校教师开始讨论学校对他们的行为导致教师们产生紧张和受挫的心理，同时这些心理状态影响了教师的工作行为和教师的教学观点。由 20 位教师组成的团队开始公开反对执行改革，同时要求发起改革的领导人必须离开学校。在年末，该学校改革运动的发起人已经离职。学年结束的时候，教师群体出现分化，教师和学校管理者之间的敌对行为开始增加。四个副校长中的三名已经提早退休或者转移到其他学校任职。很多教师也已经不在该校任职，还有一些任职的教师也打算离职或者提早退休。在这场斗争中，学校的改革内容、改革执行的方式、学校普遍的敌对氛围以及教师的态度和职业前景之间都密切相关。

（三）NCLB 法案执行中学校内部冲突的表现形式

霍桑学校内部的紧张冲突发生在教师和学校管理者之间，新入职的教师和老教师之间以及内部教师和学术部门之间。

1.学校组织内的冲突表现阶段

通过霍桑学校在政策执行中的冲突，我们可以看到，组织内及组织间关系的紧张直接影响到政策执行的结果。NCLB 法案和政策文化可以看作对教育政策执行过程、政策的结果和学校教师行为模式以及学区行为模式的束缚。在这种政策文化的束缚下，政策执行主体的主观能动性和灵活性受到了压制。作为微观层面上的学校对政策的反作用，政策文化束缚着地方学校多种多样的灵活性。在这种政策执行中，学校内部冲突一般经历三个步骤：第一，学校对人事制度和结构进行严格规范，导致个体在规范行为中产生心理压力；第二，学校内部的沟通减少，阻碍增多；第三，为了达到政府对教育目标上的要求，学校因为统一规范而产生的压力增大，因此没有多少人去考虑如何在政策执行中灵活变通。

2.学校组织内部的冲突主体

（1）新教师与老教师的对立与冲突

霍桑学校进行改革的过程中，刚入职的教师与一些教龄较长的教师有着截然不同的态度。研究表明，在这种改革下，学校的管理者更喜欢新入职的教师。新教师与老教师之间由于教学理念的不同，导致权力的纷争，两者之间产生了矛盾冲突。

新教师在教学改革中具有更强的可塑性，更愿意采用新的教学方法与教学内容。在霍桑学校中，新聘请了 3 位英语老师（梅丽莎、莱拉和索菲亚），三位老师在教学改革中形成了合作关系，并且运用建构主义的教育理念以配合学校的教学改革。三位老师倾向采用以学生为中心的教学方法，并且在教学过程中注重对班级成员的了解。她们将时间表的重新分配看作是一个建设性的挑战，而老教师则对此持怀疑态度。种种迹象表明，学校管理者更喜欢新入职的教师。梅丽莎说道："学校管理员基本知道我在做什么，他们也喜欢我在教学上的做法，所以，他们把更多的时间放在关注那些他们认为有问题的老师身上。"

老教师对改革持有怀疑态度，同时，学校对教师的评估指标没有变化也导致老教师不愿意进行教学上的革新，并且对学校的改革采取了不合作的态度。很多老教师在面临霍桑学校的学生成分发生改变时，并没有改变他们的教学策略，还是沿用之前的教学内容及方法，这在一定程度上满足不了学生的现实需求。很多老教师对于学校建设小型学习团体的方案感到不满，因为如果在小型学习团体中工作意味着教师们必须面临着合作。很多老教师对此非常反感，他们从事独立性教学已经很多年，并且适应了独立的教学工作，所以老教师们不愿意改变工作方式。除此之外，旧的学校评审方式也是老教师不愿意改变教学行为的原因之一。由于学校内部对于教师教学评估指标不变，所以很多老教师认为没有必要更换新的教学内容和教学方式。老教师对学校改革的态度持有共同的厌倦和戒备心态，同时，在学校的改革中，老教师的敌对倾向越来越严重。

新老教师在学校改革中的不同立场导致了两者之间的对立和冲突。一些新入职的教师有意无意中对老教师产生防御心理，老教师对此感到误解，也认为自己不受重视。这种冲突产生的原因有可能是已经存在的紧张关系导致教员产生沮丧的心态，教师专业自主权的丧失，以及在学校改革中管理者和学校改革的文化氛围导致的僵化效应。教师们为资源的占有和引发学校问题的原因进行争吵。在学校进行的各种会议中，前任的学校领导会与现任的领导发生冲突，会议充满了争吵和辱骂。

（2）教师与学校管理者的对立和冲突

很多教师认为在学校改革中，学校的管理者很"弱势"，学校领导者面临着被替换的危机。由于美国教师的独立性，很多教师认为学校没有过多的权力干涉教师的课堂教学。NCLB 法案的颁布，要求学校教师必须作出改变，所以，处在政府与教师之间的学校管理者陷入两难的境地。学校的管理者一方面要面对学生和教师，另一方面还要面对外部给予学校的政策压力。学校管理者在外界给予学校的压力下，被迫向教师施压。在教师们看来，学校的行政人员没有应对学校改革的经验，并且在这种改革下，学校管理者也是不堪重负。在这种情况下，宏观上的联邦政府对学校施压产生的威胁——僵化转化为微观层面上的威胁，即对社会政策的应对而产生的地方压力。

在教师们看来，学校的管理者更大程度上不是教育政策的受害者，而是充当了一个恶意的领导者。学校的管理者认为，每个人都不希望自己的学校出现一个独裁的领导人，但是当真正面对学校改革时，却会有这种心态——为了保证改革的顺利进行，不得不"杀一儆百"。虽然这种心态在他们个人看来也是不正确的，但却无法避免。学校的管理者面对着教师对他们的敌对态度，而周围的人却没有给予相应的协调或帮助。在这种观念的影响下，教师对于联邦给予的政策环境的不满转移到了学校的领导人身上。

教师和学校管理者的这种对立冲突，成为学校非常重大的不稳定因素。组织内部和组织之间的斗争、教师对学校管理者的防备心理，以及由此产生的一系列的不良反应都有可能在政策执行中出现更多的"霍桑学校"。比如说，学校某个学科的领导人按照学校管理者的要求，强调教师教学的标准化，并把该要求施加到教师身上，这会引起教师对学校管理者的极大不满，从而造成学科部门间的紧张状态。这种教师和管理者的对立和冲突与学生参与改革的热情形成鲜明的对比。

3. 冲突的影响

（1）对学生的学业造成负面影响

学校改革中内部团体的冲突和斗争，不仅影响到学校内部的人际关系及组织关系，同时对学生的学习成绩造成很大的影响，因为教师在改革中产生的紧张和焦虑的情绪会通过各种各样的方式影响到学生。比如，由于交流和沟通的减少，学校多方面的信息无法正确、及时地传达给学生。学校的管理信息没有传达给教师；没有对班级花名册和日程表的改变作出任何解释或提前通知；教师和学生的沟通在上课时间中断。教师们认为这种行为直接影响到学生的学习成绩，在学生们精神集中的情况下中断学习；重要的上课时间用来对学校的信息进行修正或分类；教师和学生强调信息获取量不足。

学校的管理者在新学期开始，制定主修课程，并且把学期的选修课排除在外，重新制定新的授课教师。其中一些教师必须换宿舍，还有一些教师必须改变教学任务。整个过程在教师看来是无法忍受的。他们会在无意中把这种糟糕的情绪带到教学过程中，从而影响教学的效果。

（2）学校领导更换频繁

在霍桑学校进行改革的最后一年，团体间的冲突已经到达顶峰。最后由 20 名老教师组成的反对改革的组织与学校的负责人发生了正面冲突。冲突集中在两个方面：一是老教师群体与学校负责人的个人冲突（例如，双方的彼此厌恶）；二是对于学校改革理念的分裂。对于政府当局设置的改革，20 位老教师强烈反对，其他一些教师有的基于个人的利益进行反对，有的教师虽然也在改革中受挫，但是还是对改革进行不同程度的支持。

在这场教师与学校领导人的正面冲突中，老教师和新教师面对冲突的态度也截然不同。一些新教师认为，老教师牢骚满腹，并且非常可怕。但老教师却认为他们是为了坚持自己的教育理想和信念而斗争。老教师认为在执行 NCLB 法案的过程中，教师们感到非常不满，他们认为真正关心学生利益的教师不应该受到质疑。教师们以放弃自己的工作为底线逼迫学校领导人采取措施。

冲突的结局是，学校的校长离职转到了另外一所学区，而其他几位副校长也选择离开学校或者是辞职。20 位老教师大部分都选择留在学校。第二级的领导人（老教师）往往取代了第一级的领导人（学校负责人）。

（四）学校内部冲突的原因分析

1. 教育政策制定的非专业性

面对学校内部改革中出现的冲突，在教师们看来，主要是由于教育政策的制定者和学校管理人员发出的改革措施，都是不尊重教师专业行为的表现。教师们认为 NCLB 法案关于标准化测试的规定、学业上统一的要求以及高标准化的测验，都是对教师本人的职业训练、专业知识、个人才能以及作为教育者的技能和艺术性的否定。教师们不相信这种非专业性的改革。他们采取的抵抗行为表现为，内心充满不满，把自己孤立起来，精力只集中在自己的班级中。这种情况的持续会让教师产生离职的念头。教师认为学校管理者把联邦和州政府的教育要求施加到了他们的身上，但同时教育管理者做的又不够好。教师的敌对目标集中在学校和大的政策环境上。

教师们认为必须服从那些非教育领域的政治家的教育命令，让他们感到非常的沮丧。在他们看来，这些教育政策是由一些不懂得教育的决策者制定出来的，专业性不强，这是对教师专业的一种轻视。这种境况下，教师对改革的绝望心理大于希望。这些教师相信，如果教育政策和教育命令是由那些懂得教育的管理者提出，那么他们相信自己会在困难的环境中做到最好，尽可能地努力工作。教师们认为要改变学生的学习成绩，就要对学生本人进行了解，政策制定者单纯地从结果出发制定的政策未必适用于教育领域。

2. 学校改革中教师专业自主权的丧失

学校改革中过于注重标准化，也让教师感觉到教学自主权的丧失，引起他们对改革的不满。首先，教学内容的规范化引起了教师的不满。学校规定了班级的教学内容，教师在选择教学内容上必须与学校保持一致，教师没有选择授课内容的自由。除此之外，教师的授课内容也受到学科负责人的监督。其次，教师对班级管理的自主权丧失。在霍桑高中的改革中，我们可以看到，在学期伊始，学校就对班级的教学内容及日程安排做了规定，教师只能服从而不能改变。这些都导致了教师对改革的敌对心态。尤其是一些老教师，他们认为，教师在教学上的专业性和自主权是对学生负责的表现。学校改革的标准化及程式化剥夺了教师在教学上的自主权，把教师看作了孤立地政策执行的工具，而没有把教师当作一个能动的教育者，这让教师产生不被重视的感觉。

3. 改革产生的生存威胁—僵化效应

在霍桑学校的改革中，组织功能的失调，工作环境的封闭，领导人和学校的教员并没有使得改革沿着成功的方向前进，而是阻碍了甚至是破坏了改革的初步成效。我们把这种失调现象称为组织行为中的"威胁—僵化效应"（"Threat Rigidity"）——该理论认为当组织意识到它处在被围攻中时（危急关头面临的威胁），组织内部呈现出以下的表现方式，如：组织结构紧张；集中控制的增加；强调组织成员的服从；强调问责制和效率提高；不鼓励成员的创新。

针对组织中出现的威胁—僵化效应，个体和组织中的子组织会产生各种对抗性活动。组织中的个体会产生心理压力，以至于这种心理压力限制他们的认知能力，无法正视陌生的行为和刺激，想法扭曲或独特。组织内部的成员会因为权力、资源进行斗争，同时为了应对发生的威胁而进行努力。该组织会（通常是临时性的）出现群体内成员关系更加密切的现象，但群体间的联系减少。蒙受损失的集团会明显感到集团内部的凝聚力下降。个体对组织的遵从性、效率和标准化测量使得个人在组织中的价值感下降。最终，第一级的领导被第二级领导所取代。这种现象被斯塔沃（Staw）称之为组织中生存的不适应现象。也就是说，当组织发现他们处在一种生存危机中时，组织内的成员会针对面临的威胁作出的一系列的反映。

一般来讲，威胁—僵化表现为两种形式：一种是宏观的，即在联邦层面上的；一种是微观的，表现在地方上的。威胁—僵化在宏观上的表现是，美国近年来的社会和政治观点反映到了美国现行的教育政策上，这些观点认为"教育处在危险中"，并且强烈呼吁增加教育问责制和高标准化测验，以及提高教师质量。这些导致教育政策的推行，NCLB 法案集中反映了这些观点，法案文本反映了社会的精神：信息的管制；权力的集中；没有能力区别陌生的刺激；回归简单的常规化的行为；群体凝聚力的削弱；重视财政支出的有效性；加强内部行为统一性和目标的一致性。很多研究发现，政策上的强烈愿望往往与政策成果不匹配。NCLB 法案实施下，包括加利福尼亚州在内的许多州都因为"用学生的成绩评估学校"的评估方式产生了压力。很多因为强调统一化、标准化和效率化带来的压力导致学校走向自我毁灭。

据前面的霍桑学校改革，我们发现，如果国家的教育政策是第一级的，则国家级的威胁将会导致第一级的影响。比如，NCLB 法案和与之相关的政策文化下，我们可以把地方对于学校的政策压力看作是第一级的政策影响——地方压力，和第二级面临的威胁——地方学校。

具体来说，霍桑学校的各种利益团体和学校的管理者面对外界评判其为失败学校时，都会感到压力。这种压力来自各方面，比如，当地的媒体认为该学校没有达到教育政策的基准线，并对其进行大肆宣扬；在 AYP 的评估中，学校的成绩也令人感到不满意；同时在家长和学生们眼中，学校有很多不足；学校在 WASC 过去的评估中也是非常差的。因此，学校的董事会和管理人员开始对学校进行改革。这种情况下，就会出现第二级的威胁并产生了面对威胁的第二级影响。在社区成员和教育委员会眼中，用现在的问责制来评估这所学校，无疑是失败的，并且也是处在危机中的学校。例如，当地的报纸会把有关学校负责人提出的具有争议的决定引起的批评进行报道，同时也会报道学校内部教师、管理者和组织间的冲突。在这种情况下，学校作为一个有效的组织结构面临着崩溃，这种情景也削弱了社会对学校合理性存在的支持。校长对学校面临威胁的回应是在学校发起改革——有时候不小心，有时是故意对信息进行集中控制，强调教学常规化和评估的简化，同时给学校工作人员施加，以使他们的行动一致。这些行为也将导致教师一系列对抗措施，如心理压力增大、群体间和群体内部的困难增多、防卫心理增强、取代第一层领导的动机增强等。学校组织中的个体——教师，会把个人的权力放在组织目标之前。

第三节　教育政策主体的冲突对 NCLB 法案的影响

一、法案的预期目的

根据 NCLB 法案的具体规定，我们可以看到该法案致力于改变美国基础教育中处境不利儿童的学业成绩。在这种背景下，NCLB 法案的预期目的主要有：

第一，解决公立学校传统教育中的不足，改善传统教育中学生成绩失败的状况。在这种目的下，公立学校必须把注意力集中到学业成绩失败的学生身上。因为法案中对于学生群组的规定，使得学校不能隐瞒在学校测试或者学区测试中少数族群学生的平均分。更重要的是，NCLB 法案纳入了问责制，确保每个州，无论是哪个地区的学校，普通学生还是残疾学生都必须参加统一的考试。同样的，NCLB 法案帮助州一级扩大提高他们收集数据的系统。关注学生、学校和学区的学术成果，同时这些学术成果对学生家长和社区成员公开。

第二，改善某些学校领导人的自身素质。戴梦得和施皮伦（Diamond and Spillane 2004）发现，学校领导人对于法案中规定的高风险的问责制具有高度的敏感性，因为问责制可以从一定程度上帮助学校改善教学实践和学生在学业成绩上的表现。在表现欠佳的公立学校中，考试成绩可以用来激励教师以便实现预期目标。一些研究者发现，NCLB 法案促成了有利于学生的新的领导体制和创造性的教学（Fusarelli，2004）。

第三，缩小少数族裔学生与白人学生之间的成绩差距。根据文献的报道，一些州出现了增加考试标准成绩的现象。还有一些学者调查发现，自从法案颁布以来，少数族裔和低收入家庭的学生与白人学生之间的成绩差距减少了（Belfiore，Auld，& Lee，2005；Booher-Jennings，2005；Haney，2000）。虽然各个州对于法案执行的态度不同，但总体上来说，处境不利学生与白人学生之间的学业成绩差距是缩小的（Kober 2008）。

二、冲突对法案结果的影响

虽然 NCLB 法案的预期目的是保证处境不利儿童提高学业成绩，并为此要求教师质量的提高以及问责制在州一级的实行，但在政策实施过程中出现了一些意料之外的结果。

第一，处境不利儿童与白人学生之间的学业成绩差距依然很大。联邦的指标显示，城市贫困学校和儿童，以及处境不利群体的学生与城市白人和富足家庭的学生平均分相比，还存在着很大的差距（Belfior et al. 2005；Planty et al. 2008）。

第二，问责制的产生不利于学业成绩差距的缩小。很多教师或学校为了达到测试的标准，在教学过程中会更关注那些成绩好的学生，而对于一些成绩比较差的学生关注度更少。在教师们看来，关注那些成绩原本不错的学生比关注成绩差的学生更容易取得平均分的提高。[①] 为了避免在标准化测试中出现低平均分，很多教师为那些少数族裔或者处境不利的学生申请考试豁免。在一定程度上，这些措施都没有使少数族裔学生或者处境不利儿童学生的学业成绩提高，反而会使他们失去本来应该享有的教育资源。教师和学校为了逃避问责制带来的责罚，在政策实施过程中改变了政策的本来目的。

第三，问责制加剧了少数族裔和低收入家庭学生的留学率和辍学率。即使一些州声称学生的成绩差异在不断缩小（Dworkin，2005；Haney，2000；Lipman，2002；Urrieta，2004），但在实际中，这种成绩差异的缩小与很多公立学校有意无意中对少数学生实行的"测试等级"有关，并且在测试中"开除"了那些有可能对学校测试平均成绩产生不利影响的少数学生（Haney，2000）。这种在 NCLB 法案实施中所产生的现象，尤其值得关注。

第四，公立学校竞争初始状态的不平等产生了新的不公平。在前面

---

① Jennifer L Jennings，Andrew A Beveridge，"How Does Test Exemption Affect schools' and Students' Academic Perfomance?"，*Educational Evaluation and Policy Analysis*，Vol.31，lss.2，2009，pp. 153-176.

一章我们提到有关州政府与联邦政府的冲突，原因之一就是各州的经济情况与教育现状不同，用同样的标准去衡量不同基础的州教育，州政府对此产生了不满。同样的情况也在各学区发生。因为每个公立学校所在位置不同、经济状况与教学设备也不一样，更重要的是每个学校少数族裔学生与处境不利儿童所占比例也不同。在这样的情况下，用同样的学业标准去衡量学校的学业成就是缺乏公正性的。很多学校资源比较稀缺，同时也缺乏合格的教师，这些学校更容易在测试中受到资金和组织的制裁。这种情况会导致本来资源稀缺的学校资源更加稀缺，使得他们更没有能力提高在校学生的学业成就。① 在这种情况下，面对联邦的统一标准，这些学校面临着周而复始的惩罚，最终导致这种失败形成了恶性循环。

　　基于 NCLB 法案预期目的与实施中产生的结果，我们可以看到，NCLB 法案最初的立法目的在政策执行中发生了改变，使得预期目的与实际结果之间产生了很大的差距。这些意料之外的结果从侧面反映出，NCLB 法案中存在的集中冲突点——问责制。在问责制度下，州政府、学区、学校管理者、教师都因此采取了不同的策略来对抗联邦的强制规定。这种对抗有时是明显的冲突行为，有时表现为隐性的不合作。这种冲突的结果导致法案有效性较差。这些冲突与结果的改变，从另外一个层面上反映出该法案制定中的不足，以及实际中的应用缺陷。

---

① Jennifer L Jennings, Andrew A Beveridge, "How Does Test Exemption Affect schools' and Students' Academic Perfomance?", *Educational Evaluation and Policy Analysis*, Vol.31, lss.2, 2009, pp. 153-176.

第六章 澳大利亚《海外学生教育服务法》的 政策运作机制与特点

从 20 世纪初澳大利亚开始接受国际学生至今，跨国高等教育在澳大利亚已经走过了一个世纪的历程，在规模和质量上都取得了跨越式的飞速发展。这不仅得益于政府对相关事业的战略性重视，而且有赖于相应法律体系的建设和完善。从世界范围来看，澳大利亚较早地颁布了针对海外学生教育服务的法律，其中以《海外学生教育服务法》（*Education Services for Overseas Students Act*，简称 ESOS Act）最为著名。以该法为核心的一系列法规为澳大利亚跨国高等教育的质量保障工作提供了有力的政策依据，而其相应效能的发挥则离不开政策形成、实施、评估过程中各项机制的有序运作。

第一节 澳大利亚《海外学生教育服务法》的 确立及其生成背景

《海外学生教育服务法》是在澳大利亚跨国高等教育不断深入发展的环境中建立起来的，是本国对跨国教育行为进行规范的专门政策。为了更好地理解该法的主旨与运作机制，这里有必要首先从两个层面对其建构背景做一梳理：其一是从政策约束对象着眼，了解澳大利亚跨国高等教育的发展历程；其二是从政策体系自身着眼，理清海外学生教育服务法体系的演进与构成状况。

一、澳大利亚跨国高等教育的跨越式发展历程

（一）缓慢起步时期（1904—1949年）：国际学生零散的自费流动

1904年，澳大利亚接收了第一批自费抵澳进行大学学习的国际学生，[1] 这可以看成是其跨国高等教育的起点。这一时期澳大利亚跨国高等教育在形式和内容上都较简单，国际影响力也较微弱，但这种自发的流动为澳大利亚输入了多元的文化气息和人力资本，为跨国教育的大发展积累了经验。

（二）外交援助时期（1950—1978年）：以资助推动交往的地缘关系的无意识构建

1950年，英联邦会议提出以自立、互助及共同繁荣为理念的科伦坡计划（Colombo Plan）。1974年，劳工党政府宣布取消大学收费制度，海外学生和澳本土学生一样都不必交纳学费。尽管这一时期的许多教育政策都出于政治利益的诉求，但在实际运作中仍有力地促进了教育发展，为此后跨国高等教育贸易的发展奠定了较充分的地缘基础。

（三）贸易雏形时期（1979—1983年）：对海外学生由无偿资助向收取费用的逐步过渡

取消大学收费制度的政策在推动跨国教育的同时，也带来了不少负面影响，特别是导致了借留学之名进行移民的人数的增长。为此，澳政府于1979年出台了"海外学生收费办法"（Overseas Student Charge，简称OSC）。由此，以大英帝国为纽带的教育援助的历史传统和英联邦之间的联系变成了教育服务买卖双方之间的商机。[2]

---

① Fraser, S. E., "Overseas Students in Australia: Government Policies and Institutional Programs", *Comparative Education Review*, Vol.28, Iss.2, 1994, pp.279-299.

② Chandler, A., *Obligation or Opportunity*, *Foreign Student Policy in Six Major Receiving Countries*, Ne-wYork: Institute of International Education, 1989, p.12.

（四）教育出口贸易大发展时期（1984—1990 年）：面向市场化的教育经济利益诉求

20 世纪 70 年代，国际石油危机使澳大利亚经济遭受重创，政府开始从教育政策中寻求缓解经济矛盾之道。1984 年，政府采纳杰克逊报告中将教育视为出口产业的建议，逐渐将跨国教育政策从给予海外学生学习补贴的援助型（aid）基调向要求付费的贸易型（trade）基调转变。① 由此，澳大利亚早期旨在维护地区稳定的跨国教育援助政策，逐渐为强调国际学生享有私人利益的贸易型政策所取代。

（五）教育服务法制建设时期（1991—2001 年）：走向制度化和规范化的教育贸易服务

经过 20 世纪 80 年代中后期政府和大学的共同推动，澳大利亚跨国高等教育贸易在规模和水平上都取得了飞速发展。但是这种自由发展的出口贸易也衍生了诸多问题，为了遏制这些弊病的蔓延，保障教育服务的质量和效益，澳政府自 1991 年始出台了一系列法律条文，对跨国教育服务诸多方面的行为和标准进行了规定与规范（相关内容将在下文中具体说明）。这些规章制度得到了澳各界的响应，并掀起了讨论跨国教育如何规范化发展的热潮，初步达成了通过保障质量来维护教育服务在全球贸易中竞争优势的共识。作为较早为教育服务贸易立法的国家，澳大利亚开始走上了跨国高等教育法制化的发展道路。

（六）教育国际战略全面构建与拓展时期（2002 年至今）：跨国高等教育品质的深化

21 世纪经济、文化的国际化趋势深刻影响着澳大利亚跨国高等教育增进国际理解的愿景。2003 年，澳政府发表了题为《通过教育融入世界》（*Engaging the World through Education*）的跨国教育发展战略。同时，随着跨国高等教育贸易额的飞速增长，教育品质的提升日益受到政府关注。

---

① Baker, M., Creedy, J., & Johnson, D., *Financing the Effects of Internationalisation in Higher Education：An Australian Country Study* (No. 96/14)，Canberra：Department of Employment, Education, Training and Youth Affairs, 1996, p.6.

为了维护和促进澳向他国所提供教育服务的质量与声誉，澳政府与大学于2005 年共同商议建立跨国质量战略（Transnational Quality Strategy，简称TQS）框架，明确了教育的国际交往对于建立各国社会、文化、知识与经济领域中的积极关系有着巨大价值，指出优质教育在其中的重要作用。在广泛调研和咨询的基础上，该质量保障战略在 2007 年 7 月得以确立，为进一步推进澳跨国教育质量奠定了基础。

如今，澳大利亚跨国高等教育已遍及各大洲几十个国家或地区，呈现出规模大、增长快、层类多样①的发展态势，在提升澳国际声誉的同时，也为本国带来了丰厚的经济收益。

总的来看，澳大利亚跨国高等教育在百余年间历经了对外援助——教育自由贸易——教育服务规范——教育国际战略全面构建与拓展的发展轨迹，在 21 世纪初便已成为仅次于美国、英国的第三大教育输出国，实现了跨国高等教育从无到有、从浅入深、从零散到规模化、从自发到规范化的嬗变。不同时期的政策转变不仅推动了这一发展进程，也促进了相关质量保障体系的构建。

二、海外学生教育服务法体系的确立

澳大利亚为扶持和规范跨国高等教育的发展制定了诸多政策，教育质量保障是其中的重要方面。从执行效力来看，相关政策既包含具有法律强制力的法案法规，也包含具有行政约束力的规章条例，以及具有公共指导性的原则规定等。它们从不同层面构建起澳跨国高等教育质量保障的政策基础，《海外学生教育服务法》在其中具有着重要地位和影响力。

---

①　澳大利亚跨国教育包含诸多类型，如海外分校（branch/offshore campus）、合作课程（或计划）（courses/programs offered in partnership with local providers）、双联课程（twinning arrangements）、特许课程（franchising of curricula and/or courseware）、远程教育（distance education programs）等。参见 Nelson，B. (2005). A national quality strategy for Australian transnational education and training：A discussion paper. Canberra：Department of Education，Science and Training，p. 6。

（一）海外学生教育服务法体系的演进历程

《海外学生教育服务法》（ESOS Act）是澳大利亚保障跨国高等教育质量的核心政策，以该法为轴心构成的法律体系对澳跨国高等教育的发展意义重大。现行的这一法律体系并不是一蹴而就的，而是经历了循序渐进的政策确立过程。

1991 年，为了削减时弊，澳政府颁布了《海外学生教育服务（提供者注册及经费管理）法》（*Education Services for Overseas Students* (*Registration of Providers and Financial Regulation Act*)，① 规定提供跨国教育的机构都须参加"澳大利亚联邦政府招收海外学生院校及课程注册登记"（The Commonwealth Register of Institutions and Courses for Overseas Student，简称 CRICOS），从中详细说明该教育机构在各州所设备课程的详细信息，这是澳首次通过法律手段对本国跨国教育提供者的办学行为进行规范。1994 年，《海外学生教育服务（提供者登记及规章）法》（*Education Services for Overseas Students* (*Registration and Regulation of Providers*) *Act*) 出台，进一步对跨国教育课程进行了规定。1997 年政府又颁布了《海外学生教育服务（注册费用）法》（Education Services for Overseas Students (Registration Charges) Act)，② 要求提供跨国教育的机构缴纳注册登记费用。这些不同指向的法规为综合性法律的出台奠定了基础。

2000 年，澳大利亚联邦议会正式颁布了《海外学生教育服务法》，该法成为新时期保障跨国高等教育质量的核心依据。同年年底，《海外学生教育服务（重要过渡）法》（*Education Services for Overseas Students* (*Consequential and Transitional*) *Act 2000*) 对法律更替过程中的内容修订、调整或废除等相关问题进行了具体说明，明确指出废止《1991 年海外学生教育服务（提供者登记及经费管理）法》的全部内容，代之以《2000

---

① 该法在 1998 年进行了扩展与修订。

② 此后，2000 年、2003 年、2007 年澳大利亚政府又对这一法案相继进行了修订。

年海外学生教育服务法》，协助旧法向新法[1]过渡。

（二）海外学生教育服务法体系的构成现状

1.《海外学生教育服务法》

2000 年颁布的《海外学生教育服务法》的基本目的在于保护澳大利亚作为优质教育出口者的声誉，它是澳跨国高等教育质量保障体系的基准法案。[2] 其内容主要包括六方面：（1）批准的教育提供者依法进行注册登记；（2）已注册的教育提供者的义务；（3）关于《国家准则》的目的、内容及操作等方面的规定；（4）学费保护服务规定，包括教育提供者或学生违约情况下的退款规定、学生安置服务等内容；（5）关于跨国教育实施的规定，包括对违规行为的制裁、项目的自动暂停与撤消、可执行的承诺等内容；（6）对教育提供者进行监督、审察的规定等。[3]

2.《海外学生教育服务实施条例》

为了进一步细化和可操作化《海外学生教育服务法》的各项规定，澳大利亚政府于 2001 年 6 月颁布了《海外学生教育服务实施条例》（*Education Services for Overseas Students Regulations*，简称 ESOS Regulations）。2007 年，在《海外学生教育服务法》和《海外学生教育服务（重要过渡）法》的法律框架下，联邦议会对该实施条例进行了修订，其内容涉及注册流程与要求、已注册教育提供者的责任、破坏政策条款的处罚措施、海外学生教育服务保障资金、法案实施等方面。[4] 2019年，澳大利亚政府颁布了新的《海外学生教育服务实施条例》，以之取

---

[1] 在澳大利亚，《1991 年海外学生教育服务（提供者登记及经费管理）法》通常被称为"旧海外学生教育服务法"（old ESOS Act），而《2000 年海外学生教育服务法》则被称为"新海外学生教育服务法"（new ESOS Act）。

[2] 《海外学生教育服务法》自颁布后每 1—2 年修订一次，最新修订版于 2020 年 1 月发布。尽管具体内容不断有所调整，但历次修订均基本保持了原有主体框架。

[3] The Office of Parliamentary Counsel, *Education Services for Overseas Students Act 2000* (Compilation No.34), Canberra: The Commonwealth of Australia, 2020, pp.1-177.

[4] The Office of Legislative Drafting and Publishing, *Education Services for Overseas Students Regulation-s 2002*, Canberra: Attorney-General's Department, 2007, pp. ii-v.

代了延用近 20 年的 2001 年款条例。新条例在本质内容上与旧条例基本一致，主要是根据跨国教育发展的新形势、新问题及上位政策的新要求，对有关概念、信息提供、主体行为规范等内容进行了与时俱进的调整与细化。

3.《国家准则》

2001 年，澳大利亚政府颁布了《招收海外学生的教育与培训机构及注册审批机构的国家行为准则》(*National Code of Practice for Registration Authorities and Providers of Education and Training to Overseas Students*)。根据该准则，申请提供海外课程的学校必须通过包括教学资源和学校设施设备等在内的有关评估；州或地区政府负责审核评估；澳大利亚教育主管部门可以自行考查学校各方面的情况；当学校违反有关行业规定时，主要由州或地区政府负责调查并予以制裁，当州政府的处理不及时或不尽人意时，联邦政府将有权直接调查并采取适当的惩罚措施。[①] 该法规在 2007 年被重新修订颁行，通称为《2007 年国家准则》(*The National Code 2007*)，在跨国教育质量保障中发挥着重要作用。2018 年，澳大利亚教育、技术与就业部颁布了新的《面向海外学生教育与培训提供者的国家行为准则》(*National Code of Practice for Providers of Education and Training to Overseas Students 2018*)，进一步完善了跨国教育服务提供者在课程注册、招生、学生辅助服务等行动上的全国统一性标准与程序，并对政府开展相关督导工作进行了补充，以确保澳跨国教育质量，使其能够满足海外学生的需求与期望。

4. 其他修订法案

2007 年 3 月，代议院发布了《海外学生教育服务法修订法案》(*Education Services for Overseas Students Legislation Amendment Bill*)。该法案所提出的修订内容是基于 2004—2005 年度实施的《2000 年海外学生

---

① 吕杰昕：《高等教育多元化与学生权益保护》，华东师范大学课程与教学系博士学位论文，2008 年，第 80 页。

教育服务法》独立评价的附加建议，旨在使跨越国家边界的教育审批程序更加便捷，使澳联邦政府、州及地区政府的角色与责任分配更富灵活性。2009 年，澳大利亚教育、就业和劳动关系法律委员会还制定了《海外学生教育服务修订（提供者和其他方法的重新规定）法案》（*Education Services for Overseas Students Amendment*（*Re-registration of Providers and Other Measures*）*Bill 2009*），① 对相关规定进行了更新。

上述这些法律法规以《海外学生教育服务法》为核心，构成了结构较为完整、内容较为全面的澳大利亚海外学生教育服务法律体系，在规范和提升跨国教育质量方面具有法律强制效力和政策统领意义。这一法律体系既构成下级政府部门制定细化政策方案的权威依据，也成为相关大学和海外学生维护自身权益的制度保障。

第二节　澳大利亚《海外学生教育服务法》的形成机制

《海外学生教育服务法》是澳大利亚跨国高等教育政策体系的主要分子，对该法形成机制的探究首先应将其置于跨国高等教育政策制定的组织与思想框架之中加以考量，进而针对该法形成模式、特点与问题作出逐层分析。

一、澳大利亚制定跨国高等教育政策的组织结构

澳大利亚跨国高等教育政策的形成有赖于政府和大学等组织机构的有机协调，其中，政府居主导地位，非政府机构为辅，高等教育机构则不仅具有政策制定的辅助作用，同时还具有自主规划政策的责任与权力，其相互关系可简单勾勒如图 6–1。

---

① Education，Employment and Workplace Relations Legislation Committee，*Education Services for Overseas Students Amendment*（*Re-registration of Providers and Other Measures*）*Bill 2009*. Canberra：Senate Printing Unit，Parliament House，2009，p.1.

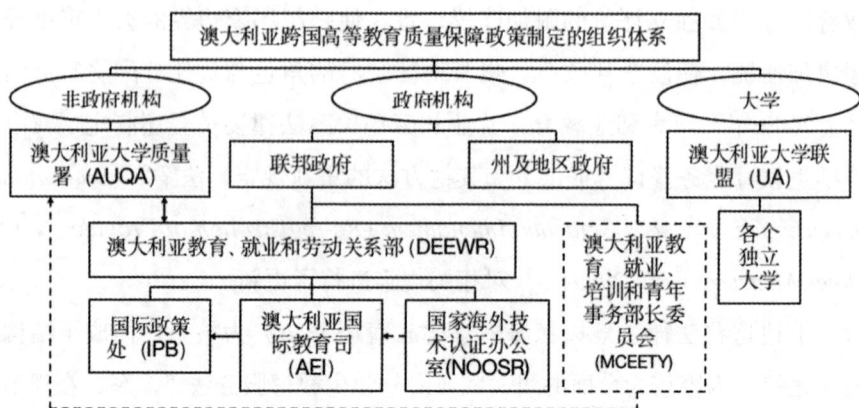

图6-1　澳大利亚跨国教育政策制定的组织结构略图

（一）澳大利亚联邦政府所属部门

澳大利亚教育、技术和就业部（DESE）①是澳联邦政府负责跨国高等教育的主要部门，在政策制定中具有统领作用，该部下属的以下多个机构在政策形成过程中共同担负着规划者和协调者的角色。其中，澳大利亚国际教育司（Australian Education International，简称AEI）通过收集和分析信息提供政策建议；国际政策处（International Policy Branch，简称IPB）通过促进国际交往协助政策规划；国家海外技术认证办公室（National Office of Overseas Skills Recognition，简称NOOSR）则通过制定资格评估方针缓解政策争议。在联邦政府层面，除了澳大利亚教育、技术和就业部之外，教育、就业、培训和青年事务部长委员会（the Ministerial Council on Education，Employment，Training and Youth Affairs，简称MCEETYA）等也在政策制定中起着积极作用。

---

① 原称澳大利亚教育、科学与培训部（Department of Education，Science and Training，简称DEST），2007年更名为澳大利亚教育、就业和劳动关系部（Department of Education，Employment and Workplace Relations，简称DEEWR），2013年更名为澳在利亚教育、技术和就业部（Department of Education，Skills and Employment，简称DESE）。下文均采用该部门的现行称谓。

（二）各州及地区政府机构

在澳大利亚，基础教育的发展主要由州及地区政府负责，高等教育的发展则主要由联邦政府负责。因此，在跨国高等教育政策的制定中，州与地区政府的作用相对有限，其职责主要体现在对海外学校和课程的认可与鉴定等方面。直至 21 世纪初期，随着越来越多的州与地区政府在所辖教育组织里创设了服务于海外学生事务的专属部门，他们在促进跨国高等教育的发展方面才显得逐渐活跃。

由于联邦政府在跨国高等教育政策的制定中发挥着主导作用，各州及地区政府在制定相关政策时都要以联邦政府间的政策为依据，可以在结合自身教育水平与特点的基础上作出适当调整与细化。同时，由于州及地区政府对跨国高等教育的支持力度不均，相关教育质量保障政策的完善程度在各州间存在着一定差异。

（三）大学及其联合组织

大学在澳大利亚跨国高等教育政策的制定中发挥着积极作用，尤其在信息收集和建言献策等方面。作为促进大学沟通的联合组织，澳大利亚大学联盟（Universities Australia）功效卓著。它的前身是澳大利亚大学校长委员会（the Australian Vice-Chancellors' Committee，简称 AVCC），[①] 由澳国内及国际的大学组成，以各大学的最高行政官员——校长为代表，是代表大学利益的最高机构。

澳大利亚大学联盟在跨国高等教育政策形成中的功能主要体现在以下三个方面：第一，加强大学与政府间的互动关系。第二，推动大学国际交流与合作。第三，促进信息交流及其他服务。

---

① 澳大利亚大学联盟最初形成于 1920 年 5 月在悉尼举办的一次会议，当时构成澳大利亚大学校长委员会（AVCC）的六所大学参加了这次会议。1966 年，为了反映联邦政府机构和议会在高等教育方面的决定性影响，澳大利亚大学校长委员会秘书处从墨尔本扩建至首都堪培拉。联盟所属 38 个成员大学每年向澳大利亚大学联盟提供资助。2006 年 9 月，经过菲利普斯（David Phillips）顾问等人的审查之后，澳大利亚大学校长委员会宣布在组织上进行彻底的变革，并将澳大利亚大学校长委员会更名为澳大利亚大学联盟。

（四）非政府机构：澳大利亚大学质量署

澳大利亚大学质量署（the Australian Universities Quality Agency，简称 AUQA）创建于 2000 年 3 月，是教育、就业、培训和青年事务部长委员会（MCEETYA）设置的一个重要执行机构。它独立于政府部门进行工作，是具有非营利性质的非政府机构。其职责包括管理自主审核机构以及州和地区政府所委任部门的审核质量；发表报告，呈现审核结果；报告澳高等教育体系及其质量保障程序的相关标准及国际地位，发布审核过程中所获得的信息等。① 这种审核在委员会理事的指导下，由政府和高等教育部门独立运作，每五年为一周期。尽管该机构并不直接参与政策制定，但其工作有助于政策评价，因而在跨国高等教育政策制定中具有不可忽视的地位。

澳大利亚联邦政府、州与地区政府、大学及非政府机构之间的协作，构成了跨国高等教育政策形成的组织基础，为跨国高等教育政策体系的建构提供了组织保障。

二、澳大利亚制定跨国高等教育政策的指导原则

在组织基础上，统一的指导原则为政策制定奠定了思想基础。在宏观的跨国高等教育发展理念下，澳大利亚教育、技术和就业部提出了一系列具体指导原则，主要包括以下四条：②

（一）有效理解原则

政策只有在被恰当理解的前提下，才有可能得到落实。跨国高等教育涉及两个以上国家或地区，其政策更应获得不同主体的认可与理解。为此，澳政府反复强调要确保政策内容不论是在澳大利亚还是在国际上都能被很好地理解和受到推崇。这要求所制定政策能够迎合不同地域或人群的文化背景特点，同时要注意政策语言表达的适当性。

---

① DEST，*Auditing the Offshore Activity of Australian Higher Education Providers*，*Discussion Paper*，Canberra：Department of Education，Science and Training，2003，pp.2-3.

② DEST，*A National Quality Strategy for Australian Transnational Education and Training：A Discussion Paper*. Canberra：Department of Education，Science and Training，2005，p.11.

（二）责任明确原则

跨国高等教育政策要明确教育施受双方的地位和职责，使其在政策执行过程中能各司其职、各尽其责，避免因责任不明而造成不必要的过失或争端。这不仅要求政策的制定要明晰教育提供者和消费者的责任与义务，同时也指出政策要维护双方利益，实现权责的合理分配。

（三）内外等价原则

由于地域环境和教学资源的不同，澳跨国教育在境内外实施条件上难免存在差异。澳海外分校由于常建立在经济相对落后的国家，其师资配备、学习环境等与澳本土高等教育的差距更为明显。为维护跨国教育的国际声誉，澳政府在制定相关质量保障政策时明确提出要确保课程、计划等在澳境内外都能得到等价提供。特别是境外教学应与境内教学在内容、标准等方面保持一致，不能因为地域隔阂导致境外教学的缩水或变质。

（四）公正透明原则

这一原则尽管更多体现在政策执行过程中，旨在确保跨国高等教育质量保障体系审定与审核工作的公正性与透明性，但在政策形成阶段同样适用，主要是指政策的制定要公开、公正。为此，决策者应广泛听取不同层面人士或团体的建议和意见，使政策的制定过程能够更加有序、有效地展开，提高政策制定的科学性。

总的来看，前三条原则主要是针对政策制定内容的规定，而末条原则主要是关于政策制定过程的规定。这些原则引导着跨国高等教育政策的制定秩序，是衡量政策形成合理性与有效性的重要标尺。

三、《海外学生教育服务法》的形成模式

从整体来看，《海外学生教育服务法》的建立具有渐进决策模型[①] 的

[①] 作为渐进主义政策制定理论的主要倡导者，查尔斯·林德布洛姆认为，这些决策，乃至整个政策制定过程，是由一系列小幅调整的渐进决策所组成的，人们在进行类似决策时所考虑的往往是短期政治环境。从本质上讲，林德布洛姆的理论主张，事件和环境，而不是决策者的意愿，左右着决策的制定。转引自［美］杰伊·沙夫里茨等《公共政策经典》，彭云望译，北京大学出版社 2008 年版，第 23 页。

特点，它往往随着新问题、新环境的出现而不断得以修订，新的政策建立在旧有政策的基础上，通过增加或变更新的内容而不断调整完善。

从政策的具体建构过程来看，《海外学生教育服务法》的形成经历了确定政策目标——设计政策方案——讨论政策方案——选择政策方案——政策决策与公布的路径。这一路径不是闭合的，而是开放和互动的。（见图6–2）

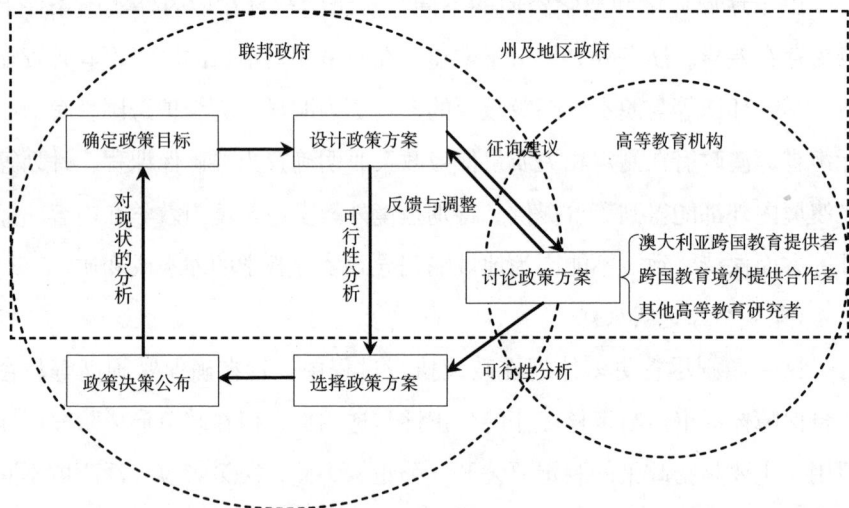

图6–2　澳大利亚《海外学生教育服务法》的建构过程示意图

（一）确定政策目标

政策目标指向政策问题，确定政策目标即是对政策问题的发现与定位，这是建立政策方案的前提，它在过程上包含多种模式。[①]《海外学生教育服务法》主要体现了"内在提出模型"[②]的特征，其在政策议程启动之初确立

────────────

① 美国学者罗杰·W·科布在《比较政治过程的议程制定》一文中，根据政策问题的提出者在议程中的不同作用以及扩散其影响力的范围、方向和程序，把政策议程的模型划分为外在提出模型、动员模型、内在提出模型三种类型。转引自［美］S.S.那格尔《政策研究百科全书》，科学技术文献出版社1990年版，第96页。

② 内在提出模型的主要内容是：(1) 政策建议或政策方案起源于执政党和政府内部的某个单位，或者起源于接近执政党和政府的某个团体；(2) 问题扩散的对象是与这个团体或单位有关的团体或单位，而不是一般公众；(3) 问题扩散的目的是形成足够的压

的政策目标主要缘起于联邦政府对跨国高等教育质量诟病的察觉与重视。

20世纪80、90年代，在教育服务贸易政策的作用下，澳大利亚越来越多的大学投身于跨国高等教育的发展，在推动跨国教育规模扩大的同时，一些机构借机谋取暴利的问题也不断滋生。同时，学生签证可以使申请者在澳长久居住的政策也诱使一些机构在经济利益驱动下，大肆协助海外学生借留学之名行移民之实，严重影响了跨国高等教育的正常秩序。由于相应法规的缺乏，澳政府面对这些问题显得束手无策，通过立法肃清跨国教育市场、规范办学行为、维护国际声誉已是迫在眉睫。

在认识到这一问题后，澳政府开始筹划跨国教育立法。为了更好地论证和提炼问题，政府委派专门委员会对跨国高等教育外显及潜藏的问题进行调查和分析，并向专家和大学进行咨询以获取信息。在此基础上，制定政策的目标被锁定在"保护和加强该产业（即教育服务贸易）的诚信与质量，减少滥用学生签证"之上。[①] 在1991年《海外学生教育服务（提供者注册及经费管理）法》颁行之后，面对新形势和新问题的不断变化，相应的政策目标也发生着调整，但保障跨国教育质量的核心目标得到了延续和加强。

（二）设计和讨论政策方案

政策方案的设计和讨论是两个相对独立的步骤，但在政策运行过程中衔接十分紧密。前者主要是针对要解决的政策问题设计出并不唯一的可选方案，后者则主要指向多元主体对方案可行性的探讨。

澳大利亚跨国高等教育质量保障牵涉的范围很广，提高海外学生服

力或影响，促使政策制定者将问题列入正式议程。在整个议程建立和政策形成过程中，社会大众的直接参与不多，这是因为提出者不希望把问题列入公众议程中，而希望凭借自身的力量直接将问题纳入正式议程。转引自陈振明《政策科学：公共政策分析导论》（第2版），中国人民大学出版社2004年版，第220页。

①　The Minister for Education, Training and Youth Affairs, while introducing the Bill in the Second Reading: Parliamentary Debates (Commonwealth House of Representatives) 30 August 2000. 转引自张慧君《澳大利亚海外学生教育服务法体系构建研究》，首都师范大学比较教育专业硕士学位论文，2008年，第28页。

务水平的方法也有很多，政策方案的预设因而建立在对大量问题解决途径进行归类和取舍的基础之上。就《海外学生教育服务法》而言，其方案设计主要是政府的责任，其中联邦政府是主导，州及地区政府在信息供给等方面给予协助。在这一过程中，联邦政府会就方案的设计征集一些建议，但主要是在政府层面由相关部门或委员会提供。

在政策预案形成之后，澳政府便通过发放书面通知或利用互联网平台等渠道，广泛征求政策目标群体和相关研究者的意见，以获取信息、建议用于政策方案的修改。由于这些政策直接关系到作为跨国教育提供者的澳方大学的切身利益，因此，各大学也都愿意参与到讨论中来。而政府也十分重视这些具有批判性的多元化建议，将其视作政策决策的重要依据，这有力地增进了政策制定的科学性。

（三）选择和公布政策方案

政策方案的选择是经过方案的可行性分析，对政策预案进行调整或在多个备选方案中择取最优项的过程。它建立在政策方案设计和讨论的基础上，包括评估和择优两个环节，主要由政府操作和完成。其中，评估主要是对预选方案可行性的聚焦分析，包括对政策实施的政治、经济、文化、技术等环境因素的考量，以及对可能遭遇问题的预测等。由于跨国高等教育涉及澳大利亚以外的国家或地区，地域的阻隔、文化的差异、人员的特点等都可能成为影响教育质量及其保障政策实施效果的屏障，因此，澳政府在评估相关政策方案时注意了对这些因素的较全面分析。择优是对最佳预选方案的选择，或在吸纳建议的基础上对已有方案的改进，它同样建立在方案的可行性分析基础上，是评估之后作出的判断与决策。

在选定政策方案之后，需要对其加以公布，在结果上使政策合法化。这是政策形成的最后一步，也是政策执行的前提。《海外学生教育服务法》于2000年由联邦议会批准颁行，成为具有法律强制力的质量保障政策，同时也成为其他辅助性政策制定的依据。

四、《海外学生教育服务法》形成机制的特点

(一) 决策有力：联邦政府统筹主导

澳大利亚跨国高等教育的发展主要由联邦政府负责，《海外学生教育服务法》的制定也由联邦政府主导，其他利益相关者主要承担咨询角色，各州及地区政府制定的下位政策都要以该法为依据。这一决策特点不仅使得权力分配较为集中，而且使得责任分划较为明晰，从而有力地提升了政策决策的效力。

(二) 行动统一：指导原则明确

由于跨国高等教育政策的制定涉及众多利益群体，因此如何形成决策的向心力便成为保障各政策制定环节运作效率的先决条件。澳政府为《海外学生教育服务法》制定了较为具体的指导原则，使得政策在形成过程中，目标统一，行动统一，从而促进了政策的有效规划与确立。

(三) 全位互动：多元主体积极参与讨论

政府就设计好的政策方案向包括大学在内的多方主体征询合理化建议，是《海外学生教育服务法》形成过程中的一个突出特点。这些主体具有层类多元的广泛性，其在政策形成中的积极参与，加强了政策制定的民主性与透明性。政府对利益相关者参与性的主动调动和悉心听取多方意见的积极态度，也使得各类主体乐于向政府反馈与自身利益相关的政策建议，这在加强信息多元化的同时，也有助于政策制定的科学性。

(四) 渐进调整：政策形成是动态、开放、连续的过程

《海外学生教育服务法》的建立不是一锤定音式的，而是具有较为明显的渐进过程，即在政策初步确立之后，根据执行过程中的反馈意见、实施效果和环境变化，而不断作出修订、调整或补充。这使得政策的形成成为一个动态、开放、连续的过程，有助于既有政策在保持核心旨意的条件下能够不断应对新的情况和问题，从而增强了政策的合理性和有效性。

第三节　澳大利亚《海外学生教育服务法》的执行机制

《海外学生教育服务法》的执行主要是宏观政策到微观实践的细化与落实过程，其主要执行者是澳大利亚境内外参与跨国高等教育的各个大学，同时这一过程也受到政府、国际组织等相关利益体的影响。从整体来看，《海外学生教育服务法》的执行过程可以分解为目标细化、传达解释、组织准备、实际应用等逐步推进落实的环节。

一、《海外学生教育服务法》在指导要求上的具体化：以境外教学[①] 质量保障为例

澳大利亚的大学享有较高的自治权，在政策执行过程中，大学将国家层面的指导思想进一步细化为微观层面的指导要求，从而实现对相关行为的有针对性约束。《海外学生教育服务法》涉及跨国教育中的诸多内容，这里仅以境外教学质量保障为例加以分析。在此方面，澳大学将宏观政策具体化为课程、师资、教学环境、教学评价等方面的质量保障要求。[②]

（一）课程质量保障的指导要求

对于境外课程质量而言，不管其经费和传递的基础如何，大学都应该

---

① 跨国教育可以分为在境教育（onshore education）和境外教育（offshore education）两部分。在境教育主要指学习者在本国以外的国家接受由该国提供的所有类型的教育项目研究、课程学习或教育服务。境外教育主要指"学习者不在颁证机构（awarding institution）所在国而是在另一国接受由该机构提供的所有类型的教育项目研究、课程学习或教育服务。"尽管后者的界定是在 2000 年联合国教科文组织及欧盟共同起草并颁布的"提供跨国教育的实施条例"（Code of Practice in the Provision of Transnational Education）中针对"跨国教育"所下的定义，但其内涵实际上更接近"境外教育"的概念。参见 UNESCO-CEPS，"Code of Good Practice in the Provision of Transnational Education"，2003 年 10 月 9 日。（见 http：//www.cepes.ro/hed/recogn/groups/transnat/code.htm. 2003-10-09.）境外教学指境外教育中的教学部分。

② 以下各项指导要求的具体内容主要参见：AVCC，*Universities and Their Students*：*Principles for the Provision of Education by Australian Universities*，Canberra：Australian Vice-Chancellors' Committee，2005，pp.3-36.

有清晰的、一致的、理性的和可理解的政策与实践，用以支撑所有课程的提供。在此基础上，澳方大学与其境外合作者在具体要求上又略有不同。

其中，对澳方大学的要求主要集中在课程设置与发展上，例如确保所有课程都能得到有效开发或使用、对已获批准的课程进行定期审查、确保课程的高品质和相关性、确保学生能通过学校部门获得充足的课程信息等。对境外合作者的要求则主要体现在课程安排上，例如确保境内外课程的连贯性与衔接性、建立良好的学分转换机制、提供准确的课程信息、配合澳方人员一年一度的质量审查工作、确保教学设备、环境及学术质量保障标准的等价性等。

（二）师资质量保障的指导要求

加强境外教学中的师资质量具有三点理论依据：第一，澳方教师和当地教师在境外教学中都起着关键作用；第二，境外教学与异域文化相关的特点要求教师应树立跨文化性；第三，大学教师的职业发展需求将根据其自身角色及参与境外教学活动的阶段而变化。[①] 在此基础上，澳大学主要从教师选择和教师保障两个层面对跨国教育的宏观指导思想进行了细化。

（三）教学过程与环境保障的指导要求

这一层面的指导思想主要是明确教学过程中大学、教师、学生三方主体的责任，以确保教学活动在良好氛围中有序进行。而三方责任要求在内容侧重上略有不同，具体体现如下：

大学对教学环境质量保障的责任包括：其一，保证学习环境具有包容性；其二，提供适宜途径使师生明确教学目标及各自权责，向学生提供与其所学课程和学习经验相关的清晰、公正、易评的实践策略；其三，提供有效的沟通渠道；其四，向学生提供学习、技术、自我鉴定、就业等方面的建议与帮助，协助学生顺利完成学习计划，增强海外学生对澳跨国教育质量的认可。

---

① Leask，B.，Hicks，M.，Kohler，M.，et al，*AVCC Offshore Quality Project Report：A professional Development Framework for Academic Staff Teaching Australian Programs Offshore*，Adelaide：University of South Australia，2005，p.34.

学生对教学过程质量保障的责任包括：其一，明确与学生角色有关的大学规章制度；其二，在具有文化差异的学习环境中理解与自身文化相异的部分；其三，遵守学术规范；其四，积极参与跨国大学及其项目的建设。

（四）教学评价的指导要求

对境外教学评价的要求主要包括以下六点：其一，及时告知；其二，清晰解释；其三，明晰角色；其四，全面反馈；其五，良好记录；其六，标准合理。

综上所述，从大学及其人员立场出发，面向境外一线教学活动，将国家层面跨国高等教育政策的宏观指导思想具体化为学校微观行动层面的直接规范，是政策执行的必要条件。

二、《海外学生教育服务法》的基本执行路径

《海外学生教育服务法》在境外教学质量保障中的执行过程主要体现为一种"自上而下"式的运行特点，即由澳联邦政府制定的政策被逐层具体化为下层指示或目标，最终由提供跨国高等教育的大学操作落实，达成实际政策效果。从整体来看，这一执行过程可以分解为政策解释、政策组织和政策应用三个相互衔接的环节，其路径可由图 6-3 体现。

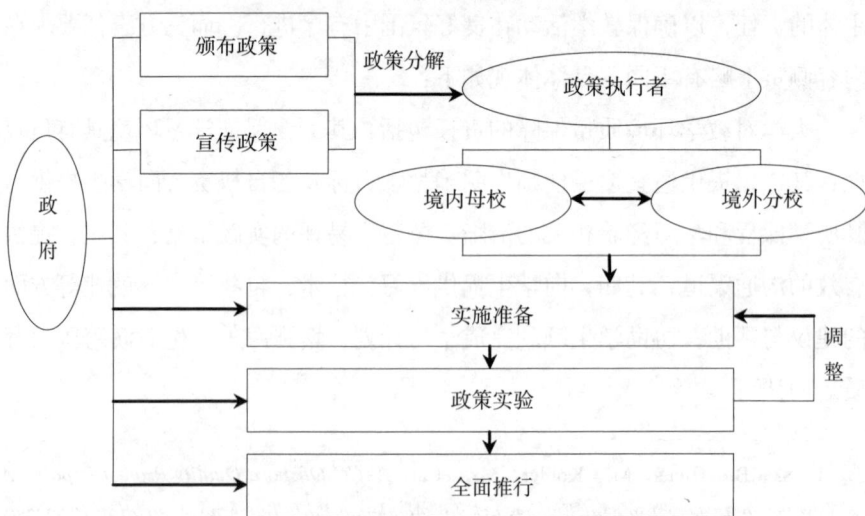

图 6-3　澳大利亚《海外学生教育服务法》的执行路径示意图

（一）政策解释：政策内容的下达与具体化

政策解释是将政策内容转化为普众所能了解和接受的指令，它可以分为政策颁布、政策宣传、政策目标的可操作化三个环节。

1. 政策颁布。所谓政策颁布，是指实施政策指令的下达，它标志着政策从上层决策到下层操作的合法性转移，是使利益相关体知晓政策内容的基础。作为具有宏观指导性和法律强制力的政策，《海外学生教育服务法》是在多次审议后，最终由澳大利亚联邦议会批准实施的。该法不仅规范了跨国教育提供者应为的法条，同时也规定了违规的强制措施。

2. 政策宣传。政策颁布以纵向下达为主，政策宣传则以横向传播为主。《海外学生教育服务法》的宣传指向国内外提供澳跨国教育的各类主体及受教育者，它既包括官方的告知，也包括非官方渠道的传递。

3. 政策目标的逐层可操作化。澳大利亚跨国教育政策从国家层面灌输到基层执行者，不仅是政策在广度和纵深层面的下达过程，也是依据不同地区或机构的自身特点将政策内容细化的过程。后者将上级的原则性规定转化为可操作性的实施策略，为政策在不同环境下的有序有效落实提供更为具体和适宜的依据。

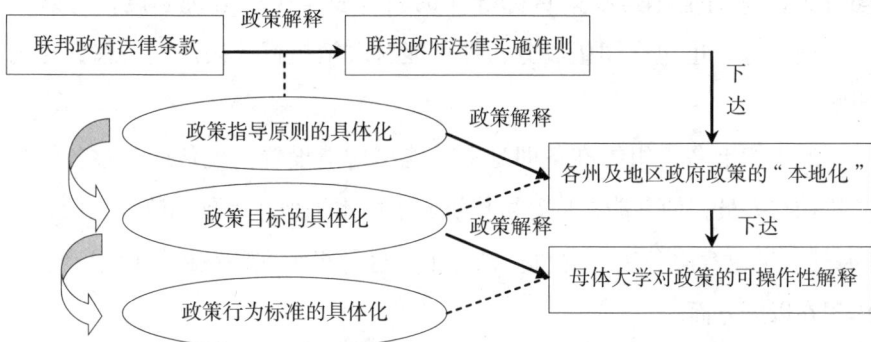

图6-4　澳大利亚《海外学生教育服务法》的具体化过程

从整体来看，海外学生教育服务法的逐层细化主要包括三个层面（见图6-4）。首先，指导原则层面的细化。联邦政府对宏观指导理念进行行为标准上的具体化，使相关统领性法规要求形成较明确的行为标

准，并由此构成了辅助该法落实的一系列实施准则与方针等。其次，目标
层面的细化。联邦政府制定的政策一般都是宏观的指导性纲领，很难兼
顾不同地区跨国高等教育发展的不同情况。为此，州及地区政府往往依
据本地经济、教育等发展背景对相关政策进行了本地化的调整，以使上
级政策能在当地得以有效落实。再次，行为层面的细化。这是学校层面
对州及地区政府所制定的具体目标的可操作性解释，主要由跨国高等教
育的提供者依据自身办学水平和培养目标将上级教育部门下达的政策目
标作出进一步细化，从而更有针对性地指导本校境内外的具体教育教学
活动。

（二）政策组织：实施前期的全面准备

政策组织是政策在实施过程中由计划阶段向应用阶段的过渡环节，
可以看成是政策应用于实践的准备过程。海外学生教育服务法在这一过程
中主要包括了思想、组织、物质三方面的准备。

1. 思想准备。思想准备是使政策执行的相关利益主体在基本政策
认识上形成统一的思想共识，它不同于政策宣传阶段的思想认同，具有
更加内化的特点。这种内化更强调政策执行者内心对政策内容的实际认
同程度，特别是作为政策目标群体的教师及学生的心理态度，它既包
含认同成分，也包含期望成分，都可能对政策执行效果产生潜移默化的
影响。

2. 组织准备。组织准备即是在功能结构上设置、配备或调整各级各
类机构与人员，使其能在良好协作机制下高水平地达到预期政策目标。在
《海外学生教育服务法》的执行过程中，这种组织准备在机构设置上主要
体现在以下方面。

首先是澳大利亚联邦政府与州政府之间的协调。在该法颁布之后，
为确保教育部长们能够对海外学生教育服务的规章框架在国家利益上达
成共识和贯彻承诺，澳大利亚教育系统官员委员会（Australian Education
Systems Officials Committee，简称 AESOC）于 2001 年建立了海外学生教
育服务执行团（ESOS Implementation Group），同时包含了澳大利亚教育、

技术和就业部和州政府的代表。① 他们每年举行三次会议，所关注的焦点主要在于跨国高等教育提供者注册的一致性，对澳联邦政府招收海外学生院校及课程注册登记（CRICOS）中课程的审定，以及跨国高等教育提供者依据《国家准则》对各种要求的一致认识与践行等。② 为了更好地与他国进行信息沟通和交流，澳大利亚教育、技术和就业部还建立了国际教育网络（International Education Network），用于讨论并分享政府关心的国际教育问题中的大量信息，其成员涵盖了从州与地区政府到教育与培训部门的各类机构。

其次是澳大利亚联邦政府内部机构之间的合作。在 2000 年《海外学生教育服务法》获得通过之前，澳大利亚教育、技术和就业部与澳大利亚移民、多元文化和本土事务部之间几乎没有协商或合作，甚至偶尔存在着紧张关系。在该法颁布之后，为使海外学生教育服务支持的澳移民规划实现更为便捷的共同目的，两个部门之间建立了相互协作的工作机制。在此基础上，两部门每月举行一次国家级会议，商讨政策及其运行中的问题，于 2003 年 11 月达成了一份理解备忘录，用以帮助有关发展信息系统的交流，加强电子数据的共享。③

除此以外，《海外学生教育服务法》的执行还涉及诸多政府部门的工作。例如涉外办学教学资金的支付需要财政部门的认可，教师的交流与委派需要外交部门的协助，而在学生未达到课程要求的情况下，管理移民事务的部门需要与学生取得联系，在必要时提出劝退或劝返警告等。由此可

----

① 在认识到海外学生教育服务安排与澳大利亚移民规划之间的关系后，海外学生教育服务执行团于 2002 年又吸纳了澳大利亚移民、多元文化和本土事务部（Australian Government Department of Immigration and Multicultural and Indigenous Affairs，简称 DIMIA）的代表。

② PhillipsKPA and Lifelong learning Associates，*Evaluation of the Education Services for Overseas Students Act 2000*，Canberra：Australian Education International in Department of Education，Science and Training，2005，pp.185-187.

③ PhillipsKPA and Lifelong Learning Associates，*Evaluation of the Education Services for Overseas Students Act 2000*，Canberra：Australian Education International in Department of Education，Science and Training，2005，p.187.

见，该法的落实有赖于各级各类政府部门之间的有机协作。

从人员配置方面来看，《海外学生教育服务法》的组织准备工作主要是加强了相关教师队伍的建设，一些大学在组织境外教师培训和在境教师出国交流等内容上都提出了自己独到的执行方案。

3. 物质准备。物质准备主要指政策执行在经费、设备等方面的准备。就《海外学生教育服务法》的执行而言，经费准备是其中的重要环节。除了校方自主筹措办学经费之外，各级政府也会拨付一定的财政费用或提供贷款支持。但政府的拨款不一定直接交给跨国大学，而可以通过资助教学质量审查等其他方式推动相关政策的运作。2005 年 4 月，澳大利亚教育、技术和就业部即向澳大利亚大学质量署的境外审查活动提供了一笔高达45 万美元的经费，用以增强境外教育质量保障工作。[①] 需要注意的是，这种政府资助不仅为《海外学生教育服务法》的执行提供了财政支持，同时也通过资金流向反映了政府的态度与意向，例如对境外审查的资助便表明了澳政府对跨国教育质量的重视。

(三) 政策应用：交互利益博弈下的试行与推广

1. 政策实验。政策实验，就是把准备实施的政策先试用于一些具有代表性的区域，考量其实际执行效果、发现并修正问题，以期政策在广泛推广后能取得更好的效果。《海外学生教育服务法》在政策应用初期也进行了一定时期的定点实验检测，由政策实验反馈的信息为修正和完善政策提供了帮助，也为全面实施政策积累了方法、步骤等方面的经验。

2. 全面推行。政策的全面推行是政策执行过程的最后阶段，它建立在前面各个步骤的执行效果基础上，而其自身的实施效果则直接决定着政

[①] 这笔资金被用于以下用途：(1) 支付澳大利亚大学质量署在境外审查中产生的直接费用；(2) 促进对高等教育机构境外活动的抽样检验，以之代替对全部机构的系统审查；(3) 向澳大利亚大学质量署的稽查员提供审查境外教学实践方面的额外培训与发展机会；(4) 发展由澳大利亚大学质量署撰写的年度整合报告，用以总结境外机构审查过程中发现的关键问题。见 Australian Education International, *Outcomes of Universities Transnational Good Practice Projects*：*Synthesis Report*，Canberra：Department of Education, Science and Training, 2006, p.13。

策的成败，反映着政策执行的实际影响。《海外学生教育服务法》的全面推行主要包含三个层面的任务，即该法在澳大利亚所有六个州和两个地区都得以贯彻落实，在澳所有开展跨国高等教育活动的高等教育机构中都得以贯彻落实，以及在澳境内和境外的所有跨国高等教育提供者中都得以贯彻落实。其具体推行工作还要依靠政府指导下跨国高等教育提供者的积极参与，以及运用适当手段对执行策略的校本化与本土化应用。

总的来看，政策解释——组织——应用的执行路径是一个动态的过程，不仅各环节之间存在呼应和衔接，而且在各阶段联邦政府、州及地方政府、大学（包括境内母体大学、境外联合大学、其他第三方大学）、社会中介组织等多方主体之间也存在着冲突——协调——冲突的权益博弈。在这个不断反复的博弈过程中，《海外学生教育服务法》从文本走向实践，从组织准备走向实际应用，从局部实验走向全面推广，从不完善走向了相对成熟。

三、《海外学生教育服务法》执行过程中主要利益相关体的角色

在《海外学生教育服务法》的执行过程中，澳大利亚政府、境内外高校等相关利益体分别担负着不同的角色和职能。尽管其各自的利益倾向不尽相同，但角色核心都指向政策目标的有效落实。

（一）澳大利亚政府机构的角色

其一，政策传达者。《海外学生教育服务法》正式颁行之后，澳大利亚政府的一项重要任务就是把政策从联邦到州再到地方一级级地传达下去。这项任务不但要争取效率，而且要保证效果，即政策在传达的过程中不失真，并能保证各级政府都能正确理解政策内容。

其二，行为监督者。政府对政策执行过程进行监督，一方面检查政策的执行是否有序、公正，另一方面监督政策的执行是否有效、适当。澳联邦政府与州政府之间、联邦政府内部部门之间通过相互协调与合作，形成了一套相对完善的政策执行监督组织。各部门之间对政策执行过程相互监督，独立的政府机构还对自己的政策执行活动进行自我监控。

其三，信息汇总者。在政策执行过程中，政策目标从宏观向微观的逐步渗透，必然会产生各种各样的执行模式或效果，对其中问题和效果的反馈，是澳政府不断修正和完善政策的依据。因此，及时有效的收集和整理这些反馈信息便成为澳政府的当然之责。

其四，政策调整者。在对反馈信息进行了合理有效地整理之后，澳政府会对已经颁发的政策进行一些必要的修订，以使政策不断顺应国内情况和跨国教育的环境，从而更好地服务和指导相关内容的有效执行。

（二）澳大利亚跨国高等教育母体大学的角色

其一，政策的直接接受者。澳大利亚跨国高等教育的境内母体大学，是《海外学生教育服务法》的直接约束对象。在境内教育中，他们受到国家法律的严格制约，负责政策的具体实施；在境外教育中，他们通过与境外合作机构的沟通或直接指导，将相关政策规定付诸实践。

其二，政策的转化实施者。为了适应基层教育教学的需求与特点，澳大学在执行《海外学生教育服务法》时，需要依据自身跨国教育办学的模式与特点，对政策内容进行适当的细化调整，增强上位政策的可操作性。在这一过程中，澳方母体大学是政策的主要转化实施者，他们要详细考察和分析境内大学和境外合作机构的特定与合作方式，积极促进政策的落实。

（三）澳大利亚跨国高等教育境外大学的角色

其一，政策在境外的具体实施者。这主要是针对境外教育而言的。澳方母体大学在将政策信息传达给境外教育合作者后，境外教育质量保障等策略的具体落实任务就大部分转移到了后者身上，相关具体工作都需要境外大学操作践行。

其二，政策执行效果的反馈者。在境外教育中，由于具体管理和教育教学工作都是由境外合作高等教育机构实际运作的，因此他们对政策实施的效果、经验和问题等内容更为了解。为了获得这些一手信息从而进一步完善境外教育质量，维护澳跨国高等教育的国际地位和声誉，境外的合作大学不断向澳境内母体大学提供相关反馈信息，为《海外学生教育服务法》的进一步调整改进提供事实依据。

（四）澳大利亚境内外国际组织的角色

澳大利亚参与的国际组织众多，既包括官方政府组织，如经合组织（OECD）、联合国教科文组织（UNESCO）等，同时也包括许多非政府组织。在《海外学生教育服务法》的执行过程中，这些国际组织也发挥着场域之中的独特作用。

其一，信息沟通者。跨国教育的跨国性和国际性特征，决定着其必然同时牵涉两个以上的国家。为了更好地实施《海外学生教育服务法》，就必须加强国家之间、地区之间的交往合作和信息沟通，促进各方的相互理解，国际组织在这方面有着得天独厚的优势。它们对教育贸易的直接或间接推动、对相关信息的双向沟通，都促进了政策内容在各国的认可与落实。

其二，调控辅助者。一些官方政府组织会不定期地推出一些新的国际教育政策的改革方针，指出现行跨国教育的不足，并提出其未来发展方向。这些具有倡议性的发言或报告，往往会影响到单个国家教育政策的发展方向或指导理念，澳大利亚也不例外。

其三，资金支持者。《海外学生教育服务法》的落实离不开资金的大力支持，特别是在境外教育中，师资队伍的培养建设、课程的开发落实、学校的硬件设施等都需要强大的经费基础。对此，一些国际组织所提供的资金无疑为政策的顺利执行增加了又一项重要的筹码。

综上所述，澳大利亚《海外学生教育服务法》的执行机制建立在各级政府、境内外大学以及相关国际组织有机协作的基础上，通过政策解释—政策组织—政策应用的有序步骤，最终由提供跨国高等教育的大学将上级政策具体化而得以贯彻实施。这一执行机制是将政策理想转化为政策实践的关键，政策执行过程的科学性与有效性直接影响着政策的效果。

四、《海外学生教育服务法》执行机制的特点

（一）行动目标明确

《海外学生教育服务法》的执行具有较为明确的行动目标，这些目标一般是在该法宏观指导原则的基础上，针对具体活动领域制定的更具针对性的要求。它们使得政策的落实具有了更为细化的下位目标，为不同政策内容在基层单位的落实提供了实践层面的指导方向与依据。

（二）政策的可操作化逐层展开

澳大利亚《海外学生教育服务法》是国家层面对跨国教育的宏观指导政策，其贯彻落实依赖于从上至下将政策目标与行为标准进行具体化，这是政策从文本到行为实现现实转化的过程。在此过程中，澳各级政府与大学都承担起了相应的角色，并且通过较为顺畅有序的路径实现了政策解释的逐层开展，从而有效增强了政策在执行中的可操作性。

（三）激励机制立体

《海外学生教育服务法》的执行还有赖于激励机制的有效建立。这种激励机制既包含了以经费支持为激励源的财政拨款机制，也包含了以关系调和为激励源的组织协调机制；既具有外在的诱导，也具有内化的刺激，因而具有一定的多元性与立体性，较为充分地调动了政策执行者的积极性，促进了政策的有效落实。

（四）职能角色多维联动

《海外学生教育服务法》的执行不是单一主体的功劳，而应归功于政府、澳方大学、境外大学等多方利益主体的共同推动。这些主体由共同的政策目标相连，虽然承担着不尽相同的地位与角色，但却保持着较为开放的互动空间与畅通的交流渠道。在这种环境中，政策的执行兼顾着多元主体利益的适度博弈，而各利益体的职能衔接与协作则保障了政策的顺利实施。

（五）基层执行策略的个性化突出

《海外学生教育服务法》的最终落实在于学校层面，而在拥有较高自主权的前提下，澳大利亚大学在执行国家政策时形成了不拘一格的具体方

案或策略。① 这些策略体现了不同大学的发展倾向，彰显了各具个性的学校特点。这也在另一个角度体现了政策执行的开放性与灵活性，使其在实践中极大地调动了执行主体的能动性，拓展了政策的广度与深度，增强了政策与主体特点、具体环境相结合的适应性，有利于本初政策目标得到更好的实现。

第四节　澳大利亚《海外学生教育服务法》的评估机制

在经历了十余年的运作和陆续修订之后，《海外学生教育服务法》逐步成熟完善。在此过程中，政策评估发挥着积极作用。作为政策生命周期中的重要环节，评估所承载的意义不仅在于通过对效果的检测考量政策执行的效度，而且还在于通过问题的发掘促进政策的调整与变革。需要注意的是，澳大利亚《海外学生教育服务法》的评估不同于海外学生教育服务质量的评估，下文主要讨论的是前者，它是以政策本身为对象的评估。其评估者一般由澳联邦政府的下属部门或其委派的专门评估组担任。评估的主要目的在于衡量政策的价值，并为进一步修订或变革政策内容奠定基础。下面主要从政策的评估标准和评估程序（手段）两个方面对《海外学生教育服务法》的评估机制进行探析。

一、《海外学生教育服务法》的评估标准

政策的评估过程紧紧围绕着政策效果，要把握一项政策的效果是否及在多大程度上实现了预期目标，就需要首先建立一套作为评判尺度的评价标准。海外学生教育服务法的评估标准主要包含效果、效率、等价性和

---

① 南澳大学、福林德斯大学、墨尔本皇家理工大学、澳大利亚国立大学等都为《海外学生教育服务法》内容的落实制定了不同的校本策略。相关举措可参见各大学网站，另 可 见 Leask，B.，Hicks，M.，Kohler，M.，et al，*AVCC Offshore Quality Project Report：A Professional Development Framework for Academic Staff Teaching Australian Programs Offshore*，Adelaide：University of South Australia，2005，pp.3-46。

适宜性四个方面（见图6-5）。

（一）对政策效果的评估

效果（Effectiveness）评估是对《海外学生教育服务法》的实际运作表现的评估。从意义上来看，以效果为标准的评估主要考察跨国教育的质量，直接反映政策对现实的影响结果。从内容上来看，对该法的评估主要包含目标效果和成本效果两个方面。

目标效果是在考察《海外学生教育服务法》实际执行情况的基础上，衡量现实结果达成政策目标的程度，即对政策实践与政策理想之间的契合度或差距进行评定。成本效果主要是就政策执行前期输入的人力、物力、财力资源在实际成果中的收益而言的，关于成本效果的评估也可以看成是预期成本和实际效果的比较。

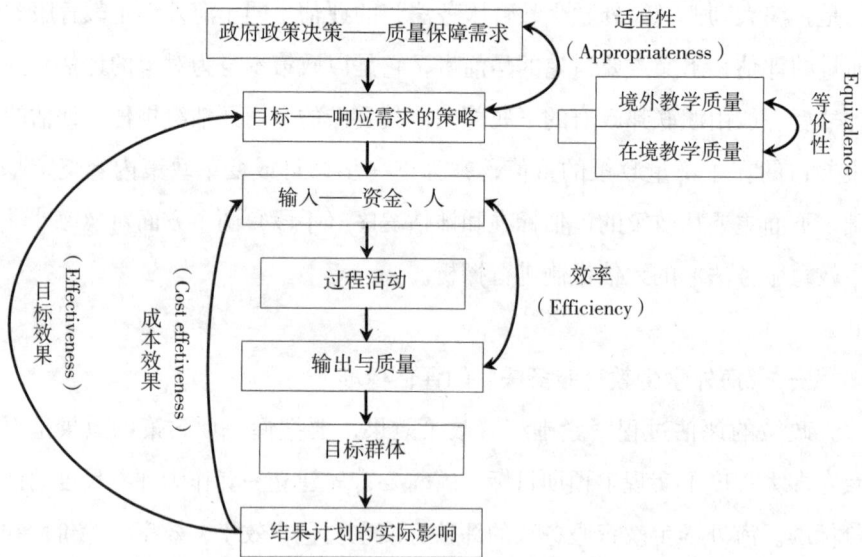

图6-5 澳大利亚《海外学生教育服务法》的评估标准示意图①

———————

① 参见 Research，Analysis and Evaluation Group，*Reviews of Australian Education International*，Canberra：Department of Education，Science and Training，2002，p.45.

（二）对政策效率的评估

效率（Efficiency）可以看成是资源的利用效率，它是指需要的满足程度与所消耗资源的对比关系。就《海外学生教育服务法》对跨国教育质量的保障而言，其效率评估主要是对跨国办学的教育教学质量与政策执行初期输入的教育资源的比较。这种资源输入与输出的比较主要指向财力资源和人力资源两个方面，前者主要是对跨国教育资金利用程度的衡量，后者主要是对参与跨国教育活动的教师效用及组织机构协调机制的评定。

（三）对政策适宜性的评估

适宜性（Appropriateness）政策评估标准主要是指所制定的政策目标满足现实需求的程度。对《海外学生教育服务法》而言，这类评估特别是要评定所制定的跨国高等教育质量保障的政策目标适用于境外教育环境的程度，以及境外教育质量保障政策适合当地教育环境与特点的水平。

（四）对政策等价性的评估

在针对境外教育质量保障政策的评估过程中，等价性（Equivalence）标准主要是指境外教育质量水平与澳大利亚在境跨国教育的水平在要求和效果等方面的一致性评定，它包含对课程内容与设置、教学方法、学生学习条件与结果、教师教学条件保障等诸多方面的境内外情况比较。

综上所述，以效果、效率、适宜性和等价性构成的政策评估标准，构成了澳大利亚《海外学生教育服务法》评估的立体框架。政策在这些衡量标准上所达到的结果，从整体上体现出政策形成与执行过程的合理性与有效性。

二、《海外学生教育服务法》的评估程序

澳大利亚《海外学生教育服务法》的评估主要由政府委任的研究、咨询团体承担，其评估结果主要用于法案的复审与修订。在评估过程中，澳政府作为主导者决定评估的标准、范围等内容，并提供评估在资金等方面的基本保障；而政府所委派的评估委员会或评估组则具体负责评估框架的制定、评估的实施、评估报告的撰写等。其具体评估过程一般按照背景研究——咨询讨论——分析与报告的程序进行（见图 6-6）。下面仅以 2004—2005 年实施的一项针对《2000 年海外学生教育服务法》的独立评估[①] 为例（以下简称"2004 评估"），对这一过程做一分析。

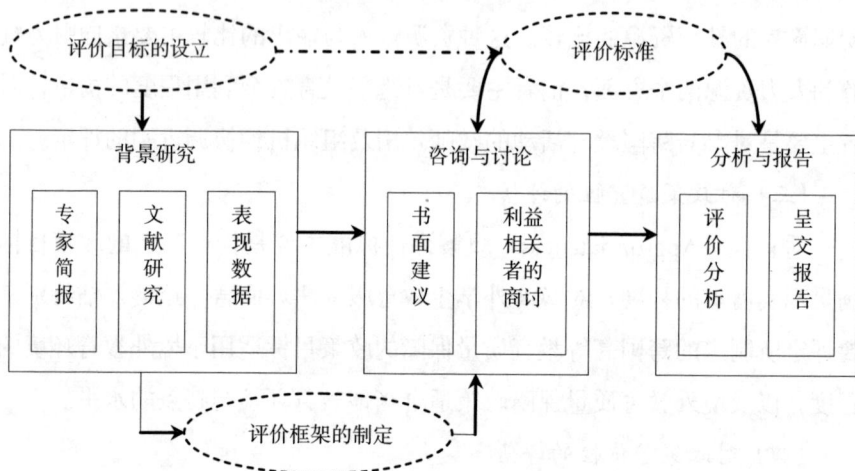

图 6-6　澳大利亚《海外学生教育服务法》的评估程序

（一）背景研究

背景研究是整个评估的奠基阶段，在澳大利亚政府作出政策评估的决定之后，评估组首先对政策及其基本实施情况进行了了解和分析，从理论和实践层面获得政策实施背景与效果的信息。从方法上来看，这一阶段主要由专家简报、文献研究、表现数据三部分组成，每一部分都直接收集

[①] 这一评价始于 2004 年 5 月，由政府委任的 KPA 商议会（与 Phillips Curran 和终生学习伙伴（Lifelong Learning Associates）相结合）具体实施，主要是对《2000 年海外学生教育服务法》（ESOS Act 2000）及其相关政策体系的运作进行评估，以决定它是否保护了澳大利亚在国际教育市场中的声誉，以及是否给予了消费者以保护。随后，针对这一评价的一个指导委员会（Steering Committee）建立起来。2005 年 1 月，KPA 商议会向评价指导委员会提交了评价报告。参见 PhillipsKPA and Lifelong learning Associates, *Evaluation of the Education Services for Overseas Students Act 2000*, Canberra：Australian Education Internationa-l in Department of Education, Science and Training, 2005, p.1。

评估的主要数据，并直接揭示在咨询过程中要追踪的问题。①

（二）咨询与讨论

通过背景研究，评估组掌握了《海外学生教育服务法》实施的整体情况，并初步制定出政策评估框架，用于指导后续的评估组织安排。为了获得更翔实的信息，评估组进而与利益相关者就政策内容与实施情况进行了广泛讨论。在这一过程中，政策评估标准是开展咨询与讨论活动的重要依据。从方法上来看，其主要包括书面建议和利益相关者的商讨两条渠道。

书面建议（Written submissions）的目的在于从更广泛的群体中获得更多文本信息，从而使评估的信息库达到最大化。在 2004 评估中，评估组采取了多种手段征集书面建议，最后共收到了 59 份书面建议，它们为评估组作出恰当全面的政策评估结论提供了巨大帮助。②

利益相关者的商讨（Stakeholder consultations）的目的在于通过促进政策实施中众利益相关体的讨论，增强他们对相关问题的认识，进而保障评估的质量和效率。在 2004 评估中，评估组推行了一项遍及澳大利亚的综合商讨规划，吸纳了来自多方利益相关群体的代表，其人员涵盖了州及地方教育与培训局、教育和培训的提供者（包括公立和私立机构及个体提供者）、学生协会、澳大利亚政府部门以及其他组织。

（三）分析与报告

在经过充分的背景研究和深入的咨询讨论之后，评估组即开始着手对所获得的信息进行分析，遵循既定的评估标准，对政策实施情况作出科学合理的评估，总结经验，发现已显露或潜在的问题，并将这些内容汇总成报告呈交上级教育部门，为政府全面认识和进一步改进相关政策内容提

---

① PhillipsKPA and Lifelong learning Associates，*Evaluation of the Education Services for Overseas Students Act 2000*，Canberra：Australian Education International in Department of Education，Science and Training，2005，p. 3.

② 参见 PhillipsKPA and Lifelong Learning Associates，*Evaluation of the Education Services for Overseas Students Act 2000*，Canberra：Australian Education International in Department of Education，Science and Training，2005，p. 4。

供建议和依据。

递交的评估报告不仅包含最终评估报告，还会包含一系列独立的报告书及中期报告。在 2004 评估中，评估组的每个成员都准备了各自的讨论报告，这些报告都遵循了咨询指南及其补充文件的纲领要求。经过对这一系列讨论结果和建议的综合，评估组将其整理发表，形成了分析基础。此外，评估组还向教育、技术和就业部提交了一项中期报告，对形成报告阶段中出现的关键问题以及下一阶段可能出现的重要问题进行了描述总结。这些报告，既是形成最终报告的基础，同时也是保证评估过程与方法得以科学有效实施的反思性自我评估，并在一定程度上丰富了评估报告的成果。

随着澳大利亚跨国高等教育规模的不断扩大，教育教学质量的相应评估工作日益引起联邦政府的重视。近几年来，对境外教学质量保障政策的评估与规划更是吸引了众多高等院校和专业人士的参与。政策评估主体的多元化和评估方式的规范化都显著提高了评估的质量和效果，从而为《海外学生教育服务法》的新一轮修订奠定了基础。

三、《海外学生教育服务法》评估机制的特点

（一）评估标准明晰预设

在对《海外学生教育服务法》进行评估之前，评估者针对想要验证与考量的目标预先设置了明确的评估标准。这些标准不仅具有内在的逻辑性，而且具有外在的全面性；不仅有助于评价政策内容执行的实际效果，而且有助于评价政策本身的科学性与合理性。这种预设的标准体系与评估指标为评估行为提供了较好的依据，从而有利于提高评估效率，并能更好地实现政策评估的价值。

（二）注重多方咨询与讨论

与政策形成和执行过程中的特点相似，澳大利亚《海外学生教育服务法》在评估阶段也十分注重与多元利益主体的沟通，注重从多视角、多层次、多渠道获得与政策评估相关的反馈。这些反馈信息不仅构成了各评

估标准下对政策进行衡量的依据，而且促进了各利益相关体的自我评价与反思。这种广泛的咨询与讨论，有助于提高政策评估结果的全面性与可信度。

（三）间断连续的长效机制

从整体来看，澳大利亚对《海外学生教育服务法》的评估不是单一的，而是间断连续的，在一定意义上具有机制的长效性。这一做法旨在从较长的历史轨迹中，对政策作出更为客观准确的评判，并对政策的运作进行较为连贯的监督、调整，以使其能不断适应跨国教育发展的新环境与新要求。

第五节　《海外学生教育服务法》对澳大利亚跨国高等教育质量保障的影响与展望

政策的建构旨在规约实际行为，《海外学生教育服务法》的重要目的之一即在于保障澳大利亚跨国教育的质量，维护和提升其国际声誉。为了更深入地认识政策运作机制的意义，这里有必要对其在澳跨国教育质量保障中的实际影响、衍生问题的政策根源等内容做一探析。

一、海外学生对澳大利亚跨国教育服务的满意度

作为《海外学生教育服务法》的主要受益者，海外学生对跨国教育服务的满意度在一定程度上反映了澳跨国教育的水平，同时也直接体现了政策的实施效果。从法律颁布至今，澳政府组织了多次海外学生教育服务满意度调查。20 世纪 90 年代末就海外学生在澳学习体验所进行的一项大规模调查显示，海外学生基本认可在澳留学中的优质学习体验，绝大多数留学生对所就读院校的整体质量表示满意，并对教师对待有文化差异学生的态度给予了肯定。2004 年开始实施的对《2000 年海外学生教育服务法》的评估，得出了喜忧参半的结果。此外，一些大学也就海外学生对澳跨国教育服务的满意度进行了调查，并得出了与政府调查既有共性又有差异的

结果。

　　总的来看，澳大利亚跨国高等教育作为一种贸易方式，其服务质量得到了相当一部分消费者（即海外学生）的认可。《海外学生教育服务法》对澳跨国高等教育的质量保障起到了较好的约束和推动作用。

二、澳大利亚跨国高等教育质量保障的问题及其政策根源

（一）跨国高等教育质量保障的问题

　　1. 商业化倾向显著。有学者在比较了美国、加拿大、英国等主要教育输出国的发展策略后，指出澳大利亚跨国高等教育的理念模式具有以获取经济利益为主导，人力资源、国际理解与能力建设居次的特点。[1] 这种理念模式具有深刻的社会和历史根源，渗透到海外学生教育服务法体系和澳跨国高等教育规划的诸多方面。澳大利亚将跨国高等教育定位于出口产业，尽管其本身的价值取向无可厚非，但是跨国高等教育在发展过程中对经济效益的过度追求则导致了教育质量保障中的一系列问题。一些大学将目光更多地投向教育中的经济利益，极大地挫伤了跨国教育的质量水准。这种明显的商业化倾向与政策制定的宏观指导理念将跨国教育的经济价值置于首位密切相关，它直接影响了一系列政策目标的方向。

　　2. 教育资源难以保障。境外学生对跨国学校设施设备存在不同程度的不满，反映出境外教育的硬件环境与澳大利亚境内教育环境间存在的现实差距。尽管在政策执行过程中，澳政府及跨国教育提供者都对政策实施做了大量准备工作，但仪器、资料、设备、场地欠缺等教育资源的不足和经费的短缺，都不断困扰着质量保障政策的有效落实。

　　3. 内外保障力度不均。这里的"内"与"外"包含两层含义。第一层含义是指境内与境外，其问题主要是指澳大利亚跨国高等教育质量保障政策更多地指向在境教育，而缺乏对境外教育质量保障的专门化、体系化的规范。依据《海外学生教育服务法》的初衷，"海外学生"主要是指赴

---

[1]　顾建新：《跨国教育发展理念与策略》，学林出版社 2008 年版，第 137—138 页。

澳学习的拥有签证的国际学生，那些被澳境外高等教育机构招收的学生原则上被排斥在其规定范围之外。① 可以说，政策对在境教育的明显偏向导致了在境教育与境外教育发展的不平衡，后者由于缺乏直接的政策约束，而易于滋生诸多质量隐疾。第二层含义是指教学之内与之外，其问题主要是指已有的跨国教育质量保障政策更多地指向教学过程的外部，如学生入学资质保障等，而对教学过程中教与学活动的质量保障却缺乏完整、具体的国家政策规范。

4.教育质量水平良莠不齐。从政策执行效果来看，不同大学主办或参与的跨国教育质量水准参差不齐，不仅制约了澳跨国高等教育的整体竞争力，而且影响了政策评价结果的准确性。因此，如何因地制宜、因校制宜、扬长避短地促进不同跨国教育项目质量水平的提升，便成为维护澳跨国高等教育国际声誉和改善政策内容的重要议题。

(二) 跨国高等教育质量保障问题的政策根源

1.对经济利益的过度追求淡化了跨国高等教育的公益性。长期以来，澳大利亚经济都依赖出口，其中矿石、农业和畜牧业初级产品占了很大比重。20世纪70年代以来，跨国高等教育前景可观的经济收益使澳出口产业找到了新的突破口，遂作为一种服务贸易得到政府的大力推动。澳跨国高等教育对于经济利益的诉求从根本上转变了其发展宗旨与模式，跨国高等教育在从"投钱"的领域成为"赚钱"的领域的同时，其本应具有的教育意义也有所淡化。一些教育培训机构以明确的商业动机招收海外学生，忽视教育培养人的本质属性，俨然成了赚钱的机器。这种唯利主义倾向大

---

① 随着高等教育国际化的逐步深入，在境教育和境外教育之间固有的联系日益紧密和凸显，二者质量的不一致也日益引起各利益相关者的关注。为了维护跨国教育的国际竞争力，近十余年来，澳各级政府日益注重加强对境外跨国高等教育质量保障政策的审议。《海外学生教育服务法》在修订过程中亦逐渐淡化了境内外国际学生的界限，法案的相关规定不仅适用于澳境内的国际学生，同时也适用于在境外接受澳教育服务的学生。这虽然在一定程度上扩大了原有政策的覆盖范围，但早期质量保障政策形成过程中的对象偏向却不可避免地限制了澳跨国高等教育在境内外的均衡发展，造成了政策导向的偏差。

大损伤了一部分海外学生的个人利益，并威胁着澳跨国高等教育的国际声誉。但值得庆幸的是，以公立学校为主导的大多数澳大利亚大学都能较好地平衡经济利益和教育价值之间的关系，一贯注重跨国高等教育的高质量发展。澳政府近些年来也在积极投身于境内外高等教育一致性的质量保障体系建设，也表明了澳方领导者改善这一问题的决心。

2. 快速转向的变革方式强化了政府外部力量的干预程度。澳大利亚跨国高等教育的发展过于依赖政府这个"指挥家"的安排，这虽有助于推动教育发展形势的迅速转型，但是政府权力的过度使用却不利于跨国高等教育依据自身和市场发展的规律进行循序渐进的演化。因此，如何充分利用市场发展的规律，合理发挥政府的作用，实现政府角色的转变，成为澳大利亚近些年来一直在探索的问题。

3. 教育层次的偏低弱化了跨国高等教育的品质价值。跨国教育项目范围与数量的扩展、参与学校和海外学生数量的增长都表明，澳大利亚已经成为世界上跨国教育提供方面的领军者。但从整体来看，其跨国教育发展层次却存在缺陷。这一方面表现为接受澳跨国教育服务的人群主要集中在本科阶段，[①] 学生年龄总体偏低；[②] 另一方面表现为澳大利亚参与跨国高等教育的大学层次偏低。在参与海外跨国高等教育项目的近 40 所大学中，二星级大学开展的跨国教育合作项目最多，而五星级大学参与的项目最少，这种格局在一定程度上限制了澳跨国高等教育的整体品质。

---

① 据统计，2008 年，澳大利亚一半以上（56%）的高等院校招收的都是攻读学士学位的学生，另外三分之一（35%）攻读授课类硕士学位，参见 Australian Education International, "Research Snapshot: International Student Enrolments in Higher Education in 2008", 2009 年，见 http://aei.gov.au/AEI/PublicationsAndResearch/Snapshots/49SS09_pdf.htm。

② 2007 年境外国际学生年龄主要分布在 19 岁到 22 岁之间，境内国际学生主要分布在 20 岁到 23 岁之间。参见 Australian Education International, "Research Snapshot: Transnational Education in the Higher Education Sector", 2009 年，见 http://aei.gov.au/AEI/PublicationsAndResearch/Snapshots/2009073120_pdf.pdf。

三、在政策运作中提升澳大利亚跨国高等教育质量的策略

（一）转变政策导向

跨国高等教育的发展具有多重价值，经济收益只是其中的一小部分。随着经济全球化和文化多元化的发展，国家交往日益增多，跨国教育的经济动因和文化动因间的关系也日益加深。教育出口贸易的发展，不仅要求一国的文化要为他国所认知，同时也要求本国理解他国的文化。对跨国教育质量保障而言，这一理念要求澳方大学一方面要注重国内外文化的良好结合，使国际学生能够较好地适应澳方提供的教育内容；另一方面，还要注重澳洲文化特色的渗透，使其高等教育思想能够原汁原味地在跨国教育中呈现。然而，在澳跨国教育政策的形成中，经济动因与文化动因间凸显的不平衡却使得政策支点发生了偏斜，从而为政策的有效落实埋下了隐患。为此，澳跨国高等教育政策应更注重其中的文化因素，注重质量保障体系的建设，将面向经济收益的政策目标向面向文化理解、国际交流等更深层的政策目标偏转。

（二）协调政府职能

在《海外学生教育服务法》等跨国高等教育政策的建构中，澳大利亚联邦政府一直起着统领作用，州和地区政府的作用体现不够。而在政策执行过程中，联邦政府的角色又有所淡化，缺乏有效的后续支撑，州和地区政府的作用也显得力不从心。为此，澳政府应注意加强自身在跨国高等教育发展中的角色定位与职能审视，灵活调度集权与放权措施，建立上下级政府间整合有序的调控体制。

（三）优化参与结构

澳大利亚跨国高等教育发展中的一个主要制约因素在于优质大学在其中发挥的榜样和带头作用不够。为了进一步促进跨国教育质量的提升，政府应大力鼓励五星级、四星级的大学广泛参与到跨国教育活动中来，以更加积极的姿态投身于相关政策的制定、实施和评价过程。这些高层次大学的先进经验和理念有助于推动澳跨国高等教育质量保障体系的完善，也有助于增进相关政策在运作中的科学性与有效性。

（四）加强沟通交流

跨国高等教育的发展涉及两个及以上的国家，其相关政策的顺利实施不仅依赖于澳方大学的积极作为，同时还紧密依赖于境外合作者及其所在地方政府、国家政府的认可与支持。为了取得更好的政策效果，澳大利亚大学应主动加强与境外的交流与沟通，及时了解境外办学的情况，发现其中的问题并研究解决，从而实现政策理想与现实的统一。

第七章　新加坡教育信息化规划：
内容、实施与效果

第一节　新加坡教育信息化的兴起与发展

　　新加坡教育信息化的兴起与发展是教育信息化发展的国际趋势，也是新加坡国内信息化和教育改革发展的内在需求的影响和推动的结果。发展至今，新加坡教育信息化发展经历了对教师的培训和学校的初步应用与系统规划的推广应用两个发展阶段。

一、教育信息化兴起与发展的背景

（一）教育信息化发展的国际趋势

　　随着社会的发展和科技的进步，信息技术不断渗透到社会生活的各个领域，不断改变着人们的生产、生活和思维方式。人类跨入了信息化时代，信息化水平成为衡量一个国家综合国力和现代化水平的重要指标，提高国民的信息素养、培养信息化人才，是国家信息化建设的根本。教育信息化是信息技术在教育领域中的应用，它是国家信息化的基础和重要组成部分。世界上发达国家和地区高度重视信息技术对社会和教育的影响与作用，调整教育的培养目标，制定教育改革方案，采取相应措施加快推进教育信息化的建设，以全面提高公民特别是青少年的信息素养，培养适应信息化社会的人才，增强本国或本地区的综合国力和国际竞争力，迎接21

世纪的挑战。[①]

随着信息化时代的到来，传统的教育模式受到了巨大的冲击，教育领域正发生着深刻的变革，信息技术逐步渗透到教育和教学领域之中，教育信息化是时代变革和世界发展的必然趋势。作为"亚洲四小龙"之一的新加坡，在教育领域中应用信息技术，走教育信息化发展之路亦是顺应教育信息化发展的国际趋势，是大势所趋。

（二）信息化和教育发展的国内需求

新加坡教育信息化的发展除了受到教育信息化发展的国际大趋势影响外，更重要的是受到了国内信息化发展需求的推动和教育改革浪潮的影响。新加坡信息化的发展是其教育信息化发展的前提条件和外在动力，而新加坡本国教育和教学的发展与改革则构成了新加坡教育信息化兴起与发展的内在动力。

新加坡的信息化发展从 20 世纪 80 年代正式开始，经历了从全国计算机化到全国信息化的发展过程，先后制订了 6 个信息化发展战略规划，即国家计算机化计划（NCP）、国家 IT 计划（NITP）、IT 2000 、"资讯通讯 21 世纪技术计划"（Infocomm 21）、"连接新加坡计划"（Connected Singapore）、"智慧国 2015 计划"（IN2015）。新加坡信息化迅速发展，信息技术逐步在社会各个领域普及，教育领域也不例外。此外，信息化建设需要培养大量的信息化人才，而教育则是人才培养的摇篮和基地，从而推动了教育信息化的兴起与发展。

教育发展和人力资源开发是新加坡国家经济发展战略的重要组成部分。"先富脑袋，再富口袋"是新加坡的一项长期的基本国策。独立以来，新加坡十分重视教育的发展。1998 年新加坡教育部公布的《理想的教育成果》，勾勒了 21 世纪的教育理念与前景，明确指出各层次教育预期达到的目标，从而构成 1997 年提出的"思考的学校，学习的国家"（Thinking School，Learning Nation，TSLN）的具体化的操作目标。在提倡全面发展

---

① 张倩苇：《发达国家和地区教育信息化的新进展》，《比较教育研究》1998 年第 6 期。

思想的同时，新加坡的教育目标更突出道德教育、语言教育和数学科技教育的重要地位，强调课程分流和因材施教的重要性。此外，加强计算机教学，即实施信息技术教育，也被列为新加坡21世纪教育构想的目标之一。

伴随着信息化的发展，信息技术逐步进入了教育领域。依托信息技术的优势，能够更好地改进教育和教学。信息技术能力成为新加坡公民必备的基本能力，而新加坡教育要实现教育目标，必然要使用信息技术手段进行教育和教学改革，走教育信息化发展之路。因此，将信息技术应用到教育教学中，实施教育信息化是教育发展的内在需要。总之，教育信息化发展的国际趋势和新加坡国内信息化发展与教育发展改革促进并推动了新加坡教育信息化的兴起与发展，新加坡教育信息化的兴起是新加坡教育和社会发展的必然趋势。

二、新加坡教育信息化的发展历程

（一）20世纪70—90年代中期：对教师的培训和学校的初步应用

早在20世纪70年代，新加坡政府就认识到信息技术和计算机在未来社会发展中的重要作用，把计算机的应用与普及作为实现社会信息化的基础而加以优先发展，提出了全国计算机化的发展目标。[①] 新加坡教育部（Ministry of Education，MOE）也认识到信息技术在学校教学中的重要作用，认识到教育必须走信息化发展之路，积极地开展教育信息化的各项准备工作。

20世纪70年代晚期，新加坡学校中已经开始使用计算机，但是直到80年代初，新加坡教育部才开始进行相关方面的工作，通过制订一系列项目计划来加强学校中从沟通、管理到教学等各个方面计算机的使用，如连接学校计划（The School Link Project）连接了新加坡教育部和全国所有学校，新加坡国家教育学院从1975年开始为教师开办多项与电脑有关的课程。

---

① 陈昭楠：《新加坡的信息化之路》，《情报资料工作》1997年第4期。

20 世纪 80 年代，为了配合教育部的政策实施，计算机欣赏俱乐部（Computer Appreciation Clubs）成为中学辅助课程活动；计算机科学（Computer Science）被列为初级学院 A-level 考试科目之一，并于 1980—1982 年间培训教师以承担这两门课程和活动的教学。

1982 年，新加坡教育部考察团到欧美各先进国家深入了解各个学科利用计算机进行辅助教学的效果。1983 年，新加坡教育部课程发展司成立了一个计算机辅助教学特别工作小组，通过实验研究探索计算机辅助教学的可行性。

从 1987 年开始，新加坡教育部为学校配置计算机，预算总额为 1640 万新元。1990—1991 年度预算 700 万新元用以购置计算机，1994 年又划拨 1000 万新元。教育部开始试验通过结合计算机与录像技术于一体，制作计算机兼录像辅助教材。

(二) 20 世纪 90 年代后期至今：系统规划和推广应用时期

1996 年，新加坡教育部内部成立教育科技司（Educational Technology Division，ETD），负责统筹、规划、协调和指导全国的教育信息化和信息技术教育工作，其成立标志着新加坡教育信息化的发展进入了系统规划阶段。

1997 年，新加坡教育部推出《教育信息化总体规划》（*Masterplan for ICT in Education*，1997—2002），这是新加坡第一个教育信息化总体规划，其主要目的是利用信息技术增强学生的学习能力、创造性思维能力和沟通技能，为将来储备优秀人才。

到 2002 年，《教育信息化总体规划》的预期目标已基本实现，形成了一个基本的信息技术应用基础体系，建立了一个起步阶段的学习资源体系，达到了一个较高的教师使用和教育信息化日常维护水平。教育部随即出台了第二个教育信息化总体规划（Masterplan Ⅱ for ICT in Education，2003—2008），并分别将 1997 年和 2002 年出台的教育信息化总体规划称为新加坡教育信息化一期规划和二期规划，简称 MP1 和 MP2。

MP2 巩固和借鉴了 MP1 的成就和经验，在 MP1 所取得成绩的基础上，继续帮助学校利用信息技术促进教学和学习，强调在已有硬件的基础上，将信息技术融入教育过程和教育体系之中，改革教学方式和学习方式，进一步将信息技术整合到课程中，为学生建立信息技术能力标准，营造学校和教室文化，播种学校创造性应用信息技术的种子。

2008 年，在总结前两期规划经验的基础上，新加坡教育信息化三期规划（The Third Masterplan for ICT in Education，2009—2014）发布并启动，这是新加坡第三个教育信息化总体规划，简称 MP3。该计划旨在将信息技术融入教育过程的核心，寻找信息技术应用的突破口，鼓励信息技术创新应用与实践共享。

纵观上述新加坡教育信息化发展历程，1996 年之前新加坡教育信息化的发展是相对零散的，是对教师的培训和学校的初步应用。而 1996 年教育部教育科技司成立之后，新加坡的教育信息化进入了系统化的总体规划阶段。新加坡教育信息化规划包括 MP1、MP2 和 MP3，这三期规划也是新加坡教育信息化政策的主要载体，是指导信息技术在中小学实施和应用的总体纲要。MP1 使新加坡挺进世界教育信息化的前列；MP2 使学生满足未来发展的需求；MP3 利用信息技术改变学习者。通过对新加坡教育信息化规划的内容解读和在中小学的实施及其效果的研究，能够对新加坡教育信息化的发展获得比较深入的了解和认识。

第二节　新加坡教育信息化规划的内容解读

新加坡是世界上屈指可数的几个最早制定并实施国家教育信息化规划并涉及所有学校的国家之一。在新加坡，教育信息化的发展较快，信息化已经成为学校的一个特色。早在 1996 年新加坡便已制定了教育信息化一期规划（MP1），并于 2002 年如期实现其预期目标，奠定了教育信息化的基础，使新加坡挺进了世界教育信息化的前列；新加坡随后启动了教育信息化二期规划（MP2），强调在已有硬件的基础上，将信息技术融入新的教学体系中，在教育和教学领域全面深入地应用信息技术，改革教学和学习方式，提高教学效果，推进和支持学生学习，使学生满足未来发展的需要，成为终身学习者；2008 年新加坡又出台了教育信息化三期规划（MP3），旨在通过将信息技术融入教育过程的核心，寻找信息技术应用的突破口，鼓励信息技术的创新应用与实践共享，利用信息技术改变学习者。

一、教育信息化一期规划（MP1）——奠定教育信息化的基础

MP1 是为迎接 21 世纪的挑战和需要，将信息技术整合到教育领域中的总体规划，于 1997 年 4 月 28 日发布，其主要目的是利用信息技术增强学生的学习能力、创造性思维能力和沟通技能，为将来储备优秀人才。

（一）指导思想和总体目标分析

MP1 以"教育应该不断地预测未来社会的需求，并且为满足这些需求而努力"① 为指导思想。基于教育部建立"思考的学校，学习的国家"的愿景，MP1 中设置了四个总体目标，总领着 MP1 的实施。（1）增强学校和周围世界的联系，从而拓展和丰富学习环境。（2）鼓励创造性思维、终身学习，增强学生的社会责任感。（3）革新教育过程。（4）提高教学系统行政和管理的效率。

（二）MP1 的四大要素及其实施战略

根据 MP1 的四个总体目标，界定了进行 MP1 全面实施的教育系统四个方面，也即四大要素：课程和评估、内容和学习资源、物质和技术基础以及人力资源开发。MP1 从这四个要素入手，在这四个领域制订合适的实施战略。

1. 课程与评估

教育部首先需要对中小学教师进行培训，以实行信息化教学。一方面能够支持学生进行程度较深的自学，有能力的学生可以将学习范围扩展到标准课程之外；另一方面也可以为程度较差的学生服务，激发差生的学

---

① 沙红：《新加坡的教育信息化》，《中国远程教育》2005 年第 2 期。

习兴趣和学习动力，让他们以适合自己的节奏进行学习。将信息技术引入所有的课程科目，整个课程的首要目标是丰富学生的概念知识和增强学生的思维能力，但相应的信息技术技能也是每个阶段学生所必须获得的。

在新的学习环境中，使用信息的能力、思维能力以及沟通交流的技能成为教育评估模式的测量内容。而在评估形式上，信息技术的使用则有助于通过多个科目领域和多种技能对学生进行评估。

2. 内容和学习资源

将信息技术应用于教学，一个重要的方面是开发合适的教学内容和学习资源。利用信息技术的技术优势，可以开发或制作与现阶段学校课程目标相匹配的教学内容和学习资源，从而支持和发展信息化教学。

MP1 为开发和获取与课程目标相关的软件制定了一系列策略。教育部将提供一个服务中心并提供网络站点，用于学校查寻、浏览和推荐软件，学校拥有决定自己使用的软件的自主权。建立一个便于学校获取资源的出版体系，建立数字媒体资源库，从而为基于多媒体资源的学习提供资源，并促进对网络上日益丰富的教学和学习资源的利用。

此外，MP1 还倡导开发与课程相关的教育软件并使之商业化，吸引和鼓励行业参与，相关软件企业为开发和提供学习资源服务，号召软件发行商为学校提供优质服务，鼓励他们根据学校的需求为学校定做教育软件、提供售后技术支持等。

3. 物质和技术基础

信息技术基础设施的建设是进行教育信息化建设的基础和前提。教育部将制定信息技术基础设施的国家标准，各中小学校将以此国家标准为总体指导，并可根据本校的具体情况灵活决定其发展速度及硬件资源的分配情况。MP1 要求到 2002 年，生机比应达到 2∶1，从而使得学生 30% 的课程时间能够利用信息技术。

为实现目标，学校的所有学习领域和学习空间，包括教室、图书馆和其他专用房间等，都应为学生提供利用信息技术的机会。这将更有利于信息技术与课程的有效整合，使得学生在课堂内外都可以利用信息技术进行学习。

　　在教师的工作中，计算机将成为不可缺少的助手和工具。无论在课堂教学中还是课堂之外，教师必须能够随时使用计算机进行教学、管理和沟通工作。该规划规定教师与所提供的笔记本电脑比率为 2∶1。

　　MP1 要求为每一所学校提供遍布校园的网络设施，确保每一间教室和所有的学习场所都能连接网络，能够方便地获得各种多媒体资源，使得在学校之间共享教学资源成为现实；同时鼓励师生利用网络工具进行交流。此外，信息化的学校所需求的能源、空间、设备等其他物质条件在未来学校建筑规范里都有相应的规定。

　　4. 人力资源开发

　　人力资源开发主要指对教师的培训。教师在信息技术与课程整合的过程中发挥着关键的作用，因此有效而持续的教师培训是实现信息技术与课程整合的关键所在。每一名教师不仅要具备操作信息技术设备的能力，而且还要能够在学生中推广新的学习策略。在人力资源紧缺的情况下，新加坡制定层次化逐步推进的教师培训计划，使用这种方法可以在各学校迅速地培养信息技术人才。首先是培养高级信息技术讲师。在计划执行的第一阶段，这些讲师将对第一批 22 所示范学校的教师进行培训，计划 1997 年完成；第二阶段，第一批示范学校每校再分别负责 3—4 个非示范学校，在 1998 年进行；第三阶段，依第二阶段的方法类推，到 1999 年在每所学校形成一个由四个层次组成的教师队伍，而第一阶段的那些高级讲师则成为所有学校的顾问。

　　为此，MP1 号召高级学习理论研究所、信息技术公司和专业人员参与进来，他们将与学校达成协议进行合作，提供专业的技术支持和建议服务，从而保证学校源源不断的理论与实践资源的供应。与此同时，MP1 还规定，国家教育学院要制定有效的教师培训计划，以确保其培养和培训出来的所有学员都具备基本的使用信息技术工具和资源进行教学的能力。

　　可见，为满足 21 世纪社会的需求，新加坡正努力于将信息技术应用于教育领域以培养未来社会所需人才的系统规划之中。为了在教育教学领域有效地运用信息技术，由教育部制定的教育信息化总体规划，即 MP1，紧紧把握课程与评估、内容和学习资源、物质和技术基础以及人力资源开发四个关键要素，并为这四个领域制定实施战略。主要表现在为中小学校建设信息技术基础设施，开发相关的学习资源，提供技术支持，拓展学习环境，将信息技术应用到课程教学和评估之中，培训教师使其具备在信息化环境中的教学能力，以便培养适应未来社会需要的信息化人才。

二、教育信息化二期规划（MP2）——培养终身学习者

2003 年开始，新加坡教育信息化进入了一个新的阶段，开始实施 MP2。MP1 主要针对学校基础设施及教师基本技能培训，而 MP2 则更侧重于使教育更好地满足明天的需要，培养终身学习者。

（一）指导思想与目标分析

MP2 的指导思想是促进信息技术在教育领域有效的和全面的应用，为学习者营造合适的教育环境，服务于教育系统，满足学生的需求，培养"思考的学校，学习的国家"总体目标下的终身学习者。

与 MP1 相比，MP2 在课程整合、课堂教学、教学方法、学习内容、学校自主权、技术支持和教学实践等方面更加深入，并且变得更加灵活和机动。在课程整合方面，不仅是利用信息技术支持现有的课程和利用信息技术手段呈现教学内容，而且将在课程设计的环节之中就考虑信息技术的因素，将信息技术整合到课程内容和课程教学的过程之中；在课堂教学形式方面，将从静态转向动态，课堂教学中呈的不仅是静态的印刷品，更多的是动态的数字形式；教学实践将从以教师为中心逐渐转向以学生为中心；教学方法也将由统一标准配置转向个性化配置，根据具体情况采用专用的或者教师自己设定的教学方法；利用信息技术手段进行教学时讲解和传授的学习内容也将变得更加宽泛，不再局限于一些基本的概念和技能；在使用信息技术方面学校将拥有更多的自主权；教育部和相关合作单位也将为学校提供灵活、多变的技术支持和咨询服务。

总之，MP2 将在 MP1 的基础上进一步将信息技术整合到学校教育和教学的各个方面，使教育能够更好地满足明天的需要，培养终身学习者。为此，MP2 提出了一系列新的预期目标：（1）学生有效地利用信息技术进行主动学习；（2）教师有效地利用信息技术促进专业发展和个人成长；（3）利用信息技术增强课程、教学和评估之间的联系；（4）学校获得利用信息技术促进学校改革的潜质和能力；（5）积极开展信息技术应用于教育的研究；（6）确保信息技术基础设施满足信息技术普遍和有效使用的要求。

（二）MP2 的实施原则和战略

为实现预期目标，MP2 的实施必须遵循三个原则：（1）所有学校必须达到教学和学习中信息技术使用的基线水平；（2）信息技术利用水平较高、发展比较快的学校应该及时获得必需的资源、基础设施以及资金等形式的支持。示范学校为其他学校树立典范使其在将信息技术整合到课程的过程中少走弯路；（3）应该给予学校更多的自主权，使学校在教育部的支持下进行创新和发展自己个性化的教育信息化策略。

遵循上述原则，MP2 从课程与评估、教师专业发展、学校能力培养、研究与开发、基础设施与技术支持五个方面进行战略规划，制定完整的系统化的方法，有机地将信息技术全面有效地整合到这些关键领域，积极挖掘信息技术在教育中的应用潜能。

目标设置的不同，导致了实施策略的不同，见表 7–1。

表 7–1 MP1 与 MP2 实施策略之比较

	MP1	MP2
课程整合	应用信息技术强化课程内容的传输	从课程规划和设计阶段开始实现信息技术与课程的无缝整合
学习资源	使用大量静态印刷的学习资源和基于光盘的学习资源	根据学习对象运用基于网络的动态资源库
教师信息技术能力	为教师将信息技术整合到课程中的能力提供一个基本设置	为教师将信息技术整合到课程中的能力提供更宽广的选择
教学法	教师为中心的教学法	学生为中心的教学法

续表

	MP1	MP2
学校信息技术应用	为所有学校提供标准的信息技术规定	给予所有学校更多的自主，让学校基于学生的学习需要决定信息技术规定
	应用完全统一化的实施规划，使学校信息技术整合到课程的能力高于标准水平	在信息技术整合到课程方面，应用用户化定制的能力导向的实施规划，它基于实际学生的需要，能够迎合特殊学校和学生群体的不同需求

　　MP2 继承和发展 MP1 的实施策略，在课程整合方面，不仅将信息技术整合到传统课程中并强化课程内容的传输，而且在课程规划和设计阶段就将信息技术融入课程中，实现信息技术与课程的无缝整合。教师专业发展方面，不局限于教师，学校领导者也被纳入。从人力资源发展的"培训"视角转变到"教师专业发展"的"发展"视角，由教师基本信息技术技能的培训转向信息技术能力的发展，将教师的信息技术能力融入教师专业发展的范畴之中。从专业发展的角度出发，培养教师终身学习的理念，将信息技术能力作为其终身发展的能力之一。在基础设施建设和技术支持方面，致力于创建一个基于信息技术的学习环境，创建学校的信息技术文化，提供灵活的技术支持和咨询服务。MP2 增加了学校能力培养领域，给予学校更多的自主权，帮助学校规划自身的教育信息化策略，积极推进在教育教学中应用信息技术，并鼓励学校的自主创新和实践。为了实现教育信息化，更好地将信息技术应用到教育教学之中，MP2 还进行了对信息技术教育应用的研究与开发工作。

　　总之，二期规划将通过课程与评估、教师专业发展、学校能力培养、研究与开发、基础设施与技术支持五个领域的战略实施，积极推进信息技术在中小学校教育和教学中的应用。提高学校信息化水平，实现信息化教学，提高和发展教师、学生以及学校的信息技术应用能力，培养终身学习者。

三、教育信息化三期规划（**MP3**）——利用信息技术改变学习者

2008年8月5日，MP3在总结前两期规划经验的基础上，发布并启动。MP3旨在将信息技术融入教育过程的核心，寻找信息技术应用的突破口，鼓励信息技术的创新应用与实践共享，从而利用信息技术改变学习者。

（一）目标分析

MP3延续MP1、MP2的愿景和指导思想，在此基础上提出"利用信息技术，改变学习者"（Harnessing ICT，Transforming Learners）的愿景，据此设置了一个总体的预期目标，并根据这个预期目标制订了三个可执行的目标。

MP3的愿景"利用信息技术，改变学习者"聚焦于学生和教师两个群体，将两者均视为学习者。通过信息技术的应用，学习将不再局限于课堂和教室之内，可以是学习者选择的任何时间和任何地点，实现随时随地学习。

总体的预期目标是：通过信息技术的有效运用培养学生自我导向学习（Self-directed Learning）和协作学习（Collaborative Learning）的能力，并使其成为眼光敏锐的负责任的信息技术使用者。

三个可执行目标是：学校领导者为学习和教学中信息技术的使用提供指导并创造条件；教师具备为学生规划和传递富含信息技术的学习经验使其成为自我导向学习者和协作学习者，并培养学生成为眼光敏锐的负责任的信息技术使用者的能力；信息技术基础设施为随时随地学习提供支持。

总体预期目标是MP3的最终结果，是可执行目标产生的根据，而只有通过可执行目标的执行和实现，才能达到总体的预期目标。

（二）目标实现的战略设计

MP3目标的实现要关注五大领域，即信息技术应用于课程与教学法和评估，网络健康，专业发展，研究与开发，信息技术基础设施。为在这五大领域落实MP3的内容，实现其预期目标，制订了四大总体发展战略：(1)通过加强信息技术与课程、教学法和评估的整合，提高学习效果，培养21世纪技能；(2)强调教师能力和技能的提高，为教师规划不同的职

业发展之路；（3）促进最佳实践和成功创新经验的共享；（4）改善学校信息化条件，为第三期规划的实施提供支持。①

1. 课程、教学法和评估

一是将富含信息技术（ICT-enriched）的学习目标嵌入教学大纲之中，将为特定学科界定和设置其核心的富含信息技术的学习目标，先进行试点，经过实践和调整改进后进行大规模实施和推广应用，为其写入教学大纲奠定基础。二是评估中信息技术的应用。在评估中，为超越标准测试仪器的局限，先在特定学科评估中尝试应用信息技术，扩展用于学生学习评估中的工具，在学生日常学习中为实施核心的富含信息技术的学习目标提供支持。三是将建立专门的平台——信息技术连接网（The ICT Connection），为中小学校学习和教学中信息技术的想法和创新等提供支持。四是计划为所有学生开发一套信息能力标准。这个标准中包含了参与化学习中学生必备的核心信息技术技能。

2. 网络健康

网络健康是 MP3 涉及的新领域。MP3 为网络健康领域信息技术的应用制定发展规划：一是将网络健康的内容融入适合的学科课程中，进行网络健康教育；二是进行网络健康研究并提供在线评估工具；三是提供网络健康资源，推动其发展。

3. 专业发展

教师在教育信息化建设中具有不可替代的重要作用，培养教师的信息技术能力，促进教师专业发展是教育信息化中不变的主题。MP3 要求开发教育信息化专业发展模式，培训信息技术专家型教师。提出教师信息技术能力的认可和奖励，为学校提供支持和咨询，为教师创造环境，使教师能够进行充分的交流和学习，探讨在实践中如何有效地把信息技术整合到课堂中，从而提高学习效果。

---

① 唐科莉：《新加坡教育信息化第三期规划的目标与战略》，《基础教育参考》2009 年第 4 期。

4. 研究与开发

教育部将为教育实验室网络的建立提供支持，这些教育实验室将提供最新的技术以推进对学习可行性的探索，还可以将其作为职前教师培养和在职教师培训的基地。教育实验室网络是创新产生和试验的基地，能够促进最佳教学实践的共享。教育部也将继续支持学校在信息技术应用上的创新，支持其实践创新，并推动优秀的成功实践在学校间的共享。

5. 信息技术基础设施

对信息技术基础设施的建设将转向更加灵活的方向，如无线网络接入、在更多学校实现学生每人一台笔记本、提供更高的网络带宽等，通过对这些较灵活和移动的信息技术基础设施的支持，拓宽学生接触和利用信息技术的机会，从而更加方便快捷地在教育和教学领域中应用信息技术，实现随时随地学习。

由表 7–2 可知，MP3 与 MP2 最大的不同点是增加了一个新的应用领域——网络健康，将其视为新的专门领域，反映了 MP3 对网络健康的重视。在课程整合领域，转向对于学习目标和教学大纲的改革，将富含信息技术的学习目标嵌入教学大纲之中，并侧重于教学法层面。评估领域中，从扩大评估的范围和方式，转到将信息技术应用于特定学科的评估中并展开试点研究。在教师专业发展中，扩展主体，由教师扩充到学校中所有教职员工，由整合的、持续的教师专业发展模式发展为系统化和体系化的教育信息化教师专业发展模式，对教师的信息技术能力进行认证并给予奖励。研究与开发领域，设立专门的研究网络，研究向教学法方面侧重，并且重视创新应用和成功实践的共享。而在信息技术基础设施方面，从创建基于信息技术的学习环境提升到支持随时随地学习的需要。

表 7–2　MP2 与 MP3 实施战略之比较

应用领域	MP2	MP3
课程整合	将信息技术与课程内容整合，建立动态灵活的新型课程	富含信息技术（ICT-enriched）的学习目标嵌入教学大纲之中，侧重于教学法领域

续表

应用领域	MP2	MP3
网络健康	非专门领域	新的专门领域，课程整合中的网络健康框架，相关研究与在线评估
评估	扩大评估的范围和方式	信息技术应用于特定学科评估之中并展开试点研究
教师专业发展	主要对象为教师，建立整合的、持续的教师专业发展模式	建立教育信息化专业发展模式，培养信息技术专家型教师，进行教师信息技术能力认证和奖励
研究与开发	信息技术对教和学的影响研究、新技术的研究以及国际比较研究	建立教育实验室网络，推进研发工作，侧重教学法方面，促进创新和优秀实践的共享
信息技术基础设施	创建基于信息技术的学习环境	支持随时随地学习的需要

MP3 在前两期规划的基础上，以"利用信息技术，改变学习者"为总体愿景制定策略，在课程与教学法和评估、网络健康、专业发展、研究与开发、信息技术基础设施五大领域应用信息技术，使信息技术基础设施为学习提供支持，让学校领导者为教学和学习者信息技术的使用创造条件并提供指导，使教师具备为学生规划和传递富含信息技术的学习经验的能力，最终实现通过信息技术的有效运用培养学生自我导向学习和协作学习的能力，并使学生成为眼光敏锐的负责任的信息技术使用者，实现利用信息技术改变学习者的总体愿景。

新加坡教育信息化规划是一个连续和发展的过程。MP1 着眼于课程与评估、内容和学习资源、物质和技术基础、人力资源开发四个领域，制定战略规划将信息技术应用于教育和教学领域之中，强调基础设施建设和教师基本信息技术技能的掌握，为进一步将信息技术应用于教育教学领域奠定基础。MP2 在一期规划的基础之上进一步将信息技术全面有效地整合到教育教学的各个环节，运用系统化的方法将信息技术有机地整合到课程与评估、教师专业发展、学校能力培养、研究与开发、基础设施与技术支持五个关键领域。创设信息化的学习环境和学校的信息技术化，从专业发展的视角提升教师的信息技术能力水平，给予学校更多的自主权，积极鼓励创新，开始注重对信息技术教育应用的研究和开发，从而促进信息技术在教育中更加广泛和全面的应用。MP3 要利用信息技术来改变学习者，将信息技术广泛应用于课程与教学法和评估、网络健康、专业发展、研究与开发、信息技术基础设施五大领域，构建学习虚拟社区，发展学校、教师和学生各自的信息技术应用能力，让学习者成为自我导向学习者和协作学习者，突破时间和空间的限制，实现随时随地学习。

第三节　新加坡教育信息化规划在中小学教育中的实施

一、新加坡中小学得以推进教育信息化规划的优势

作为一个城市国家，新加坡能够克服其自然资源上的先天不足，获得快速发展，其中一个非常重要的因素是其对人才的重视。人才是新加坡赖以生存的重要命脉，而学校教育，尤其是中小学教育是新加坡培养人才的基地。新加坡一直以来坚持人才强国的方针，在致力于国民经济建设和发展的同时，高度重视教育的发展，推行教育立国，增加教育投资，通过不断的探索和实践，沿着普及基础教育——提高基础教育的质量——优化基础教育——走向理想的基础教育的路径改革和发展教育事业。

一是能力本位的新加坡中小学教育理念。新加坡中小学教育以能力为本位，从小学阶段开始就多次进行分流，不断选拔，根据不同学生的学习实际情况以及能力、兴趣等多种因素区别对待，提供灵活多元的课程安排，致力于为每位学生提供适合其兴趣和能力发展的课程和教学。这样有利于每个学生循序渐进地发展自己独特的天赋和个性，发挥自己的专长，走不同的发展之路。而只有在教育教学领域中运用信息技术，才能更好地为不同的学生提供合适的教学资源和课程选择，优化教学过程，提高教育教学的效率和效果，促进学生的个性发展。另外，教育信息化的目的之一就是培养适应信息社会需求的创新人才，而创新人才培养必然以能力为本

位，这与新加坡中小学的教育理念相吻合，教育信息化的实施能够促进新加坡中小学教育理念的实现。因此，新加坡中小学教育要培养人才，促进学生发展，必然需要在教育教学领域应用信息技术，走教育信息化之路。两者是相辅相成、互相促进的。

二是新加坡中小学教育规模"聚"与"小"的特征。新加坡中小学校的规模分布表现为"聚"，有利于教育部对中小学校实行统一集中的管理，从而使得新加坡教育信息化规划在中小学校的实施能够直接得到教育部的指导和支持；而中小学校班级规模的"小"有利于信息技术在课堂中的运用，利于先进的教育形式和教学方法的实施，从而实现信息化教学。新加坡中小学教育规模的"聚"与"小"从不同侧面促进了信息技术在中小学校的应用，"聚"与"小"相结合能够有效推进教育信息化规划在中小学教育和教学中的实施。

三是直接和高效的新加坡中小学教育管理。教育部对中小学校实施一级管理体制，而学校内部则是校长负责制，组成简明高效的学校管理机构，进行严格和务实的管理，从而保证学校各项工作高效有序地运行。对于新加坡教育信息化规划在中小学校中的实施，这种教育部对学校的直接管理和简明高效的内部管理的体制无疑是一大优势。此外，新加坡中小学各级教育中以能力为本位的人才培养理念，实施教育分流从而为不同学生配置个性化的发展之路，中小学校规模分布上的"聚"与班级规模"小"的特征均有利于新加坡教育信息化总体规划在中小学校的具体实施。

二、新加坡教育信息化规划在中小学的实施项目

新加坡教育信息化规划是一个循序渐进的过程，从注重基础设施建设，到创建信息化校园环境和文化，再到实现随时随地学习，不论是课程、教学、评估、基础设施、学习资源、研究开发还是教师专业发展，不变的是要利用信息技术改善教育教学，培养信息化人才。新加坡的中小学教育根据学生的学习能力、兴趣等多种因素，为学生提供灵活多元的课程学习，学生可以选择适合自己能力和兴趣的课程和教学，循序渐进地发展

自己独特的天赋和个性，实现全面发展，成为 21 世纪社会需要的人才。因此，要实现中小学教育信息化，就必须在中小学实施教育信息化规划。

教育部教育科技司等部门对于中小学校中的教育信息化具有统领、推进和引导作用。而要在中小学教育中实现教育信息化，最重要的还是学校本身的努力，即学校如何在教育教学各个方面融入信息技术的因素，实现信息化的教学、学习和管理等。在教育信息化规划的实施过程中，先由教育科技司等部门根据现状制定可行的方案、计划或者项目，中小学校在其支持和指导下，推行并具体实施这些方案、计划或项目，从而达到在中小学校中应用信息技术改善教育和教学的目的，实现教育信息化。

新加坡教育信息化规划的三期规划均制定了一些切实可行的项目来推进中小学的教育信息化，如"背包网"（Backpack.NET）、"信息技术领导学校"（LEAD ICT @School）和"新加坡未来学校"（FutureSchools @ Singapore），通过其在中小学校的实施，可以审视新加坡教育信息化规划在中小学校的实施情况。

（一）"背包网"项目

1."背包网"项目的目标和意义

"背包网"是新加坡资讯通讯发展管理局、新加坡微软集团在新加坡教育部和国家教育学院的支持下共同合作开发的，通过将信息技术应用于教育以达到加强学习经验的目的。这个五年项目开始于 2003 年 10 月，主动利用如平板电脑和数字墨水应用来满足数字化教学环境中师生的特殊需要，让教育脱离粉笔和谈话的限制，创造一个蕴含学习潜力的新世界。具体有以下四个目标[①]：为教育中的信息通信技术创建测试平台环境；为新加坡社区教育的软件和数字内容解决方案的发展提供可行的基础设施；通过在教育市场的战略合作，使信息通信业获得价值创新；加强新加坡作为数码生活实验室的地位和在其教育中应用信息技术的领导地位。

---

① Backpack.NET, "Creating a New World of Learning Possibilities", 2011 年 1 月 10 日, http：//www.ida.gov.sg/doc/Programmes/Programmes_Level2/BPN%20Brochure%2022-02-06.pdf.

"背包网"的实施对新加坡的教育教学产生了巨大的影响，具有重要意义。通过"背包网"，学校利用新兴的信息技术使其更深入地融入学习中，从而提升教育环境的质量；学生通过使用也能够体验蕴含学习潜力的新世界；从"背包网"计划对信息技术基础设施和对新观点的开发和测试的生态系统的创设投资中，教育相关部门和信息通讯业也能获得收益；另外，开发者社区中的企业合作伙伴还将获得全球化的电子学习市场的市场份额。

2."背包网"项目的组成——四大支柱

"背包网"项目包含四大核心组成部分，分别是①：领航和试点（Pilots and trials）、开发者社区（Developers' community）、未来课堂（Classroom of the Future Live）和教育研究与开发（Education research and development），它们是"背包网"计划的核心和支柱，如图 7-1 所示。

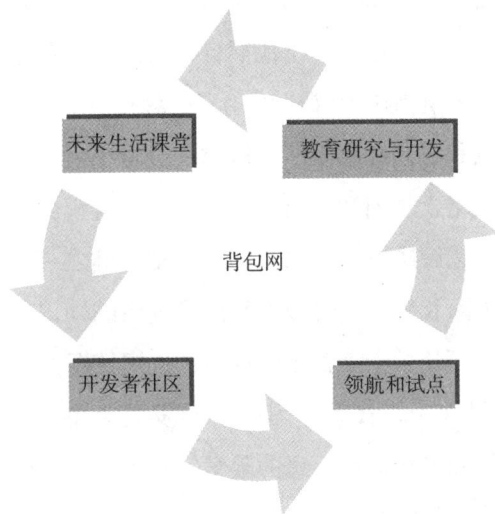

图 7-1　"背包网"的组成

选定学校进行试点，发挥试点的影响作用，到 2005 年底，中学一

---

① Backpack.NET，Creating a New World of Learning Possibilities，2011 年 1 月 10 日，http: //www.ida.gov.sg/doc/Programmes/Programmes_Level2/BPN%20Brochure%2022-02-06.pdf.

到四年级已有超过 3000 名学生和 165 名教师在日常学习中体验着基于平板电脑的学习经验①；未来生活课堂（2005 年设立）展示了使用技术强化学习的可能性和潜力，让学生见识技术是如何整合到教育之中并逐渐转化应用于日常学习中的；"背包网"中心（Backpack.NET Centre）的成立（2005 年）为教育者和技术开发者提供了一个孕育新观点和思想的平台；开发者社区成为能够孕育和产生如数字墨水应用等新兴技术的生态系统。

3."背包网"项目的学校实践——克信女子中学的克信移动学习

2004 年 7 月，克信女子中学（Crescent Girls' School）开始实施其移动学习（Mobile-Learning @Crescent，m-learning）项目，将平板电脑广泛应用于所有学科中，并在地理、数学、英语和美术学科中应用为其开发的特殊软件，从而创设了一个多功能的学习平台和环境。例如，学生使用平板电脑进行数字化漫画绘图，使用相关软件将乐器连接到他们的平板电脑上来进行乐器演奏，教师也开发了他们自己的课程资源包。

实施发现，平板电脑能够帮助学生更容易地获得信息、拓展学习环境、寻找创新观点和批判性思维所需资源、进行小组讨论。学生能够发展自己独特的学习策略、规划学习目标、评价学习过程、定义问题领域并制定具有选择性的问题解决方案。家长的支持是关键之一，学校专门组建工作小组来增强学生家长关于信息技术和网络健康的知识，并将每年发表移动学习的报告，从而让学生家长了解项目的进展情况。

前校长李美晏表示，移动学习的经验发展了整个学校社区的潜力，教师成为更加自信和能够进行反思的教学实践者，学生成为更加独立的能够为自己的学习负责的学习者。

---

① Koh Thiam Seng, Lee Sai Choo, "Information communication technology in education：Singapore's IC-T masterplans, 1997-2008", Singapore：World Scientific Pub, 2008, p.175.

（二）"信息技术领导学校"项目

1. 产生与发展[①]

信息技术领导学校（LEAD ICT @School）的前身是孵化器学校计划（2003 年），选择部分学校作为试点进行信息技术创新应用，通过实践开发学习中应用信息技术的模式，以便其他学校进行模仿。2006 年，孵化器学校计划更名为信息技术领导学校，在更广泛的范围内培训更多的学校，使学校发展其在教育教学领域运用信息技术的潜力和能力，实现更高水平的信息技术教育应用。

信息技术领导学校在教育中应用许多新兴的技术来优化教育和教学过程，如虚拟世界、教育游戏、移动学习、用户创建内容、机器人技术等。在已有的 68 所信息技术领导学校中，有 8 所学校在基于研究的基础上致力于对新兴的教学法的应用和实践，60 所学校则基于实践的努力，它至少在一个教育层次上并且至少在一个学科中应用新的有效的信息技术的教学法，以开发基于信息技术的教学法应用模式。

教育部对学校提供不同程度的支持。每所信息技术领导学校能够得到 100000 新元的资金，在三年的时间内发展自己的信息技术应用研究或实践项目。基于参与、授权和经验三个目标，建立实践社区（Community of Practice，CoP），推动和促进各信息技术领导学校之间积极的合作和共享。

2. 学校实践

芽笼美以美小学（Geylang Methodist School（Primary），GMS（P））开始于 2006 年的信息技术领导学校项目是基于实践上的探索。利用信息技术促进和支持有意义的学习，并培养关键的思维技能，通过互动的数字化资源、数据操作和多样化的知识表现可以实现对内容和知识的主动学习。

---

① 参见 Koh Thiam Seng，Lee Sai Choo，"Information communication technology in education：Singapore's ICT masterplans，1997-2008"，Singapore：World Scientific Pub，2008，pp.186-192。

将电子表格、几何画板、虚拟教室、互动数字化资源等应用到四、五年级的数学教学中（见表7-3所示），以实现其预期目标：①覆盖约四年级数学课程的30%和五年级数学课程的50%的主题；②学生能够边干边学，与同伴合作并接收反馈信息以修正自己的理解和建构新知识；③学生能够将学习与其日常生活连接起来并进行数学交流；④教师掌握新的信息技术技能从而设计学习任务；⑤教师能够熟练运用计算机作为智能合作伙伴来支持数学教学法；⑥教师作为调解者为学生发现和构建概念提供机会和资源。

表7-3 Lead ICT@ GMS（P）的工具形式、功能和示例

工具形式	功能	信息技术应用的示例
可视化	帮助学生识别模式、趋势和关系，并描述数学思想变化之间存在怎样的联系	电子表格、几何画板和来源于网络的互动数字资源被用于使学生通过探索"假设"场景来获得对数学概念的更加清晰和明了的理解
会话讨论	支持学生商议意义和知识的社会过程，并使教师和学生能够随时随地参与到数学学习中	作为合作工具的虚拟趣味教室被用于推进数学交流、解释信息以及采取合适的措施。微博被用于谈论特定议题，从而使学生能够获得对于数学概念和过程更好的理解
知识建构	为学生提供一个配备了一整套基于信息技术的工具的综合性学习环境，以支持对于数学某些子域的建构或重新建构	台式机、平板电脑、无线网络、建构和虚拟趣味教室被运用来使学生与虚拟的和物理的世界进行互动，从而进入到对于数学思想的探索中

资料来源：Geylang Methodist School（Primary），"We Are"，2018年10月5日，http：//www.gmsp.edu.sg/LeadICT/right.asp？id＝17.

到2007年，已有四年级9个班的358名学生参与到此项目；而到2008年，实现了四、五年级全员参与，并逐步拓展到了英语、科学和美术等学科中。

到2008年项目结束时，基本实现了预期目标。2009年，学校申请并得到了教育部的25000新元的资金继续发展此项目，争取在所有年级的所

有学科教学中运用信息技术来促进教学，进行信息化教学的实践。

（三）"新加坡未来学校"项目

1. 产生与发展

新加坡未来学校（FutureSchools@ Singapore）是新加坡教育部和资讯通信发展管理局合作共同开发的促进学校信息技术应用的项目。2006年，教育部邀请 78 所学校参与新加坡未来学校项目的申请，并于 2007年 5 月确定了第一批 5 所新加坡未来学校。2008 年 3 月，新加坡科技中学（School of Science and Technology）成为第六所新加坡未来学校，将于 2010 年开始实施。2011 年 4 月，南侨小学（Nan Chiau Primary School）和义安中学（Ngee Ann Secondary School）获选加入新加坡未来学校项目，使项目学校达到 8 所。

2. 目的与策略

新加坡未来学校的开发不仅是为了满足学生的学习需要，而且还要为实现信息技术全面整合到学校教育中提供可行的模式。一方面，学校利用在课程和教学（法）中包括互动数字媒体等信息通信技术的使用促使学生掌握未来社会需要的必备技能和性格气质；另一方面，通过学校、行业、研究组织和社区之间的战略合作，期望能够促进开发新兴的信息技术与教学法完美融合的教育产品和服务，并推广到其他学校，产生倍数效应。

进行分阶段实施，从而保证所使用的技术手段是最新的。重点是利用新兴的基于信息技术工具的教学方法和灵活的学习环境来改善教学，提高学校信息化水平。学校与企业、组织、研究机构等合作，据项目总体目标和学校实际设定预期目标与焦点问题，合作伙伴为学校提供技术支持与学习支持方案，学校制定并实施具体方案和措施，并根据自己不同的实际情况发展自己的特色，完成其独特的目标和任务。第一批 5 所学校建设未来学校的目标定位及其学习支持方案如表 7–4 所示。

表 7-4　目标定位与学习支持方案

学校名称	目标定位	学习支持方案
崇辉小学	畅想未来，不同的视角	Beacon World
康培小学	赋权未来的今天——创造者在 21 世纪及以后	CANBERRA LIVE!
克信女子中学	授权学习者	i-CONNECT@CRESCENT
华侨中学	充满激情的无边界学习机构	Haw Chong Nexus（HCnX）
裕廊中学	网络化学习社区	Problem-Based Learning-Authentic Learning（PBL-AL）

3. 学校实践——崇辉小学：畅想未来，不同的视角

崇辉小学致力于利用技术促进参与化学习，为学生创设一个充满激励的学习环境。学生的学习将从知识、技能和价值观的学习扩展到畅想未来、体现个性化能力的培养，每个学生都能从自己独特的视角来畅想未来。

其项目合作伙伴为其设计了一个三维互动的虚拟学校环境——崇辉世界（Beacon World），学校在信息技术与教育以及与学习管理系统的整合中应用崇辉世界这个虚拟社区来支持教学和学习活动。多种数字学习空间和主要的创新方案是崇辉小学建设新加坡未来学校的重心所在。

崇辉小学利用信息技术建设了多样化的学校空间环境，包括技术支持的物理空间环境和三维虚拟学习社区。

崇辉小学制定项目方案，在三个领域实施其定制课程以促进学生全面整体发展。在媒体和艺术领域，通过将不同学科整合到方案中，让学生发展其在各种数字媒体环境中创造性地沟通观点、感受和经验的能力；调查研究领域旨在通过调查研究领域的三大主要支柱——调查教学法、问题解决、数学与科学内容的整合来发展学生的探究和推理能力；健康（Wellness）领域旨在为发展学生的技能、价值观和态度，使其能够管理自己的学习、情感发展、社会互动和身体健康。

通过项目实施，崇辉小学看到了自己在新加坡教育信息化中独特的

优势地位，形成了自己在信息技术、模拟、动画以及寓教于乐中的强大能力，进行学校本身的教育信息化建设。

新加坡教育信息化规划在中小学教育的实施主要是在中小学校进行的。新加坡教育部教育科技司对信息技术在中小学校教育和教学中的应用进行总体的规划，并联合相关部门制定具体的实施项目或者计划，而中小学校承接教育信息化的相关项目。例如"背包网"、信息技术领导学校和新加坡未来学校，结合本校的实际情况，制定本学校切实可行的实施方案，进行具体实施，建设学校的信息技术设施，利用教育部和相关合作伙伴提供的技术支持，创设信息化的学习环境和校园文化，将信息技术整合到课程和教学的各个环节，实现信息化教学和管理，提高学校的信息化水平，培养符合信息化社会需求的信息化人才。

第四节　新加坡教育信息化规划的效果与特点

一、教育信息化规划的实施效果分析

在教育部的总体指导下，新加坡教育信息化规划在中小学教育中进行具体实施，一期规划和二期规划分别在 2002 年和 2008 年顺利结束，达到了其预期目标，主要体现在信息技术基础设施建设、信息技术在课程和评估中的应用以及信息技术能力发展等方面。

(一) 信息技术基础设施建设基本达标

信息技术基础设施建设是学校进行教育信息化建设的基础，MP1 的重点之一就是为中小学校配置信息技术基础设施，教育部制定了中小学校的信息技术基础设施的国家标准，并分阶段逐步实现。1997 年，22 所首批示范学校的信息技术基础设施达标；到 1998 年，增加到 90 所；至 1999 年，有 250 所学校达到了国家规定的标准配置。到 MP1 结束时，新加坡所有中小学校都达到了国家规定的信息技术基础设施标准，不仅硬件设施达标，软件资源也达到了初步的应用效果。

一是实现了教育部和所有学校的网络连通，教育部可以通过网络关

注各个学校的最新信息并在管理和教学方面给予指导。二是建成了学校内部网络，为各个学习区配置电脑和数字化媒体资源，实现高速上网。三是为师生配置计算机，学校中平均每两名教师能够拥有一台笔记本电脑，在小学中，学生与计算机之比达到 6.6∶1；而在中学中，生机比则达到了 5∶1。四是课程相关配套资源的开发，新加坡教育部、学校和企业合作开发课程软件包和光盘资源，并已形成规模，形成商业化模式。

此外，教育科技司于 1998 年组建了一个在线的资源平台——"教育电子坊"（edu.MALL），作为资源的"商店"，为教学和学习提供信息化教育资源。2004 年，"教育电子坊"进行了改版，从原来的四个资源版块增加到九个版块，从教师的资源平台扩展为进行合作共建的平台。到 2008 年，"教育电子坊"并入了一个新的平台——连接信息通信技术（The ICT Connection）成为一个覆盖全国的学习平台，为学校、教师、学生和家长沟通、交流、学习和合作提供了信息化场所。

（二）信息技术在课程和评估领域得到有效运用

信息技术基础设施建设基本达标后，新加坡教育信息化规划将信息技术有效应用到课程和评估领域之中，信息技术与课程整合和在评估领域中的应用也达到了良好的效果，实现了信息技术与课程的整合。最初，信息技术仅被应用于中小学的英文、数学、科学和华文以及中学的地理、历史、英国文学、公民和道德教育课程中，随后逐渐辐射到中小学的所有学科。初期阶段只是利用信息技术手段呈现课程和教学信息，促进教学。随后逐步发展到教师和学生利用信息技术手段有效解决问题和交流思想。信息技术融入课程和教学的所有方面，课程和教学不再仅仅是教师传授知识的过程，更多的是通过信息技术与课程的融合带来教学方式和教学法的变革。

信息技术手段也进入了评估领域，改善了评估的方式和方法，提升了评估的效率。一是将部分学科的测试试卷直接变成计算机形式；二是利用信息技术获取相关数据并进行分析处理，并根据分析结果作出诊断性的评价，为改革教学方式和学习方式等提供支持；三是建立了评估系统，如适应性测试系统和自动评分系统等；四是自我评估的发展。总之，新加坡教育信息化规划将信息技术带入了评估领域之中，依托信息技术的技术优势，评估的方式和方法得到改进，评估的有效性得到了提升，评估的效率得到了提高。

（三）教师和学生的信息技术能力获得有效提升

教育信息化的最终目的是培养信息化人才，让其掌握必备的信息技术技能。要实现这个目的，首先对教师进行信息技术技能的培训与提升，教师再通过课程和教学活动培养学生的信息技术技能。

1.教师信息技术能力融入教师专业发展之中

MP1结束时，约24000名教师接受了30—50小时的强制性在职培训[①]。培训课程涵盖了信息技术资源使用的各项要素，通过课程示范、建模、亲身实践活动等，使学校教师掌握把信息技术整合到学校课程教学的技能。教师基本上掌握了把计算机作为一种教学工具和选择合适的信息技术学习资源的基本技能，虽然在信息技术与课程整合能力方面存在较大差异。

而在MP2中，从"培训"转向了"发展"，从在职培训扩展到专业发展领域，教师信息技术能力成为教师专业发展的必备技能，从职前教育阶段开始就将这一理念融入教师的培养之中。新加坡国家教育学院和教育部教育科技司设计了教师培训和发展的框架以及配套的教师培训课程，建立了教育信息化教师专业发展模式。它帮助教师在信息技术的支持下，设计学习和课程内容，制定和引导课程活动，以更好地向学生传送和确认新习得的知识和技能。

新加坡所有教师都能够熟练使用基本的信息技术工具，而且有三分之二的教师能够利用信息技术工具和资源来支持课程和教学，教师的信息技术能力已经融入专业发展体系中，成为必备的基本技能。

2.学生信息技术能力得到快速提升

培养信息化人才是教育信息化的最终目的，教师信息技术能力的培

———————————

① 王佑镁：《新加坡教师教育信息化专业发展模式简述》，《教育信息化》2006年Z1期。

养也是为更好地培养和提升学生的信息技术能力服务的。

信息技术教育课程是进行学生信息技术能力培养的主要载体，2000年新加坡已经在所有中小学普及了信息技术课程，现今已经成为必修课程，与英语、数学等课程处于同等重要的地位，也是教育分流测试的必考科目之一。除了信息技术课程之外，30%的学校课程已经实现计算机教学，所有的学习领域都可以为学生提供利用信息技术的机会，部分学校创建了网络化的学习社区，学生的学习不再受课堂教学的限制，学生能够在学习的实践中提升自身的信息技术能力。

学生的信息技能得到了快速提升，学生能够熟练使用基本的信息技术工具，如网络、电子邮件和文字处理等。多数学生已经掌握了在线学习的能力，所有小学四年级及以上的教师和学生都拥有自己的E-mail账号，能够在网络学习平台上与他人进行沟通、合作和学习。

二、教育信息化规划及实施的特点分析

在自身不断完善和在中小学教育的实施过程中，新加坡教育信息化规划逐渐体现出了其存在的特点，如政策制定与实施的连续性与发展性、职能管理部门的高效性、学校实施层面的自主创新性和社会各界的多方参与性。与此同时，新加坡教育信息化规划也表现出其不足之处，如集中管理与学校自主之间的难协调性。

(一) 政策制定与实施的连续性与发展性

为实现教育信息化，教育部制定了新加坡教育信息化的总体规划，即MP1、MP2和MP3。从时间上看，是一个连续的过程，从内容上看，三期规划均涉及课程、评估、基础设施、教师专业发展等领域，且在这些领域的信息技术应用是逐步深入的。如信息技术与课程整合方面，MP1利用信息技术手段呈现课程内容，MP2从课程规划阶段开始就将信息技术融入课程，而MP3则进一步将富含信息技术的学习目标写入教学大纲，信息技术逐步深入地整合到课程之中。MP1注重基础，尤其是基础设施的建设和教师基本信息技术技能的培训，为后两期规划奠定基础；MP2在

一期规划的基础上实现信息技术与课程的融合，促进信息技术在教育和教学领域的全面有效应用，提出学校能力培养并注重研究与开发，为教育信息化的创新播下种子；而 MP3 则注重创新和共享，在前两期的基础上，创新应用信息技术，利用信息技术改变学习者，实现随时随地学习，并增加了网络健康的领域。可见，新加坡教育信息化规划既体现着其连续性，又具有发展性的特点。

（二）职能管理部门的高效性

新加坡实行的是一级管理体制，教育部直接管理中小学校，教育部设有教育科技司，统筹、规划、协调和指导全国教育信息化工作，专门总体负责教育信息化规划及其实施工作。而教育部下属的课程规划和发展司（CPDD）、组织发展司（ODD）下的信息技术科（ITB）及培训与发展局（TDD）等也发挥各自的作用，共同推动新加坡教育信息化稳步向前发展。

而在中小学校内部，实行的是校长负责制，在校长的领导之下组建高效的学校管理机构，进行严格、务实的管理，从而保证学校各项教学和管理活动能够有序高效地运行。设有专门的计算机主任，负责学校教育信息化的各项工作并与教育部等部门保持联系。新加坡中小学校这种高效的管理体制有利于教育信息化规划在中小学教育的实施。

（三）学校实施层面的自主创新性

中小学学校层面的自主创新也是新加坡教育信息化规划的特点之一。

在教育信息化的过程中，教育部并未对各个学校的教育信息化建设作出硬性的统一规定，而是给予学校更大的自主权，让学校根据自己的实际情况制定合适的实施方案，经教育部批准后再付诸实践。其中，尤其鼓励学校进行教育信息化的创新，学校在教育教学中运用信息技术手段，并进行研究和实践探索，实现信息技术在教育领域中的创新，即教育信息化的创新。例如，信息技术领导学校和新加坡未来学校均是为促进信息技术创新使用而开发的项目。

（四）社会各界的多方参与性

新加坡教育信息化的实施离不开新加坡社会各界的多方参与与支持，这也是新加坡教育信息化的特点之一。

新加坡的教育信息化与社会的信息化发展是融合在一起的，新加坡资讯通讯发展管理局是新加坡信息化的专门部门，能够为新加坡教育信息化规划及其实施提供政策规划及实施方面的建议和意见，而且能够与教育部合作进行教育信息化的项目设计和开发。高等学校和组织机构在教育信息化规划及其实施中的研究与开发方面发展其优势，提供支持和帮助，其中新加坡国家教育学院是教师培养和培训的专业和专门机构，在教师专业发展领域具有不可替代的作用。相关的行业和企业与教育部或学校进行合作，为学校技术支持和咨询服务等。例如，教育部、学校与企业合作开发课程资源包，新加坡未来学校中由企业团体为学校提供学习支持方案等。此外，社会各界人士也认识到教育信息化的重要性，纷纷关注教育信息化建设。

（五）集中管理与学校自主之间的难协调性

在新加坡教育信息化及其实施中，除了以上的特点与优势外，也存在着一些问题与不足之处。新加坡的一级管理体制要求对教育信息化的各项事宜进行集中统一管理，但教育部又给予学校充分的自主权，鼓励中小学校对本校的教育信息化工作进行自主管理和创新。于是，两者之间就出现了一定的矛盾，追求高效管理会影响学校的自主性的发挥，而赋予学校自主管理和创新的权限也必然会增加管理的难度，在教育信息化建设中，两者之间的协调问题是难点之一。新加坡教育信息化规划及其实施中，也存在着集中管理和学校自主性之间的协调问题，两者之间的协调需要进一步改善和加强。

此外，虽然教师和学生的信息技术能力得到了有效提升，都能够达到基本应用的水平，但是在其信息技术应用水平方面还是存在差异，需要进一步加强。而且关于教师信息技术能力还未形成统一的国家标准，也还没能为所有学生设置统一的信息技术能力标准，因此仍需要进一步努力。

从内容方面看，MP1、MP2和MP3循序渐进，从注重基础设施建设，到实现将信息技术全面有效地整合到教育和教学之中，再到利用信息技术改变学习者，从而实现随时随地学习。从在中小学的实施过程看，是在教育科技司的总体规划、相关组织和企业的支持下，学校拥有自主权，结合自身实际，制定并实施方案，将信息技术应用于教育和教学的各个领域，实现学校的教育信息化。

从实施的效果看，MP1、MP2均达到了预期的目标，信息技术基础设施建设达到国家要求，形成了覆盖全国的信息化网络平台，实现了信息技术与课程的整合。将信息技术应用到评估之中，改变了评估的方式和方法，提高了评估的效率和有效性。教师具备了使用信息技术进行教学的能力且信息技术能力已经融入教师专业发展的体系之中，学生的信息技术能力也得到了快速提升，教育信息化规划获得了良好的效果。

新加坡教育信息化规划有其独特的优势与特点。首先，三个教育信息化规划在政策制定和实施上表现出连续性和发展性，是一个循序渐进的过程；其次是管理层面上，教育部的一级管理体制和学校内部管理有利于对教育信息化实施高效管理，体现为各个职能部门的高效管理；第三是学校实施层面上的，给予学校自主权，鼓励学校自主发展和创新，并重视研究与开发，从而创新教育信息化的方法，更好地实施和实现教育信息化；最后则是社会各界对教育信息化的多方参与与支持。

通过对新加坡教育信息化规划成功实践的考察，结合我国现阶段中小学教育信息化的实际情况，我们从中应能有所借鉴。首先，要将教育信息化与社会信息化紧密连接起来，注重研究和开发，制定切实可行的教育信息化政策；其次，在中小学校设置专业和专门的部门和人员负责教育信息化工作，实现管理上的高效；第三，以项目执行的方式实施教育信息化相关政策，给予学校自主权，鼓励其自主发展和创新；第四，在具体实施的过程中，号召和吸引相关的组织和企事业单位参与进来，与学校合作，为其提供技术支持和咨询服务，共同推进学校的教育信息化建设；最后，也应该考虑到我国和新加坡国家的不同国情和行政管理体制的不同，借鉴新加坡教育信息化规划及其实施的成功理念，与我国的具体情况相结合，走适合我国实际情况的教育信息化发展之路。

第八章 南非基础教育《国家课程标准修订本》形成、实施与评价探究

1994 年新南非成立后，南非政府打破了长期以来的种族隔离统治，教育领域也开始了前所未有的历史性变革。经过几年疾风骤雨式的变革，南非的整个教育体制基本被划分为基础教育与培训（General Education And Training）、继续教育与培训 Further Education And Training）、高等教育与培训 Higher Education And Training）三个阶段。这三个不同阶段的教育，不仅包括普通教育，而且包括职业及培训教育。新南非对普通教育体制三个阶段的划分，与我们对一国普通教育体制通常所做的阶段划分具有一致性，即基础教育、中等教育和高等教育。南非基础教育阶段包括 R 年级（注：reception year，即入学初始年级或 0 年级）和 1—9 年级共 10 个年级的学校教育；继续教育阶段包括 10—12 共 3 个年级的学校教育；高等教育阶段即普通高等院校（相对于职业高等院校而言）教育阶段。其中，南非又习惯于把基础教育阶段划分为奠基阶段（Foundation Phase，R-3 年级的学校教育）、过渡阶段（Intermediate Phase，4—6 年级的学校教育）和高级阶段（Senior Phase，7—9 年级的学校教育）三个学段。本章所提及的南非基础教育，主要指的就是其 R-9 这 10 个年级的学校教育。本章所提及的南非基础教育课程标准，主要指的就是这 10 个年级学校教育的课程标准。

　　一国课程改革的推进，依托于该国课程政策的变化与发展。所谓课程政策，"即国家教育行政主管部门在一定社会秩序和教育范围内，为了调整课程权力的不同要素、调控课程运行的目标和方式而制定的行动纲领和准则。"① 课程政策是抽象的概念，但它却有具体的、制度化的特定载体。课程标准便是典型的、具体的、制度化的课程政策载体。对一国特定课程标准形成、实施和评价过程进行探究，是研究该国课程政策必不可少的组成部分。

　　在历史上长期的种族隔离统治之下，南非的基础教育课程内容陈旧过时、种族歧视色彩浓烈，缺乏统一标准，难以进行集中管理。此种课程，与新南非政府倡导教育民主和公平的理念格格不入，与培育民主意识、构建公民社会的国家总体目标背道而驰。凭借此种课程，南非基础教育不但无法为中等教育阶段以及高等教育阶段培养、储备和输送合格的生源，更无法培养出 21 世纪所需要的人才。1994 年成立伊始，新南非政府便开始致力于基础教育课程改革，这场改革缓慢、曲折，一直持续到现在，而且仍将继续。

　　总体来看，南非历时近 20 年的课程改革可以划分为三个大的阶段，每个阶段都以不同课程标准的形成、实施和评价为标志。1994 年到 2000 年为第一阶段，该阶段形成、实施和评价的课程标准为《2005 课程》（*Curriculum 2005*）。2001 年到 2009 年为第二阶段，该阶段形成、实施和评价的课程标准为《学校 R-9 年级国家课程标准修订本》（*Revised National Curriculum Statement arades R-9（Schools）*）。2010 年至今为第三阶段，该阶段已经形成了最新课程标准，即 2012 年南非正式颁布的国家课程标准《课程与评价政策标准》（*Curriculum and Assessment Policy Statement*，简称 CAPS）。需要强调指出的是，前两个阶段的《2005 课程》和《学校 R-9 年级国家课程标准修订本》都只是针对普通教育的基础教育阶段（即 R-9 年级这 10 个年级的学校教育）所设置的课程标准，而第三

---

① 胡东芳：《论课程政策的定义、本质与载体》，《教育理论与实践》2001 年第 11 期。

个阶段的《课程和评价政策标准》不仅涵盖了 R-9 年级学校教育的课程标准，而且把继续教育阶段 10—12 年级这 3 个年级学校教育的课程标准也囊括在内。所以，严格来讲，《课程和评价政策标准》已不只是基础教育阶段的课程标准，而是基础教育阶段和继续教育阶段共同的课程标准。

南非课程改革的三个阶段不是断裂的，而是紧密衔接的，后面一个阶段的改革总以前面一个阶段的改革为基础和铺垫，新的课程标准政策文本的制订，总是建立在对之前政策文本的框架体系、内容结构、语言逻辑以及实施情况等整体性评价基础之上。《学校 R-9 年级国家课程标准修订本》是国家教育部门对《2005 课程》进行审查和修订的结果，《课程和评价政策标准》又建立在国家教育部门对《国家课程标准修订本》的整体性评价基础之上，于是《2005 课程》的实施和评价构成了《国家课程标准修订本》的形成背景，而《国家课程标准修订本》实施和评价后的结果则是《课程和评价政策标准》的制定和形成。

本章无意于对每个阶段课程标准的形成、实施和评价过程都进行探究，而是要聚焦于第二个阶段的《国家课程标准修订本》，对其形成、实施与评价的过程进行探究。

第一节　《学校 R-9 年级国家课程标准修订本》的政策文本构成及其主要内容

在对《学校 R-9 年级国家课程标准修订本》（以下简称《国家课程标准修订本》）的形成、实施与评价过程进行探究之前，有必要先对其政策文本构成及主要内容做简要阐述。课程标准的结构，一般包括总纲和分科课程标准两部分，《国家课程标准修订本》亦不例外。

《国家课程标准修订本》包括一个总纲和 8 个学科领域的分科课程标准。《国家课程标准修订本》对南非学校教育和教学内容所做的 8 个学科领域的划分，沿袭了《2005 课程》的基本提法，只是对其名称稍微做了修改。这八个学科领域分别是"语言"（Languages），数学（Mathematics），自然科学（Natural Sciences），技术（Technology），社会科学（Social Sciences），艺术和文学（Arts and Culture），人生规划（Life Orientation）以及经济和管理科学（Economic and Management Sciences）。①

一、《国家课程标准修订本》（总纲）的主要内容

《国家课程标准修订本》（总纲）主要包括以下几方面内容：

首先，它对课程的总目标，即国家所期望的学习者和教师的特征作出了界定。如新南非所期望的学习者，应当能够通过学习树立起民主、平等、尊重、公正的价值观，同时也要学会关心和维护社会利益。新南非所期望的教师，应当能够扮演多重角色，他们是学习的协调者；学习内容和材料的设计者和解释者；学习的领导者、管理者和组织者；学者和研究者；终生学习者；社区成员；公民；牧师；学习评价者；某一学习领域或阶段的专家；等等。

其次，它指出了其所秉持的基本课程理念和原则。如国家课程应能培育一国的社会正义感、环保意识、人权观念和社会包容性，并能使公民更好地理解它们之间的关系；国家课程应当致力于让所有公民都掌握较高水平的知识和技能；国家课程既要注重不同年级及学段学习内容的衔接递进性，也要注重不同学科领域学习内容之间的整合性；等等。

再次，它对 8 个学科领域分科课程标准的设计结构、主要内容和核心概念进行了规范和说明。这在下面阐述 8 个学科领域分科课程标准的主要内容时会有进一步说明。

第四，它对 8 个学科领域学习科目的进一步细化和设计作出了相应规定。学科领域只是对学校教育和教学内容所做的宏观性质的划分，每个学科领域还要细化为不同的学习科目，才能实现课程标准在学校和课堂层面的最终落实。《国家课程标准修订本》（总纲）规定，每个学科领域具体

① Department of Eduction，"Revised National Curriculum Statement GradsR-9（Schools）"，2002 年 5 月，https：//www.oerafrica.org/sites/default/files/resources/saideftp/thutong/policy/GET_RNCS_Natural%20Sciences_2002.pdf.

学习科目的设计和细化工作，应以基础教育奠基阶段、过渡阶段和高级阶段每个学段为单位来进行；并且，教师应当负责学习科目的设计和细化工作。不同学科领域在不同学段上的具体学习科目设计出来之后，教师还应当制定工作日程（work schedules）和课堂计划（lesson plans），以利于这些学习科目的具体讲授和开展。所谓工作日程，即用以筹划某个学习科目在一年之中讲授和开展进度及安排的文件；而课堂计划则是工作日程的进一步细化，它规定某一学习科目在较短时间段内讲授和开展的进度及安排。

第五，它对课程学习效果的测评方式和方法作出了相应规定。如它规定课程学习效果的测评方式和方法应当具备灵活、清晰、标准明确、客观真实等特征。检验性、诊断性、形成性、终结性和综合性的评价目的应适当结合起来。评价应当是过程性的，评价的目的应当是支持和促进学习者的成长和进步，并为教师改进教学提供有价值的反馈信息。评价主体应当是多元的，包括学习者本人、学校管理者、教师、家长、社区人员等。

第六，它对 8 个学科领域的内涵及其教育目标做了宏观界定。此处以数学学科领域为例，《国家课程标准修订本》（总纲）对其内涵的宏观界定为：数学学科领域即包括观察、呈现和研究物理、社会现象以及数学物体之间数量关系和模式等活动在内的一系列人类活动。通过这一系列活动过程，人们能够生成新的数学观点和见解。数学学习领域拥有自己独特的包括符号和标志在内的数学语言，用以表达数量和图形之间的关系。数学概念相互关联，从而构成完整的结构体系。数学是基于不同文化背景进行研究所得的结果，它是受社会、政治及经济目标所规约的有意识、有目的的活动，并非完全价值中立或文化中立。

《国家课程标准修订本》（总纲）对数学学科领域学习者所应达成的"学习结果"的总体界定，分为五大方面：一是数字、运用和关系方面：学习者应能识别、解释和表达数字及其之间的关系，并能自信而熟练地运用计量、推算等数学方法解决有关问题。二是模型、函数和代数方面：学习者应能识别、解释和表达数学模型及其数量关系，能用代数语言、符号和技巧来解决问题。三是空间和形状方面：学习者应能解释并表达处于各种方向和位置的二维图形和三维图像的特征及其相互之间的关系。四是测量方面：学习者应能在不同的情境中，运用适当的测量单位、工具和公式。五是数据分析方面：学习者应能收集、汇总、呈现并能批判性地分析有关数据，并从中得出结论、作出假设等。针对其他七个学科领域，大纲也做了类似的宏观界定。这种宏观界定，有利于与总纲配套的 8 个学科领域的分科课程标准的制定。以这种宏观界定为基础，8 个学科领域的分科课程标准，对该学科领域的内涵进一步阐发，并按总纲规定其应当具备的框架结构和主要内容进行设计。①

二、8 个学科领域分科课程标准的主要内容

如前所述，《国家课程标准修订本》（总纲）对 8 个学科领域分科课程标准的设计结构、主要内容和核心概念进行了规范和说明。以之为据，南非的 8 个学科领域各拥有一个分科课程标准。

这些分科课程标准的设计结构和主要内容包括三部分：第一部分是对《国家课程标准修订本》（总纲）内容的简介；第二部分是对特定学科领域的概念、内涵、整体学习目标的概要说明；第三部分是对特定学科领域在基础教育奠基、过渡和高级三个学段上以及各个年级上所应具备的"学习结果"要求和"测评标准"的规范和说明。

其中，"学习结果"和"测评标准"即《国家课程标准修订本》（总纲）所强调的核心概念。总纲规定，所谓"学习结果"，即学习者在完成基础教育每个学段学习时所应了解并能作出解释的知识、技能和价值观念。所谓"测评标准"，即学习者在完成基础教育每个年级的学习内容后，所能理解和解释的"学习结果"的深度和广度的衡量指标。两者的区别在于，"学习结果"要求的是学习者所应达到的水平，而"测评标准"衡量

① Department of Eduction，"Revised National Curriculum Statement GradsR-9（Schools）"，2002 年 5 月，https：//www.oerafrica.org/sites/default/files/resources/saideftp/thutong/policy/GET_RNCS_Natural%20Sciences_2002.pdf.

的则是学习者所实际达到的水平。"学习结果"的要求以每个学段为单元进行设计和规定,它随着年级层次的变化可能保持不变;而"测评标准"以每个年级为单元进行设计和规定,它在每个年级层次上都是不同的。

第二节 《国家课程标准修订本》形成过程之探究

《2005 课程》实施不久便遭人诟病,这构成了《国家课程标准修订本》形成的基本背景。《国家课程标准修订本》制定和形成的过程,实质上便是国家教育行政部门对《2005 课程》的审查和修订过程。在《国家课程标准修订本》形成过程中,四方面参与主体起到了最主要的影响和作用。

一、形成的背景:《2005 课程》遭人诟病

1995 年,新南非教育部门便提出了《2005 课程》。1997 年 9 月,教育部长委员会将其合法化并上升为国家政策,以期用此新课程来代替种族隔离统治时期的旧课程,实现基础教育课程的根本性变革。针对旧课程,《2005 课程》提出了民主、无种族歧视、无性别歧视等总体课程理念。

《2005 课程》于 1998 年开始实施。开始,人们对它寄予厚望,因为它标志着新南非基础教育和传统上种族隔离教育的诀别,承载着诸多责任和使命,如增加人力资源储备、实现以学习者为中心的教育教学、促进不同学习领域间的融合、注重给学习者提供必要的支持、消除种族歧视、促进民主国家建设,等等。

但好景不长,它很快便遭到学者、教师的诟病,甚至教育政府部门人员也开始抱怨。他们普遍感到《2005 课程》的诸多术语十分费解,教师们难以理解和遵照执行。与此同时,南非教育部在 1999 年组织的一次学校调研发现,即使已经实施了《2005 课程》,中小学学生的学习成绩仍然普遍偏差。调研报告强调指出,《2005 课程》中的有关规定不够科学合理,如取缔了课本和教材,忽视了"以结果为本位的教育"的相关

测评方法等，它的实施不仅没有提升学习者的成绩，反而对其造成了侵害。①2000 年南非《全民教育评估报告》中的数据也证明了这一点。它发现，南非 4 年级学生在文法、算术和生活技巧每个科目上的平均成绩还不及每个测试科目总分的 50%。② 这表明，南非中小学的文法和算术水平整体上仍然较差。有学者从《2005 课程》上找原因，指出《2005 课程》有关科学学习科目的规定，没有对基本科学事实和基本科学概念的认知和学习进行强调，而其他国家的课程一般都会对这一点进行特别强调。

鉴于多方对《2005 课程》的不满和抱怨，1999 年出任并一直任职到 2004 年的南非教育部长卡达尔·阿斯马尔（Kader Asmal），于 2000 年 2 月委任了一个专门的小组来全面审查和评估《2005 课程》的内容结构及实施情况。如前所述，《国家课程标准修订本》即是国家教育行政部门对《2005 课程》进行审查和修订的结果。因此，《2005 课程》审查和评估活动的启动，即是《国家课程标准修订本》形成过程的开端。

二、形成的两大步骤：《2005 课程》的审查和修订

《国家课程标准修订本》的制定和形成过程，实为国家教育行政部门对《2005 课程》的审查和修订过程。这一过程可以分为两大步骤，对《2005 课程》的审查为第一步，对《2005 课程》的修订为第二步。

（一）《2005 课程》的审查

2000 年 2 月，教育部长卡达尔·阿斯马尔召开了首次针对组建课程审查小组事宜的会议，指出对《2005 课程》进行审查是为了更好地认识其在实际实施中的情况，以使课程改革更好地实现整体推进。同年 3 月，卡达尔·阿斯马尔又召开了任命课程审查小组人员的会议。他现场公布了《2005 课程》审查小组人员的名单，并对其身份进行了简要介绍。审查小

---

① John Daniel，Adam Habib&Roger Southall，*State of the Nation-South Africa 2003—2004*，Cape Town：HSRC Press，2003，p.274.

② John Daniel，Adam Habib&Roger Southall，*State of the Nation-South Africa 2003—2004*，Cape Town：HSRC Press，2003，p.275.

组由 11 名人员组成，他们的身份具有广泛的代表性，分别为纳塔尔大学教育学院教授 1 名和讲师 2 名、个体顾问 2 名、豪登省课程发展中心主席 1 名、开普敦大学教育学院院长 1 名、纳塔尔大学前校长 1 名、约堡卡莱洪（Katlehong）地区 Ukhanyiso 小学一年级教师 1 名、Visata 大学东兰德校区讲师 1 名、教育部国家课程研究与发展中心首席教育专家 1 名。[①] 这些成员，既包括《2005 课程》的制定者，也包括对《2005 课程》的诟病者，还包括一些价值立场中立但就个人能力而言具有举足轻重地位的专家学者。

　　审查小组的主要任务是审查《2005 课程》的设计和结构、课程实施中教师的定位和培训工作、学习辅助材料使用情况、省级教育部门对学校教师提供的支持以及《2005 课程》的实施进度等。该小组经过三个月的紧张工作，通过对现有调研报告和文章的研读，对教师、校长、管理人员、培训人员、出版人员以及政府官员的访谈，对许多个人、组织和机构所提交的意见和建议性材料的汇总，最后制定出一份针对《2005 课程》的审查和评估报告，并于 2000 年 5 月 31 日向卡达尔·阿斯马尔提交了内容较为全面的《2005 课程》审查报告。评估报告指出，虽然多方力量都很支持《2005 课程》，但其实施却遭遇很多问题。如课程设计和结构不尽科学和合理、课程和评价政策不够协调一致、教师培训和发展工作不到位、学习辅助材料在不同省或学校间的质量差异较大而且往往在课堂中的配备和使用不足、课程实施中所需的人力和物资短缺、教育部门对课程所具备的核心地位和作用的认识仍有欠缺等。为了解决上述问题，审查小组在评估报告中提出了很多建议，如进一步厘清和简化《2005 课程》晦涩难懂的术语，并要进一步压缩和简化冗长的文本；《2005 课程》要想得到更好的实施，教师培训和发展必须同步跟进，省一级教育部门要发挥更多的支持和促进作用；教材（课本）及学习辅助材料的提供和使用亟须加强；等等。总之，小组建议教育部对《2005 课程》进行修订和完善。

---

① Kader Asmal，MP，Minister of Education，"Remarks at the First Meeting of the Curriculum Review Co-mmittee，Pretoria"，2000 年 2 月 21 日，http：//www.info.gov.za/speeches/2000/000223843a1004.htm.

卡达尔·阿斯马尔当天便对报告的如期完成及其内容和建议给予了充分肯定。教育部长在 2000 年 6 月对此审查报告再次作出了正式回应，强调指出，对《2005 课程》的审查并不代表之前所做努力的失败，审查的目的是为了更好地推进课程改革的深入，世界上许多国家都在新课程实施一段时间后，便对其进行审查和评估，作出相应修改，及时诊断实施过程中遭遇的困难和阻力，并采取相应对策予以解决。

2000 年 7 月，国家内阁召开会议对《2005 课程》的审查问题进行了专门讨论，肯定了课程审查小组的工作和建议。内阁认为，课程审查小组对《2005 课程》进行审查并非要否定和废除它，而是为了使其进一步精简和完善。审查小组所提建议，有助于学校课程进一步消除种族隔离时代所遗留的色彩，进一步实现合理化和现代化。内阁同意并支持教育部在课程审查小组所提建议的基础上，对《2005 课程》作出修订，以使其内容更加清晰、扼要、现代化、合理化。

（二）《2005 课程》的修订和《国家课程标准修订本》的正式形成

在国家内阁同意和支持的基础上，教育部于 2000 年 11 月 15 日同时发出两项通知，一项是关于"部长级项目委员会"（Miniterial Project Committee）组成人员的正式任命；一项是关于"工作小组"（Working Groups）人员的提名。部长级项目委员会负责《2005 课程》修订的全面协调工作，工作小组则负责《2005 课程》修订的具体工作。

部长级项目委员会共有 7 位人员组成，1 名主席，其他人员分别负责课程实施和教师发展工作，资金、人员和调研的协调组织工作，评价标准的制定工作以及教学辅助材料的开发和设计工作。工作小组共有 12 个，R-3 年级共设一个小组，由 12 名人员组成；4—9 年级按照 8 个学科领域，分别组建一个相应的工作小组，除了社会科学学科领域工作小组由 12 名人员组成外，其他 7 个小组均由 6 名人员组成；另外，针对 R-9 所有年级设立 3 个跨领域工作小组，分别是人权和全纳小组、资格证书小组和课程实施小组，课程实施小组由 12 名人员组成，其他两个小组各由 6 名人员组成。而且，通知规定，12 个工作小组共 96 名组成人员的提名范围应涵盖以下机构：大学和理工学院、教师协会和组织、非政府组织、国家级和省级教育行政部门、学习科目协会和组织、课程类专业协会和组织、社会运动和社区组织等。①

2001 年 1 月，教育部举行了专门的研讨会，教育部长卡达尔·阿斯马尔做了专门讲话，正式启动《2005 课程》的修订工作。部长级项目委员会和工作小组历经半年的努力，形成了《国家课程标准修订本》草案。2001 年 7 月，教育部召开了专门的新闻发布会，正式公布了《国家课程标准修订本》草案，并规定 2001 年 7 月 30 日到 12 月 12 日期间，面向公众广泛征求意见和建议，公众可以将意见和建议以电子邮件或传真的方式反馈到教育部。2001 年 10 月 2 日，教育部长卡达尔·阿斯马尔还于开普敦与公众进行了网上互动，其中不乏对《国家课程标准修订本》有关问题的解答。

在征求公众意见和建议期间，南非基督教右翼力量在有关政治团体的支持下组织发动了示威游行，从多方面对《国家课程标准修订本》予以否定和驳斥，强烈要求宗教教育内容应在其中占据较大比重，反对现有课程内容的世俗化，意欲恢复其浓烈的宗教色彩。对此，部长级项目委员会主席，也是《2005 课程》修订工作的主要负责人琳达·奇泽姆（Linda Chisholm）教授，针对基督教右翼的不合理要求，于 2001 年 10 月 4 日发表了专门讲话，对他们的不合理请求和呼吁给予了彻底否定。他强调，南非《宪法》恪守宗教和国家行政相分离的原则，而且政府具有从总体上掌控课程内容的权利和责任。只有保证国家课程内容的世俗化，才能真正培养符合 21 世纪需求的人才，才能真正促进国家和社会的发展。基督教右翼力量的那些要求，只能使得国家课程恢复种族隔离统治下的浓厚宗教色彩，而且只契合了一小部分人的利益要求，与民主国家的建设背道而驰。

2001 年 11 月，教育部举办了《国家课程标准修订本》草案的听证会，

---

① Call for Nominations to Serve As Members on the Task Team，"Working Groups and Reference Group of the Project to Streamline Curricunlum 2005"，2010 年 7 月 6 日，http://www.info.gov.za/view/DownloadFileAction? Htm.

各省教育政府部门、基督教右翼、家长、学校管理者和教师、课程专家和学者、非政府组织、新闻媒体等多方力量和代表参加了会议。听证会的主要目的，在于分析和介绍所征求到的公众意见和建议，并通过媒体将它们及时发布出去。教育部长卡达尔·阿斯马尔特别强调，南非《国家课程标准修订本》的形成过程是独一无二的，即使法国和英国也从未做到如此，更不用提美国了。因为，在世界上多数国家，课程标准制定只是教师和专家的事，公众的参与非常少。而在南非，每一位公民都有权阅读《国家课程标准修订本》尚未形成前的草案，并提出自己的意见和建议，参与到课程标准的制定和形成过程之中。

2002 年 4 月 1 日，教育部颁布了《国家课程标准修订本》绿皮书，标志着其基本定稿。2002 年 5 月 31 日，教育部又颁布了《国家课程标准修订本》白皮书，标志着其最终定稿，取得了合法性地位，成为正式的国家课程政策。

三、形成中的主体参与：主要参与主体及其影响

在《2005 课程》审查和修订过程中，也即《国家课程标准修订本》的形成过程中，有四方面主体起到最重要的作用，它们分别是教育部、南非非洲人国民大会党（简称非国大）（African National Congress）、教师联盟和大学学者。毋庸赘言，教育部在《2005 课程》审查和修订工作中发挥着整体性的组织和领导作用，上面的论述已经彰显了这一点。下面主要阐述非国大、教师联盟和大学学者在《国家课程标准修订本》形成过程中的参与及影响。

（一）非国大的参与及影响

《2005 课程》审查和修订工作的参与人员大多为非国大成员，而且其审查和修订在非国大不同成员之间存有很大争论。教育部长、南非民主教师联盟、教育部以及国家内阁，作为《国家课程标准修订本》形成过程中的主要参与者，大多都是非国大成员。这些参与者，就是反对《2005 课程》给予审查和修订的问题，始终存有争议。《2005 课程》实施时间并不

长，尚未看到所期望的结果，便要对其进行审查和修订，南非民主教师联盟、教育部以及国家内阁不免担忧，这是对《2005 课程》的否定和对前期努力的鄙弃。但是，一般而言，执政党的政治力量要胜过政府的政治力量，而且南非教育部如同非国大一样，有着严格的政治组织架构，并遵行行政首长负责制。同样作为非国大一员，并作为当时教育部长的卡达尔·阿斯马尔，在教育部中拥有最终决策权，正是他顶着多方面的争议和压力，挑选和任命了课程审查小组人员，最终启动了《2005 课程》的审查工作。《2005 课程》审查环节结束后，便要进入修订环节，国家内阁和教育部在这个环节上有着很大的主动权，它们拥有《2005 课程》修订工作能否正常开展的决定权。所幸的是，《2005 课程》审查报告获得了公众的默许和支持，于是国家内阁也对其多数主张给予了赞同，卡达尔·阿斯马尔也获得了教育部其他成员的支持。但是，国家内阁和教育部其他成员仍然在《2005 课程》的修订环节发挥了极其明显的作用，那就是他们尽量使《2005 课程》的修订人员，即“部长级项目委员会”和“工作小组”的组成人员，不再像《2005 课程》审查小组的组成人员一样几乎都是来自政府外部的力量，“部长级项目委员会”和“工作小组”的人员组成基本上遵循了政府人员和非政府人员各占一半的原则和比例。通过这种方式，国家内阁和教育部确保了政府力量在《2005 课程》修订过程中所起的作用。

（二）教师联盟的参与及影响

南非主要有三大教师联盟：南非民主教师联盟（SADTU，South African Democratic Teachers' Union）规模最大，会员多达 20 多万人；其次是南非专业教师联盟（NAPTOSA，National Association of Professional Teachers Association），会员达到 10 万人左右；再次是南非教师联盟（SAOU，Suid Afrikaanse Onderwysers Unie）（此为布尔文或南非荷兰语），拥有 4 万多会员。[1]

---

[1] Linda Chisholm, The Politics of Curriculum Review and Revision in South Africa, Qxford International Conference on Education and Development, *Context and Quality of Education*, 2003，p.7.

教师联盟在南非社会中，有着比较重要的角色和地位。其中，南非民主教师联盟与政府的关系最为密切，在所有教师联盟中最具影响力。南非民主教师联盟诞生于反种族隔离斗争的年代，它成立的初衷是为了反对那些以种族为基础的专业联盟或协会，它不只限于关注教师的工作环境和工资，而且关注更为广泛的问题。1994 年，民主新南非成立后，南非民主教师联盟的很多成员，都在国家或省级政府部门中谋得了一定职位。有时，南非民主教师联盟的观点会和政府的政策相左，但这动摇不了其与政府的密切关系。

上述三个教师联盟，自南非于 1997 年开始实施《2005 课程》以来，在课程制定和实施过程中，始终发挥着一定作用。但是，在时任教育部长卡达尔·阿斯马尔所任命的《2005 课程》审查小组中，教师联盟并未能以共同体的身份出现，虽然小组中有些人员也属于教师联盟的成员。尽管如此，教师联盟对《2005 课程》审查和修订的影响，仍然十分明显。在《2005 课程》审查报告公布之后，南非民主教师联盟也公开发表了一份研究报告，以之作为审查报告的回应。南非民主教师联盟对"以结果为本位"的教育作出了更多的阐释，如"以结果为本位"的教育要强调不同学科知识间的关联性和融合性，教师扮演的角色应当是学习的促进者和引导者等等。这些阐释，成为之后《2005 课程》修订工作的重要参考标准。在《2005 课程》修订阶段，也即《国家课程标准修订本》形成过程中，南非专业教师联盟的很多成员成为 12 个"工作小组"的重要组成部分，在其中扮演了重要角色，起到了明显作用。

（三）大学学者的参与及影响

大学及学者在《国家课程标准修订本》形成过程中的参与方式是多样的。在《2005 课程》审查前，他们是《2005 课程》及其实施的批判者；在《2005 课程》审查开始后，他们是审查小组的组成人员；在《2005 课程》修订和《国家课程标准修订本》形成过程中，他们扮演的则是课程标准的制定者。

面对《2005 课程》及其所倡导的"以结果为本位"的教育，学者们有的持赞同态度，有的持批判态度，但总体而言，还是持批判态度的居多。如有学者从"实施环境和条件不足"以及"实施后导致教育不公平性加剧"等方面来批判《2005课程》所倡导的"以结果为本位"的教育；有学者指出《2005课程》秉持"建构主义"教育理念，所以特别强调"学习者中心"的教育教学，但事实上，"学习者中心"作为一种教育教学理念，只有在充分的环境和条件下，才能实现，而南非尚不具备这种条件；等等。这些批判性观点和态度，从一定程度上促使了《2005课程》审查和修订工作的启动和开展。

时任教育部长卡达尔·阿斯马尔所任命的《2005课程》审查小组共由11名人员组成，其中大部分都是大学学者，如纳塔尔大学教育学院教授1名和讲师2名、开普敦大学教育学院院长1名、纳塔尔大学前校长1名、威斯特大学东兰德校区讲师1名等。所以，大学学者在《2005课程》审查及其报告的撰写中，发挥了极其显著的作用。在《2005课程》修订人员，即"部长级项目委员会"和12个"工作小组"的组成人员中，大学学者所占比例，相对之前其在审查小组中所占比例而言，有所降低，但其在《2005课程》修订中仍然扮演了极其重要的角色。数学、语言、社会科学、自然科学、经济和管理科学等"工作小组"中的主要负责人，几乎都是高等师范教育机构的学者。总之，大学及其学者在《国家课程标准修订本》形成过程中所扮演的角色，毫不逊色于非国大、教师联盟以及教育政府部门。

第三节 《国家课程标准修订本》实施之探究

2002年5月31日，《国家课程标准修订本》白皮书颁布后，正式成为国家课程政策并开始实施。白皮书还大体规定了基础教育不同年级和学段逐步采用和落实《国家课程标准修订本》的时间进度。它规定，基础教育奠基阶段应在2004年、过渡阶段应在2005年、7年级应在2006年、8年级应在2007年、9年级应在2008年，逐步正式采用和落实《国家课程标准修订本》。① 因资料所限，本部分将不过多追究其实施进度问题，而是从其实施的配套政策和文件、实施的行政组织架构和参与主体、实施的具体项目和措施等几个侧面，来探究《国家课程标准修订本》的实施问题。

一、实施的配套政策和文件

《国家课程标准修订本》颁布和实施之后，南非教育部先后出台了一系列配套政策和文件，以促进该修订本更好地得到实施和落实。

首先，教育部于 2003 年，也即《国家课程标准修订本》颁布后的次年，针对基础教育奠基阶段出台了一个总的《学习科目设计教师指导手册》，并且针对过渡阶段和高级阶段的每个学科领域分别出台了一个《学习科目设计教师指导手册》。教育部出台这些《指导手册》，旨在指导教师在结合自身特点、学生接受水平以及可获资源和条件的基础上，更好地开发和设计具体的学习科目和内容，以促进《国家课程标准修订本》在学校和课堂层面更好地得以落实。

其次，教育部于 2006 年出台了《R-12 年级学校教学和学习记录与报告国家协议》，规定教师要以记录表或报告卡的形式，按期搜集和整理学生在平时学习和考试评价中的表现和成绩，并通过家长会、学校接待会、与家长面谈、电话等途径和方式，定期向学生本人、家长、企事业用人单位、学校管理者以及教育行政部门等多个对象和主体汇报学生的学习情况和已达到的水平。通过定期记录和汇报，肯定学生已经取得的进步和成绩，征询多个对象和主体的意见和建议，发现并解决学生在学习中所遇到的困难和问题，以确保《国家课程标准修订本》所规定的"学习结果"的实现和"测评标准"的达成。

再次，教育部于 2007 年又出台了《基础教育和培训阶段普通学校教

---

① Depatment of Edcation of South Afirca，*Revised National Curriculum StatementGrads R-9*，Pretoria，2002.

育评价和证书国家政策》，以补充和完善《国家课程标准修订本》（总纲）中有关证书和评价的政策规定。除此之外，教育部针对基础教育奠基阶段还出台了一个总的《教学和学习评价指导手册》，针对过渡阶段和高级阶段的每个学科领域也分别出台了《教学和学习评价指导手册》。

这些只是国家层面的配套政策或指导文件，省级、区级教育行政部门以及学校管理者层面的配套政策或指导文件更多，难以详述。这些配套政策或指导文件，都旨在促进《国家课程标准修订本》的有效实施和落实。

二、实施的行政组织架构、参与主体及其主要职能

《国家课程标准修订本》实施的行政组织架构和参与主体，与南非的教育行政层级有着内在的一致性，由上而下大致可以分为 6 级，依次是教育部课程管理部门、省级课程管理部门、区级课程管理部门、课程顾问、学校课程管理人员和教师。

首先，教育部课程管理部门对《国家课程标准修订本》在整个国家基础教育和教学中的实施发挥着总体性的协调、组织、监控和督促作用。如上所述，为了促进修订本有效实施和落实，南非教育部先后出台了一系列配套政策和文件。无疑，教育部课程管理部门还负责对该修订本在各个省份的实施情况进行监督和调控。

其次，省级课程管理部门在接受教育部的监控之下，负责《国家课程标准修订本》在本省的有效实施。南非的省级课程管理部门，主要是每个省的课程管理委员会。课程管理委员会负责本省的课程管理工作，并促进国家课程政策在本省的有效实施。

以东开普省为例，为了促进《国家课程标准修订本》在本省的有效实施，其课程管理委员会于 2005 年 11 月 15 日出台了专门文件，规范了自身以及本省所有课程工作人员的职责。它规定，本省所有课程工作人员都要参加教师培训；制定并发放课程材料；为教师提供有效的现场指导；

监控和评估课程项目的开展情况等 11 个方面做好相应工作。①

为了确保《国家课程标准修订本》在本省的有效实施，有些省份在课程管理委员会之外还设立了其他有助于课程政策有效实施的组织和机构。仍以东开普省为例，除课程管理委员会之外，它还于 2005 年 9 月 15 日成立了专门的课程协调委员会。与课程管理委员会不同，课程协调委员会不是决策机构，而是一种咨询和协商机构，其有关课程政策实施的提议需经过课程管理委员会批准，方能取得合法性并产生效力。它的主要职能和目的，即协调《国家课程标准修订本》在东开普省的有效实施。

除了课程管理委员会和课程协调委员会之外，东开普省课程管理委员会还于 2005 年 9 月 23 日出台了专门文件，宣布在省、区以及学校层面分别设立专门的学段委员会、学科领域委员会和学习科目委员会。这些委员会可以作为省级课程管理委员会、省级课程协调委员会或区级课程委员会的下属分支机构。必要时，这些委员会还可以进一步设立职责和事务更为具体的下属分支委员会。多层课程委员会的设立，旨在增进省、区以及学校层面在课程政策上的协调和沟通，并加强国家、省和区等各级课程管理部门的相互联系。这些委员会的职责较为广泛，如为教师提供教学和评价指导，开发教学资源和辅助材料，促进省域内不同地区和学校之间课程政策实施经验的交流和共享，组织和实施有关测评和考试，等等。总而言之，它们的设立都旨在确保《国家课程标准修订本》在东开普省更好地得以实施、监控和评价。

再次，区级课程管理部门的主要职责是确保国家课程政策，尤其是本省课程政策在本辖区内学校教育和教学中的有效贯彻和落实。它在省级课程管理部门和学校课程管理人员以及教师之间扮演着枢纽性的角色。但遗憾的是，在《国家课程标准修订本》实施过程中，区级课程管

---

① Province of the Eastern Cape，Chief Directorate，*Curriculum Management*，*Provincial Curriculum Guidelin-es*：（*PCG04/2005*），*Role Functions and Responsibilities of Curriculum Personnel*，2005.

理部门的这种角色和地位没有受到充分重视，它们并没有发挥出应有的作用。

第四，课程顾问在南非新课程政策实施中有着非常重要的地位和作用。目前，南非大约有 3000 名课程顾问，他们的主要职责是在学校教师和教育部之间做好桥梁和纽带。[①] 面向教师，他们要扮演好引导者和支持者的角色：如指导和协助教师设计和开发学习科目和内容，制定年度工作计划和更为细致的课堂教学计划；帮助教师更好地理解和掌握某一具体学习领域或学科的课程标准、教学内容、测评指标、教学策略和方法等。面向教育部，他们要扮演好联络者和汇报者的角色，为教育部及时提供必要的反馈信息，以确保新课程政策在学校和课堂层面的有效实施。遗憾的是，在《国家课程标准修订本》实施过程中，课程顾问们的上述桥梁和纽带作用也没有真正发挥出来。

第五，学校课程管理人员可以通过多种方式和途径，来促进新课程政策在学校和课堂层面的落实。在南非，学校课程管理人员主要指的是学校校长和学科主任。首先，他们可以通过正式或非正式的课堂观察，来解决教师所遇到的具体教学问题，并满足教师具体的教学需求。其次，他们尤其是校长，可以通过拥护和支持有关课程政策，为新课程政策在学校层面的实施创造必要的条件并营造良好的氛围。再次，他们可以结合自身学校的实际情况对新课程政策作出相应的解释，以使教师更好地理解新课程政策的内容、其实施所具备的积极意义以及相关的实施方式和方法。最后，他们还可以通过会议讨论、教育教学数据收集和分析等方式方法来监控和评价新课程政策在本校的实施进展情况。

第六，教师作为课程活动和内容最直接、最终端的组织者和传授者，他们的行动和表现直接决定着新课程政策在课堂层面的最终落实情况，他们在新课程政策的实施中有着举足轻重的作用。

---

① Malcolm Cumming, "Support for Curriculum Advisors as New Curriculum Comes of Age", 2010 年 8 月 16 日，http://praesablog.org/ wordpress/2008/.

传统上，尤其是种族隔离统治废除前，南非教师在课程政策实施中只是扮演着服从者和执行者的角色。南非在引入《2005 课程》之前，国家出台和实施的课程文件主要是教学大纲。教学大纲从课程顾问传达到学校校长，然后传达到学科主任，最后传达到每个具体学科的教师手中。教师严格遵照教学大纲的相关规定开展教学，自主权极少。

种族隔离统治废除后，伴随整个国家的民主化进程，尤其是新的课程标准的引入，教师在课程政策实施中的参与权和自主权日益彰显。教师有权开发和使用适合自身的教学资源和教辅材料，经验丰富的教师可以获得资格来培训其他教师并向他们介绍新课程政策，教师有权采用适合自身的教学方式、方法来传达新课程的原则和理念，教师可以开发适合自身的有助于新课程政策实施的策略，教师可以根据自身经验、学习者需要和可获得的资源和条件等情况的不同来采取不同的新课程实施方式和方法，等等。

依据《国家课程标准修订本》（总纲）的相关规定，教师们有权针对所教科目，设计和开发属于自身的、独特的、个性的教学材料和教学活动。总体而言，在《国家课程标准修订本》的实施过程中，教师们有着较大的自主权。但是，南非本土也有一些调查研究认为，由于教师们自身的水平不足或者教师专业发展培训不到位等原因，在《国家课程标准修订本》实施的实际过程中，许多教师的自主权并没有得到实质性的体现。很多教师对新课程政策缺乏充分了解，也不具备开发和设计优质教学材料和教学活动的能力，仍然只是严格遵照课程政策规定或课程顾问、学科主任的命令和要求来开展教学和传授课程内容。

三、推进实施的具体项目及其保障措施

为了促进和确保《国家课程标准修订本》的有效实施和真正贯彻，许多省份还启动了一些具体项目并采取了相应的考评手段。仍以东开普省的做法为例：

2006 年 11 月 30 日，东开普省课程管理委员会出台专门文件，启动对

学校和教师的现场指导项目，以促进新课程政策的实施。① 文件开宗明义地
指出，开展针对学校和教师的现场指导，是一种发展性的过程。通过现场指
导，教师的教和学生的学都会得到必要的帮助和支持，一些有助于提高教学
水平的好的策略和方法可以实现共享。这种现场指导，可以确保新课程在
课堂层面的有效实施。文件规定了这种现场指导的原则和目的，如确保教
师不断得到发展和提高，注重教师的意见反馈，认清新课程实施的成功经
验和需要提高和完善之处，通过对教师作出评价来增强其责任感，等等。

　　文件还规定了这种现场指导的策略、方式和方法，如课程专家或经
验丰富的教师为存有疑问或困惑的教师说课、课程专家与学校教师共同备
课、课程专家与教师在课后一起进行反思和研讨、举办全校的教学研讨会
以及课程专家走进课堂听课，等等。文件规定，为了确保现场指导的有效
开展，区级教育行政部门应当制定具体的计划并承担起主要的组织和实施
责任，如收集教师的年龄、性别、资质、教龄等信息，规定现场指导的日
程安排、频率和人员配置，对每一次现场指导做好详细记录，制定现场指
导所需要使用的考评表格和报告样本，根据现场指导所得到的信息资料撰
写总结性报告，等等。

　　2007 年 10 月 20 日，东开普省课程管理委员会又出台了另一份专门
文件，以进一步完善 2006 年的专门文件。② 该文件规定了三种不同的考
评表格和报告样本，分别用来监测和评估区级课程管理部门、学校管理部
门以及教师课堂教学这几个不同层面对新课程政策的落实情况。文件强
调，考评只是手段而不是目的，目的是通过考评来发现不同层面在新课程
政策实施中所遇到的问题和困难，并为解决这些问题和困难寻求办法、提
供支持。文件还具体规定了省级和区级课程管理人员使用考评表格和报告

① Province of the Eastern Cape, *Chief Directorate*, *Curriculum Management*, *Provincial Curriculum Guidelines*：（*PCG05/2006*），*On-Site School Support-Organising and Conducting Support Programmes for Schools and Teachers*，2005.
② Province of the Eastern Cape，*Chief, Directorate*：*Curriculum Management*，*Provincial Curriculum Guidelines*：（*PCG08/2007*），*On-Site Curriculum Support*：*Districts*，*Schools and Classrooms*，2005.

样本的方式、方法和程序。

第四节 《国家课程标准修订本》审查和评估之探究

《国家课程标准修订本》在实施中逐渐暴露出许多问题并遭到诸多批判。2009 年，安吉·莫彩卡（Angie Motshekga）女士出任基础教育事务部部长后，旋即启动了针对《国家课程标准修订本》的全面审查和评估活动。评估小组对《国家课程标准修订本》所做的审查和评估报告，涉及多方面内容，并提出了许多改革建议。这些建议对新一轮国家课程标准——《课程和评价政策标准》的制定和形成起到了显著的推动作用，这使得南非基础教育课程改革又开始向第三个阶段迈进。

一、审查和评估的背景、启动和完成

《国家课程标准修订本》自 2002 年 5 月正式颁布以后，在实施过程中，教育部不断收到来自教师、家长、学校管理者、大学学者等多方面的意见和建议。整体而言，他们对该修订本所持的还是积极和支持的态度。但是，该修订本在实施中，逐渐暴露出许多问题并遭到诸多批评。诸如，它缺少清晰细致的实施计划；其意义和作用被宣传和转达的力度赶不上之前的《2005 课程》；政策的国家性地位未被充分重视；省、区和学校层面的教育工作人员以及学校教师等人员容易把它与之前的《2005 课程》混淆，并作出歪曲性的解读；教师工作负担过重；学生在国际性或区域性统一测评中的成绩仍然不甚理想；等等。为了解决《国家课程标准修订本》在实施过程中所遇到的诸多困难和问题，2004—2009 年纳莱蒂·潘多尔（Naledi Pandor）女士担任南非教育部长期间，教育部也陆续采取过一些微调性质的干预措施，但效果和作用都不甚理想。于是，对该修订本的实施情况进行全面的审查和评估活动，便成为教育部不可推卸的责任。

除此之外，南非教育部的改组和人员换届，为《国家课程标准修订本》的审查和评估活动也创造了一定的契机。2009 年，南非教育部

（Department of Education）一分为二，一是基础教育事务部（Department of Basic Education），一是高等教育和培训事务部（Department of Higher Education and Training），这两部分各自组建了新的管理机构，并拥有独立的网站。基础教育事务部主要负责 R-12 年级普通学校教育事务，以及一些成人扫盲项目。高等教育和培训事务部主要负责大学教育以及全国的职业培训事务。显然，进一步推进基础教育课程改革，便成为基础教育事务部的责任。

2009 年，安吉·莫彩卡女士出任基础教育事务部部长后，旋即启动了针对《国家课程标准修订本》的全面审查和评估活动。2009 年 7 月，她委任了一个评估小组，要求其调研和审查该修订本在实施中所遇到的挑战和问题，并提出利于其更好地得以实施的可操作性意见和建议。

评估小组通过查阅和整理文献、在全国所有九个省份开展大范围的教师访谈、针对教师联盟召开专门的听证会、在教育部官方网站上征集公众意见和建议等方式，多方面搜集和整理数据信息，以对《国家课程标准修订本》的实施情况作出尽量全面、客观和准确的审查和评估。

评估小组经过三个月左右的紧张工作，于 2009 年 10 月初向安吉·莫彩卡女士呈交了最终的审查和评估报告，并在其中提出了多项旨在促进国家课程标准更好地得以实施的意见和建议。

二、审查和评估报告的主要内容及建议

上述评估小组对《国家课程标准修订本》所做的审查和评估报告，涉及多方面的内容。它对该修订本及其配套政策和文件的文本结构及内容、贯彻和执行情况、对学校教学和学习评价方式、对课程设计结构、对教学和学习资源的开发和使用情况、对教师教育和培训的跟进情况、对课程实施所具备的整体教学环境等，都作出了审查和评估并给出了建议。①

① F Dada, T Dipholo, U Hoadley, E Khembo, S Muller, J Volmink, etc, *Report of the Task Team for the Review of the Implementation of the National Curriculum Statement*, 2009.

下面择取其中几个方面进行阐述：

（一）对政策文本结构和内容的评估及建议

如前文所述，《国家课程标准修订本》包括总纲和 8 个学科领域的分科课程标准，另外还有一系列确保和促进其有效实施的配套政策或指导文件。这些政策文本都可以看作是总的课程政策的组成部分。评估小组所提交的《评估报告》，首先对这些政策文本及其内容进行了审查和评估。

评估小组指出，这一系列政策文本之间，有的存在着过度重复现象，有的存在着矛盾和冲突现象。如《数学教学和学习评价指导手册》几乎完全复制了《数学课程标准》中关于数学学习领域"学习结果"和"评价标准"的规定。再如，南非是个多语言国家，仅官方语言就有 11 种，《语言课程标准》致力于强调不同语言在教学和学习中所具地位的平等性，但《语言学习科目设计——教师指导手册》却有着诱导教师在教学中使用单一的英语语言的倾向；等等。

评估小组认为，这一系列的政策文本没有充分考虑到读者的时间和精力，某个文本往往需要读者配合阅读其他诸多文本才能理解其意。这些文本大都冗长、繁杂，有的还存有谬误。同一学科领域或学习科目的《课程标准》《学习科目设计——教师指导手册》以及《教学和学习评价指导手册》之间也往往存在不协调、不一致之处。

鉴于此，评估小组建议，教育部要组织人员制定更为整体和统一的国家课程标准，即按照 R-3 年级、4—6 年级、7—9 年级不同学段所开设的不同的学科领域或学习科目，对之前每个学科领域或学习科目所对应的《课程标准》《学习科目设计——教师指导手册》以及《教学和学习评价指导手册》等多个课程政策文件进行删减、整合、"打包"处理，从而使得每个学段所开设的每个学科领域或学习科目分别只对应一个单一的课程政策文本。以 7—9 年级这个学段为例，它所开设的学习领域或学习科目共有 9 种，分别为母语、第一外语、数学、生命教育、自然科学、人文社会科学、艺术和文学、技术、经济和管理科学。那么，这个学段上的课程标准文件将有 9 个，即每个学科领域或学习科目各对应 1 个，且只对应 1 个。

其他学段也是如此。新一轮的课程标准制定出来并正式颁布之后，将替代之前所有的课程政策文件。

（二）对政策文本执行情况的评估及建议

首先，某些省级和区级教育行政部门对国家课程政策任意作出解释并歪曲其本意。评估小组在报告中指出，某些省份对教育部颁布的许多甚至每个课程政策或指导文件都予以解释和说明，往往歪曲了它们的本意，生出属于本省的课程政策或指导文件。经过省级加工、处理和再解释的课程政策或指导文件，在区级教育行政部门层面上有时也会遭遇同样的问题。这样一来，当国家课程政策传递和转达到学校和教师层面时，已经与其本来的面目大相径庭。

其次，教育部、省级和区级教育行政部门向学校下达的政策通告有时相互矛盾，而且不具备可行性。南非教育部、省级和区级教育行政部门所采取的最主要的方式就是下达政策通告，向学校和教师传达有关课程政策变动和调整的信息。上述问题的存在，往往使得学校和教师在琳琅满目的政策通告面前无所适从、不明去向。

再次，区级教育行政部门和课程顾问没有扮演好应有的角色。评估报告指出，许多学校和教师都反映，很多区级课程官员对国家课程政策及其变动并没有充分了解，往往凭借主观臆测对国家课程政策作出任意解释并强迫学校和教师贯彻和执行。课程顾问本应扮演好非常重要的教育部和学校之间的联络者和协调者角色，但事实上许多课程顾问并没有扮演好这一角色。评估报告指出，许多省份有着大量新任命的课程顾问，他们所接受的课程政策培训极为欠缺，甚至不如教师们了解得多，形同虚设。有些省份的课程顾问，并不明确自身所应当扮演的角色，只是负责收发试卷或做些与课程政策并无直接关联的零散工作。

第四，教师对新课程政策的理解往往受之前课程政策理念的干扰和牵绊。教师在课程政策实施中有着无可替代的中心地位。他们能否对课程政策作出准确、到位的理解，直接影响着课程政策最终的实施效果。评估报告指出，南非的课程改革是疾风骤雨式的，《2005课程》于1997年开始实施后不久，教育部便于 1999 年启动了对其的审查和修订工作，生成了 2002 年的《国家课程标准修订本》，随后又颁布了一系列与之配套的政策文本或指导文件。虽然《2005 课程》实施时间短暂，但其诞生前的酝酿时间较长，而且政府对其所做的前期宣传比较充分，其所宣扬的一些课程理念在教师心目中留下了深刻的印痕。这使得教师在理解《国家课程标准修订本》所宣扬的课程理念时，很难摆脱掉《2005 课程》的影子，从而使得他们在课堂教学中很难准确、到位地贯彻和落实新的课程政策。

第五，教师被要求完成的任务过重，他们难以将精力集中到教学上。前文已经提及，《国家课程标准修订本》（总纲）规定，教师应当负责学习科目的设计和细化工作。为了指导教师做好相应工作，教育部又出台了多个《学习科目设计教师指导手册》。其中规定，教师在学习科目的设计和细化过程中，要遵循“三步走”的原则，首先要按照不同学段开发和设计出所教科目的整体的“学科计划”；其次要以每个学年为单位开发和设计出每个学年的“年度工作计划”；再次要以每个学时、每堂课、每一到两个周或每个月为单位来开发和设计出更为具体而详尽的“教学计划”。也就是说，教师要依次做好“学科计划”“年度工作计划”和“教学计划”，才算最终完成了学习科目的设计和细化工作。评估报告指出，许多教师都强烈反映，他们在依次完成这些计划的过程中，做了大量重复性工作，相当费时费力。学习科目的设计和细化工作，大量消耗了他们本应投入到课堂教学中的时间和精力，使得他们超负荷工作，压力很大。

针对以上问题，评估小组主要提出如下建议：教育部、省级和区级教育行政部门必须厘清它们在国家课程政策实施中所应扮演的角色，省级和区级教育行政部门所扮演的角色应当是教育部的佐助者和支持者。应当避免国家课程政策被省级和区级教育行政部门作出任意解释，甚至歪曲其本意。课程顾问应当切实尽到直接向教师传递、转达国家课程政策信息的责任，并要为教师讲授具体学习科目提供专业支持。教师设计和细化学习科目和内容的工作负担亟须减轻。教师在依次制定“学科计划”“年度工作计划”和“教学计划”过程中所做的重复性工作亟须缩减。应当鼓励教师使用优质教材作为教学材料或辅助工具，而不只是凭借自身开发和设计的"教学计划"来开展课堂教学。针对课程政策的变动和更改情况，由教育部来决定是否向学校下达政策通告，如要下达，也只能于上年9月份之前来下达针对次年工作安排的政策通告，并且每年只能下达一次。

（三）对教材、教学和学习资源开发使用情况的评价及建议

教科书作为系统的、有组织的、有结构的整体性材料，其内容往往包含某学科的基本概念和基本知识，有助于教师更好地进行课堂教学以贯彻和落实国家课程政策的规定和要求。南非本国及其他国家的许多研究，也都承认和强调教科书在促进国家课程政策最终落实到课堂层面的作用。但是，南非1997年开始实施的《2005课程》，极度弱化了教材在课堂教学中的作用，并极力主张和支持教师自主开发和设计教学材料。深受《2005课程》的影响，《国家课程标准修订本》及其配套政策或指导文件也没有专门强调教材的重要作用，教师们仍然延续着主要依靠自身开发和设计教学材料的做法。评价报告指出，此种观念和做法应当改变，因为许多教师在评价小组举行的听证会上都表示他们在自主开发和设计教学材料方面耗费了过多的时间和精力，以至于影响了课堂教学。而且，由于这项工作要求教师要具备一定的研究能力和专业技能，因此很难保证教师自主开发和设计的教学材料质量。除教科书外，其他教学和学习辅助资源也在很大程度上能够促进国家课程政策最终在课堂层面的落实。但前提是，这些教学和学习辅助资源要保持一定的统一性和一致性，并且要和教材以及国家课程政策的统一要求相配套。但实际情况是，如评估报告所指出的，南非的每个省都是单独筛选和审核教学和学习辅助资源，并自成体系。这样虽然使得教学和学习辅助资源具备多样性，但却很难确保其质量和一致性。

另外，评估报告还提到，在教材及教学和学习辅助资源的购买方面，南非九个省各有一套操作办法，这样使得省级教育行政部门和出版社之间的供应链条相对复杂。因而，从国家范围而言，教材及教学和学习辅助资源的总体购买费用额外增加了30%左右。

针对以上问题，评估小组主要提出如下建议：教育行政部门应将教材及其他教学和学习资源的重要性告知教师，并鼓励教师使用国家认可的教材，以利于其更好地开发和设计教学材料和进行课堂教学。教育部应当审查、筛选并确定一套全国范围内相对一致的教材及教学和学习资源，而且要确保它们和国家课程政策的配套性。学科专家应当参与教材的筛选和评审活动。教育部应当设计和开发一套完整的购买机制和方案，以确保既能有效降低全国范围内教材及教学和学习资源的购买费用，又能确保它们的质量和适用性。

（四）对教师教育和培训跟进情况的评价和建议

有效而具有针对性的教师教育和培训，在很大程度上决定着国家课程政策的成功实施；反之，国家课程政策将难以最终落实。

评估小组指出，许多教师和学校管理人员在听证会上及提交的书面材料中反映，大量新入职的教师缺乏扎实的学科专业知识和素养，对教学方法和学生评价方法的使用缺乏足够的储备和自信。与国家课程政策实施相配套的教师在职培训过于表面化和笼统化，针对性和具体性不强。教育行政部门的课程管理人员、校长、学校管理人员等与国家课程政策实施直接相关的人员，由于未接受充分的培训，他们对国家课程政策的认识和理解程度，有时还不如教师到位。甚至有时由于他们的误导，教师把现行的国家课程政策与之前的政策相混淆，进而更加困惑。

针对以上问题，评估小组主要提出如下建议：首先，高等师范教育专业要尽可能使它们的专业课程与国家课程政策保持一定的衔接性和一致性，以利于其毕业生入职从教后更轻松有效地接受与国家课程政策实施相配套的在职培训。其次，与国家课程政策实施相配套的教师在职培训不能采取"一刀切、一风吹"的形式，必须结合教师具体的教学环境和条件及切实需求，对在不同学科领域或学习科目从教的教师分别进行专门的、有针对性的培训。另外，有些教师从事特殊儿童教学和复式班教学，有些教师母语不是英语但教学用语却是英语，等等。针对这些有着特殊情况和需要的教师，也要开展一些有针对性的、专门的在职培训，以利于国家课程政策更好地得以实施。再次，教育行政部门的课程管理人员、校长、学校管理人员等与国家课程政策实施直接相关的人员，也要接受相应的培训，并要确保培训的质量和效果。此种培训，要使上述人员清醒地认识到自身在国家课程政策实施中应当扮演的角色，深入认识和理解有关政策文本，坚决摒弃陈旧过时的课程理念，等等。

另外，评估小组对教学和学习的评价方式也提出了评估意见，如使用档案袋或成长记录对学生进行形成性评价的方式方法，不但没有使学生的学习成绩见长，反而过多侵占了教师教学和学生学习的时间和精力，等等。

评估小组对课程设计结构也提出了评估意见，如基础教育过渡阶段开设 8 种学习科目的课程，导致学生负担过重。并且，基础教育奠基阶段只开设了 4 种学习科目的课程，而过渡阶段突然增设至 8 种学习科目的课程，使得 3 年级和 4 年级之间的课程衔接和过渡不科学、不合理，学生也很难适应此种骤变；等等。

三、评价结论和建议的影响及作用

如前所述，评估小组是在 2009 年 10 月向基础教育事务部部长呈交的评估报告。2009 年 10 月 29 日，南非教育部发言人向外界公布了基础教育事务部对评估小组所提意见和建议的认可和肯定，以及基础教育事务部在这些意见和建议的基础上将要采取的举措。之后不久，2009 年 11 月 5 日，基础教育事务部部长在由各方代表所参加的政府会议上，又做了专门讲话，提出了多项基础教育事务部将要采取的举措，这些举措也都以评估小组所提的意见和建议为基础。

2009 年 12 月 29 日，基础教育事务部下达了正式公告，明确了其依据评估小组所提意见和建议决定要采取的举措。2010 年将要采取的举措包括：首先，终止学生成长记录或档案袋的使用，缩减教师和学生投入到评价中的时间和精力，以确保教师将更多精力投入到教学中，而学生将更多精力投入到学习中。其次，教师只需要具备单一的文件档案就可以，而不像之前既要在学习科目的设计和细化过程中依次制定"学科计划""年度工作计划"和"教学计划",又要完成针对自身教学的评价表,还要完成针对学生的记录表或报告卡片,等等;以此切实消除教师的重复劳动,减轻教师教学之外的负担,让他们将更多时间和精力投入到课堂教学中,等等。2011 年将要采取的举措包括,缩减基础教育过渡学段所开设的学习科目种类,由 8 种缩减为 6 种,以此减轻该学段学生的课业负担,也利于他们由奠基学段向过渡学段的平稳过渡,等等。

同日,即 2009 年 12 月 29 日,基础教育事务部还下达了另一份正式公告,再次委任了专门的部长级项目委员会,确定并公布了其组成人员名单。部长级项目委员会的职责,即按照基础教育 R-3 年级、4—6 年级、7—9 年级不同学段所开设的不同的学习科目种类,分别制定一个单一的课程政策文本,以此生成新一轮的国家课程标准。前文已经对此有所提及,这也是评估小组所提的主要建议之一。2010 年 2 月 3 日,基础教育事务部在下达的正式公告里,又委任了两个专门小组,一个小组专门负责基础教育 4—6 年级学段所开设的学习领域或科目的课程缩减工作,另一个小组专门负责教材及教学和学习资源的管理和配备工作。同时,这两个小组也要协助部长级项目委员会,共同制定新一轮的国家课程标准。

基础教育事务部根据评估小组所提意见和建议,先后采取各项举措,并逐项落实。在此基础上,南非新一轮的国家课程标准于 2012 年正式颁布,标志着南非基础教育课程改革又掀开了新的一页。至此,经过了《2005 课程》形成、实施、审查和修订的第一个阶段和《国家课程标准修订本》形成、实施和评价的第二个阶段,又迈向了《课程和评价政策标准》形成和实施的第三个阶段。

第九章　欧洲联盟"格龙维计划"的
形成、运作机制与效用

　　2000年3月，里斯本欧盟首脑会议确立了欧盟未来10年的新发展战略，即在今后10年内使欧盟成为世界上最富竞争力和以知识经济为基础的最具活力的经济体系，在更多地提供就业机会和增强社会凝聚力的基础上实现可持续的经济增长，而要实现这一宏伟目标，就要推动包括成人学习系统在内的终身学习社会的构建。此后，欧盟相继发表了一系列涉及发展成人教育的文件，如2006年发布的《成人学习：学习永远不会晚》(*Adult Learning：It is Never too Late to Learn*) 和2007年发布的《关于成人学习的行动计划：成人学习正当其时》(*Action Plan on Adult learning：It is Always a Good Time to Learn*) 等。为了将这些文件中的精神落到实处，欧盟还推出了成人教育专项计划——"格龙维计划"(Grundtvig Programme)。

　　那么，欧盟"格龙维计划"形成的背景是什么？具体内容有哪些？它是如何运作的？效果如何？本章试图在分析相关文件的基础上，对这些问题作出回答。

第一节　"格龙维计划"的形成

一、"格龙维计划"形成的社会背景

　　欧盟"格龙维计划"的形成与欧洲社会长期存在的社会经济问题是密切相关的，特别是失业问题、人口问题和日益激化的全球性经济竞争，

都成为计划制定的重要出发点。

欧盟成立以后，失业问题依然是困扰欧洲社会发展的一大难题。当然导致这种局面形成的原因是多方面的，但从失业者本身的角度讲，劳动者不能根据社会发展的要求及时更新知识和技能结构，是失业率居高不下的重要原因之一①。据欧洲统计局2004年的调查显示，在欧洲有7200万低技能的工人，占到了劳动力市场的三分之一②。而有研究表明，2005年欧洲有37%年龄在16—74岁的成人没有基本的计算机技能，并且这一比例在高年龄段更为突出（在55—74岁的人口中，这一比例达到了65%)③。更有研究预测，到2010年新创造的工作机会中只有15%是给低技能者的，50%的新工作机会将会要求劳动者接受过高等教育④，这就需要提高过早辍学者（2005年为600万)⑤和超过40岁的低技能者的技能。可见，加强成人教育，提高劳动者的素质，减小其失业的可能性，是欧盟必须要解决的重要问题之一。

与此同时，欧洲还正在面临着空前的人口变化。一方面，欧洲人口正趋向老龄化：在接下来的30年，年轻欧洲人（上限为24岁）的数量将减少15%。三分之一的欧洲人将超过60岁，约八分之一的人将超过80岁。⑥

---

① 杨雪：《欧盟共同就业政策研究》，中国社会科学出版社2004年版，第56页。

② European Association for the Education of Adults（EAEA），"Adult Education Trends and Issues in Euro-pe"，2008年7月20日，http：//www.eaea.org/doc/eaea/trendandissuesfull.pdf.

③ European Commission，"It is Always a Good Time to Learn"，2008年10月9日，http：//ec.europa.eu/education/policies/adult/com558_en.pdf.

④ European Association for the Education of Adults（EAEA），"Adult Education Trends and Issues in Europ-e"，2008年7月20日，http：//www.eaea.org/doc/eaea/trendandissuesfull.pdf.

⑤ European Commission，"Progress Towards the Lisbon Objectives in Education and Training"，2008年11月1日，http：//ec.europa.eu/education/policies/2010/doc/progressreport06annexes.pdf.

⑥ European Commission，*Confronting Demographic Change：a New Solidarity Between the Generations*，Lu-xembourg：Office for Official Publications of the European Communities，2005.

在劳动力市场中年轻人不断减少的情况下，开发老年人的劳动力变成一大新的课题。欧盟提出到 2010 年要有 50% 的 55—64 岁人口被雇佣，到 2010 年人们平均退休年龄应当增加 5 年，即平均退休年龄是 64 岁，这就需要不断更新老年劳动者的技能。但是，在 2002 年，很多国家超过 20% 的 55—64 岁人口仍缺少高中毕业资格证书，其中有 17 个国家则超过 40%。但事实上，参与培训的老年劳动者数量仍很有限，根据欧洲统计局的劳动力调查显示，55—65 岁人口参加教育与培训的比例仅占 40%。[①] 另一方面，欧洲还存在大量的移民，大多数新移民甚至高技能者，仍有语言和文化理解方面的困难，他们无法很好地融入欧洲社会，这也成为欧洲的一大社会问题。

但是，知识经济时代的到来给欧洲带来的挑战却越来越明显。欧盟的生产力结构正在由传统的"物质要素主导型"结构转向"智力要素主导型"结构，"人"自身所具有的知识、科技和管理才能已经构成了生产力要素中的重要内容。[②] 欧盟从诞生之日起，就担负着提高欧洲的整体竞争力，应对全球化带来的挑战的任务。[③] 特别是多年以来，欧盟一直在想方设法赶超美国、日本等主要的竞争对手，力图在全球化的进程中立于不败之地，同时世界其他地区的快速进步也给欧洲带来了新的竞争压力。全球化趋势的日益明显使欧洲对提高人力资源质量的紧迫性有了更明确的认识，加强终身学习不可避免地成为欧盟的政策选择。

然而，长期以来，欧洲各国的教育特别是成人教育是在彼此相对隔绝的情况下发展的，从而形成了多样化的局面。如北欧模式主要采用民众高等学校（folk high school）、工人教育（workers' education）和大众教

---

① European Association for the Education of Adults（EAEA），"Adult Education Trends and Issues in Euro-pe"，2008 年 7 月 20 日，http：//www.eaea.org/doc/eaea/trendandissuesfull.pdf.

② 李新功：《欧盟职业培训：政策与实践》，复旦大学世界经济专业博士学位论文，2005 年，第 37 页。

③ 辛文、吕可红：《欧盟职业教育与培训的变革取向管窥》，《职业教育研究》2006 年第 1 期。

育（popular education）的形式发展成人教育；西欧模式则部分地效仿了北欧模式，同时又发展了自己的特点；中东欧和南欧模式则主要脱胎于苏联的成人教育模式。① 显然，要使欧盟各成员国充分地从这种多样性中受益，就必须避免由于不相容而带来的壁垒和障碍。

在这种情况下，在欧盟层面制定面向各成员国的成人教育专项计划成为势所必然。

二、"格龙维计划"形成的政策背景

从历史发展的角度看，欧盟对成人教育政策的关注经历了一个逐渐演变的过程，成人教育方面的计划也经历了一个从无到有，到继续发展的过程。

早在 20 世纪 80 年代，欧共体为加大教育领域的合作交流力度，就曾先后推出多项教育行动计划，以促进经济、政治一体化的更快更好发展。在这些教育计划中，有一部分计划包含与发展成人教育相关的内容，如"佩托拉计划"（PETRA）——针对职业教育、"强力计划"（FORCE）——针对继续培训、"依瑞斯计划"（IRIS）——针对妇女的培训、"林格瓦计划"（LINGUA）——针对语言学习。

欧盟成立之后，受欧洲一体化进程加快、全球化趋势日趋明显、终身学习理念日益深入人心等因素的影响，在教育政策的制定和实施上，欧盟非常重视终身学习体系的建构，积极推动终身教育的发展。欧盟于 1995 年开始启动了两个为期五年的教育行动计划——"苏格拉底计划"（Socrates Programme）和"达·芬奇计划"（Leonardo Da Vinci Programme）。两个计划分别将 1995 以前已经在普通教育领域和职业教育与培训领域开展的一些项目进行了整合，并新增了部分内容，从而形成了新的框架性行动计划。"苏格拉底计划"旨在推动欧洲在普通教育方面的合作。除了原有的"伊拉斯谟计划"（Erusmas Programme）、"林格瓦计划"等计划

---

① European Association for the Education of Adults（EAEA），"Adult Education Trends and Issues in Euro-pe"，2008 年 7 月 20 日，http：//www.eaea.org/doc/eaea/trendandissuesfull. pdf.

外，还引入了两个与普通成人教育相关的计划，这包括"开放课程与远程学习"计划（ODL），推动普通成人教育提供者之间包括工会的跨欧洲合作。同样开始于 1995 年的"达·芬奇计划"由一系列有关职业培训的行动计划组成，其中包含了先前的"彗星计划""佩拖拉计划"和"强力计划"等。其主要目的在于加强不同组织部门之间的跨国合作，以支持欧盟成员国出台促进职业教育培训的政策和开展职业创新活动。它鼓励采用以提高"欧洲职业培训质量"为目的的新方法，其中包括对接受首次教育的青年人、接受继续教育的青年劳动力以及外语教师提供帮助，且还支持教师和青年在培训中的流动和相互交流，并对实施过程中遇到的问题进行调查研究。

2000 年以来，欧盟相继发表一系列涉及发展成人教育的文件，包括《终身学习备忘录》（*A Memorandum on Lifelong Learning*，2000）、《实现终身学习的欧洲》（*Making a European Area of Lifelong Learning a Reality*，2001）、《成人学习：学习永远不会晚》（*Adult Learning：It is Never too Late to Learn*，2006）和《关于成人学习的行动计划：成人学习正当其时》（*Action Plan on Adult learning：It is Always a Good Time to Learn*，2007）等。从这些政策文本看，有以下几个重点：

（一）敦促成员国确立终身学习战略

2000 年 6 月，在葡萄牙的费拉（Feira）举行的欧洲理事会要求"各成员国、欧洲理事会、欧盟委员会应在各自所能企及的范围之内，为全民终身学习（lifelong learning for all）确定一致的战略和实际的行动措施。"作为对该要求的回应，欧盟委员会在 2000 年 10 月发布了著名的《终身学习备忘录》。备忘录提出了六项关键信息（six key messages）作为讨论在欧洲实现终身学习实践策略的框架，分别是：（1）使公民不断获得或不断更新其在知识化社会中生活和工作的必要技能；（2）欧洲最宝贵的财富是它的人力资源，应加大对人力资源的投入；（3）采取有效的教育和学习方法，使终身学习成为一种相互衔接的连续性活动；（4）改进对学习和学习成绩的认识和评定方法，尤其是非正规或非正式的学习，提高教育的社会地位；（5）保障每个人在其一生中可以方便地享有高质量的信息和咨询服务，以使他们能在欧洲获得各种学习机会；（6）使终身学习的机会尽可能贴近公民的实际需要。① 2004 年发布的《欧洲教育与培训 2010 年目标实施中期进展报告》明确要求各成员国应当在 2006 年底落实连贯的、综合的终身学习战略。2005 年春季的欧洲理事会又重申了这一目标。

（二）主张培养公民的关键技能

2000 年以来，欧盟十分强调培养公民关键技能的重要性，并在确定关键技能的内涵等方面做了不少努力。

2000 年的里斯本欧盟首脑会议就曾提出：应当建立一个欧洲框架，确定通过终身学习，人们需要获得的新的基本技能有哪些，并将其作为欧洲应对全球化、迈向知识经济社会的关键工具。此后，这一结论在各种会议中又多次被重申。2002 年巴塞罗那欧盟首脑会议批准的《欧洲教育与培训 2010 年目标》中，包括加强技能的教育和培训的目标。技能在知识社会中不仅包括读写和计算能力，而且还包括在科学、外语、使用信息通信技术（ICT）、学会学习、社会技能、进取心以及所谓的一般文化等方面的基本能力。2001 年欧盟委员会文件《实现终身学习的欧洲》以及 2002 年 6 月 27 日关于终身学习的理事会决议将提供"新的基本技能"确定为优先领域。2003 年 5 月，理事会采纳了五项欧洲基准，其中包括阅读能力、早期辍学率、高中教育完成率和成人终身学习参与率，它们均与关键技能的发展紧密相关。

2006 年 12 月欧洲议会和理事会发布了《关于终身学习所要求的关键技能的建议》，提出了一个"终身学习所要求的关键技能——欧洲参照框架"，共列出了 8 项基本能力：用母语交流的能力（communication in the mother tongue）；用外语交流的能力（communication in foreign languages）；数学能力和科学技术基本能力（mathematical competence and basic compe-

---

① European Commission，"A Memorandum on Lifelong Learning"，2010 年 2 月 12 日，http://www.bologna-berlin2003.de/pdf/MemorandumEng.pdf.

tences in science and technology）；数字信息能力（digital competence）；学会学习（learning to learn）；社会的和公民的能力（social and civic competences）；首创性和创业精神（sense of initiative and entrepreneurship）；文化意识及表达（cultural awareness and expression）。这些关键能力都同等重要，且每一个都对在知识社会中生活起着重要作用。①

2007 年 11 月，理事会又发布了《关于新工作所需的新技能的决议》，针对成员国如何培养公民关键技能问题提出了较为具体的要求和建议。文件强调，（1）通过运用已有的欧洲层面和国家层面的工具，为全体欧洲公民提供获得知识、技能和能力的新机会；（2）预测在欧洲劳动力市场中将要出现的技能需要和技能鸿沟；（3）提高知识、技能和能力与社会和经济需要的匹配程度。②

（三）呼吁重视老年人和移民的教育

欧盟委员会在 2006 年发表的《成人学习：学习永远不会晚》文件中，积极倡导加大对于老年人口和移民学习的投资力度。文件认为，面对欧洲人口老龄化的趋势，不仅需要推迟退休的平均年龄，还需要在退休前和退休后都推行"积极老龄化"政策。这就要增加老年劳动者参加终身学习的机会，提高其技能水平，政府和专业机构要为之提供资助。文件主张要将教育的覆盖面扩展到退休者（如老年人接受高等教育），希望大学"更加开放，为处于晚年的学生提供课程"。此外，还应当将欧洲退休者视为成人学习教师和培训者的一个潜在来源。

在移民问题方面，文件认为成人教育要支持移民融入社会，设法使其在移民前就获得大多数的能力和教育，包括通过相关的项目帮助提高移民输出国的教育和培训质量；加快发展认证移民的正规、非正规和非正式

① Eurpean Parliament & Eurpean Council，"Action Programme in the Field of Lifelong Learning (2007-2013)"，2008 年 6 月 23 日，http://eur-lex.europa.eu/LexUriServ/site/en/oj/2006/l_394/l_39420061230en00100018.pdf.

② Eurpean Council，"Council Resolution on the New Skills for New Jobs"，2008年7月12日，http://eur-lex.europa.eu/LexUriServ/LexUriServ.do? uri＝OJ：C：2007：290：0001：0003：EN：PDF.

学习成果的机制；增加成人语言、社会和文化融合等方面的学习机会；提高教学效率，推动跨文化学习。

（四）推动对非正规与非正式学习的评价与认证

2000 年以来，欧盟发布的教育相关文件中一直在号召欧盟层面和国家层面都要真正重视起对非正规与非正式学习的认证和评价问题。

2001 年 11 月，欧盟委员会发表的白皮书《欧洲青年的新动力》（*A new impetus for European Youth*）强调了非正规学习与教育的重要性。2004 年 2 月，欧盟发布的《2004 年欧洲教育与培训 2010 年目标实施中期进展报告》认为，应当开发欧洲共同的参照原则，虽然这种共同原则对于各成员国没有强制力，但有助于增进各国间的互信，也有利于各国的变革。

2004 年 5 月，欧盟理事会和各国政府代表发布了《认证非正规与非正式学习》文件，文件认为评价与认证非正规与非正式学习成果有助于满足个体学习者的需要，可以使那些试图接受或重新接受教育与培训个体获得机会；有助于在公民、社会和经济的背景下，进行人力资源的开发与利用；有助于劳动力市场和社会需要的满足。文件提出了如下几条原则：(1) 关于申请者的资格：评价与认证非正规与非正式学习，在原则上应当是一种个体的自愿行为，应当对所有个体都是一视同仁，要尊重个体的隐私和权利。(2) 评价与认证机构的责任：应当建立评价与认证非正规与非正式学习的体系和方法、质量保障机制以及向个体提供有关这些体系和方法的指导、咨询和信息。(3) 信任：评价与认证非正规与非正式学习的过程、程序和标准必须是公平、透明的，并且要有质量保障机制作为支撑。(4) 可靠性和合法性：评价与认证非正规与非正式学习的体系与方法应当尊重合法的利益，确保相关评价与认证机构的均等参与，要设立相关的机制以避免利益冲突，还要保障评估与认证者具有专业能力。[1]

---

[1] European Council, "Validation of non-formal and informal learning, Conclusions of the Council and o-f the representatives of the Governments of the Member States meeting within the Council on Common European Principles for the identification and validation of non-formal and informal learning", 2008 年 11 月 21 日，http：//ec.europa.eu/education/policies/2010/doc/validation2004_en.pdf.

2005 年 7 月,欧盟委员会起草了《适应终身学习要求的欧洲资格框架》文件,以增加职业资格透明度,支持成员国间的互信,促进个体公民资格的迁移和承认。2006 年 10 月,欧盟委员会发表的《成人学习:学习永远不会晚》文件要求在接下来的五年内,成员国基于关于评价和认证非正规与非正式学习的共同欧洲原则,在已有经验的基础上,应当确实开展对于非正规学习和非正式学习的评价和认证。

在 21 世纪最初的十年间,欧盟在成人教育政策方面的思路是一贯的、明晰的,所发出的积极推动终身学习社会建设的信号是明确的。但是,欧盟作为一个区域一体化组织,自身基本上没有具体负责实施成人教育的实体机构,各项成人教育政策的实施主要是以各种合作项目及行动计划为引领的。它主要采用发布、资助和验收相关教育计划的方式,动员各成员国参与成人教育活动,从而实现自己的教育意图。因此,"苏格拉底计划"中的专门针对成人教育的子计划"格龙维计划"(Grundtvig Programme)便应运而生了。

第二节 "格龙维计划"的实施

欧洲议会和欧盟理事会第 253 号决议(Decision No.253/2000/EC,2000/01/24)决定在 2000—2006 年间开展苏格拉底 II 计划,其中还新加入了一个专门针对成人教育的子计划——"格龙维计划"(Grundtvig programme)。欧洲议会和欧盟理事会第 1720 号决议(Decision No.1720/2006/EC,2006/11/15)决定实施 2007—2013 年"终身学习计划"(Life-long Learning Programme),这个教育计划建立在以往欧盟各种教育计划的基础之上,将以往所有教育计划整合在一个题目下,"格龙维计划"依然是其重要组成部分。

一、"格龙维计划"的管理结构

格龙维计划及欧盟的其他教育行动计划都是通过欧盟机构和成员国

共同管理和实施的。其中，欧盟委员会对格龙维计划的实施负整体责任，以确保教育计划在各成员国的一致性和连续性；教育、传媒和文化行政署负责行动计划在欧盟层面的实施；成员国国家计划代理署负责格龙维计划在国家层面的实施。①

（一）格龙维计划在欧盟层面的实施

1. 欧盟委员会（European Commission）

欧盟委员会是欧盟的常设机构和执行机构。其委员（Commissioner）通常由各成员国的前部长或其他高级官员担任，但各委员不代表任何国家或组织，只对欧盟负责。它主要负责草案的发起、欧盟条约和理事会作出的决定的执行以及欧盟日常事务的处理等等。在成人教育领域，欧盟委员会负责相关教育计划的执行与管理，确保教育计划的顺利实施。欧盟委员会下设各种总司（Directorate-General，DG）处理各个方面的问题，其中"教育与文化总司"主要负责教育、培训与青年方面的工作。"教育与文化总司"由五个司组成，各司下设若干个职能处，对本司的事务进行分门别类的管理。其中B司的4处具体负责实施"格龙维计划"。

根据欧盟理事会和欧洲议会《关于在终身学习领域开展行动计划的决定》中的第10条，欧盟成立了"终身学习计划委员会"，协助欧盟委员会共同对行动计划进行管理，其主要职责是对终身学习计划的实施方案发表意见并提供咨询。

2. 教育、传媒和文化行政署（Education，Audiovisual and Culture Executive Agency）

根据欧盟理事会《关于制定委托执行委员会管理欧盟行动计划的条例》和欧盟委员会《关于成立教育、传媒和文化行政署以管理欧盟在教育、传媒和文化领域行动计划的决定》，欧盟于2005年1月14日成立教育、传媒和文化行政署，以管理欧盟在教育、传媒和文化领域的行动计

---

① 王海涛：《欧洲知识化进程中的成人教育行动计划》，首都师范大学比较教育学专业硕士学位论文，2009年，第29页。

划。该行政署署长及指导委员会的 5 名委员均由欧盟委任。教育、传媒和文化行政署由 10 个职能处和 2 个平行处组成。其中 3 处负责格龙维计划的实施。

在格龙维计划乃至整个终身学习计划中，集权和分权两种管理形式是并存的。集权型项目管理权归欧盟委员会所有，即由欧盟委员会负责计划的申请、选择和条约的进程。通常，计划的一个合作机构将作为协调人对计划负责；分权型项目管理权归成员国所有，即成员国国家权力机关在其计划代理署的协助下负责计划的申请、选择和合约的进程。通常，参加计划的每一个机构都会直接联系它所在国的国家计划代理署。

(二) 格龙维计划在成员国层面的实施——国家计划代理署 (National Agency)[1]

格龙维计划在成员国层面的实施由各成员国全权负责。成员国权力机关通过建立国家计划代理署来负责计划中的分权型项目在国家层面的实施。成员国权力机关对国家计划代理署的工作进行监督并确保国家计划代理署能够妥善管理分权型项目的资金。国家计划代理署在计划的实施过程中起关键作用，它不仅代表成员国与欧盟委员会开展合作，还负责计划在国家层面的管理和实施。具体说来，国家计划代理署所要完成的任务有：公布计划提案或计划提案的最后完成期限；提供信息并推动行动计划的进程，为潜在的项目申请人提供信息和建议；对提交上来的项目申请进行筛选；核定被批准的项目申请所需的资金数额；与项目申请人签署合同并发放资金；处理项目申请人按照合约所提交上来的报告；对项目申请人进行监督并提供帮助；对所资助的行动进行部件检验、现场监控和审计；对资助项目所取得的成果要负责传播和宣传；分析计划的实施情况，并对计划在本国的影响进行反馈。

---

[1]　王海涛：《欧洲知识化进程中的成人教育行动计划》，首都师范大学比较教育学专业硕士学位论文，2009 年，第 31—32 页。

（三）格龙维计划的管理过程①

在欧盟委员会公布计划的实施提案之后，项目申请人可根据提案在规定期限内向相关机构提交项目申请。一个项目从申请到最后完成需要经历若干个环节：

1. 提交项目申请。由于不同的项目管理方式，格龙维计划中的集权型项目和分权型项目也具有不同的申请和筛选程序。申请集权型项目必须向教育、传媒和文化行政署提交申请报告，申请分权型项目则必须向国家计划代理署提交申请报告。

2. 项目申请的评估和筛选。根据计划提案所确定的标准，国家计划代理署及教育、传媒和文化行政署分别组织专家对提交上来的项目申请进行评估。分权型项目由国家计划代理署审批，而集权型项目则需在教育、传媒和文化行政署进行筛选后上报欧盟委员会审批。被批准的项目将以列表的形式呈现，所有项目申请人都能得知筛选结果，未获批准的项目申请人也会收到申请为何被拒的反馈。

3. 签订合同。根据项目种类的不同，将分别由教育、传媒和文化行政署和国家计划代理署和被批准项目的申请人签订合同。合同中对项目资金的数量、拨款方式、审计安排等其他的财政规则都有所规定。

4. 项目的全程监控。欧盟委员会/教育、传媒和文化行政署和国家计划代理署将通过视察和其他的监控措施对项目的实施进行全程监控。

5. 提交项目进展报告。在项目中期，项目申请人需要提交一份有关项目实施和资金使用方面的报告。在这份报告被评估并认可之后，后期的项目资金才可以下拨给项目申请人。

6. 提交结项报告。在合同到期时，项目申请人需要提交结项报告。报告内容涉及项目实施情况、成果和资金使用情况。只有在这份报告被认可后，项目申请人才能获得最后一笔项目拨款。

---

① 王海涛：《欧洲知识化进程中的成人教育行动计划》，首都师范大学比较教育学专业硕士学位论文，2009年，第32—33页。

二、格龙维计划的进展

(一) 2000—2006 年的"格龙维计划"

格龙维计划开始于 2000 年，是苏格拉底计划第二期的一个子计划。它是以一位丹麦成人教育家的名字命名的，这位教育家探索教育与生活的整体联系，并使教育面向每一个人。格龙维计划以成人教育和其他的教育途径为目的，组成了一个单一的第三种教育体系，以补充夸美纽斯计划 (中小学教育方面) 和伊拉斯谟计划 (高等教育方面)。它旨在鼓励欧洲人民树立终身学习的意识，加强成人教育领域的跨国合作，推动各成员国成人教育领域的改革，提高成人教育质量，并推动欧盟语言的学习。其具体目标包括：增加人们参与终身学习活动的比例；帮助缺少教育和资格证书的人们提高能力；改革教育方法；为学习者和提供者提供信息和服务；开发评价与认证知识、技能与能力的工具和方法；为教育工作者提供培训的机会等。

此项计划包括四种活动类型，其中第一种类型的活动始于 2000 年，其他三种则都始于 2001 年。

1. 格龙维 1 (Grundtvig1，G1)：跨国合作项目 (Transnational Co-operation Projects) 和格龙维培训课程 (Grundtvig Training Courses)

这是有关成人教育机构和组织的跨国合作工程，通过欧洲合作，这些组织或机构参与到不同的项目工程或一个共同的项目。它旨在开发新的培训标准、教学方法和高质量的教材，开发非正规与非正式学习成果认证体系，开发生涯指导和咨询方法等。2000—2006 年，该类型的活动共耗资 6000 万欧元，占格龙维计划总预算的 46%。

以这种方式，格龙维计划影响了欧洲很多国家成人教育的发展。他们特别关注如基本技能和关键能力的学习、语言学习、因特网的运用和信息通信技术的学习、监狱教育或文化的教育等主题。

2. 格龙维 2 (Grundtvig2，G2)：合作学习 (Learning Partnerships)

合作学习是各种成人教育参与者开展的小型合作，一般强调不同国家成人学习者和教师之间在共同主题上的联系 (如交流经验和方法)，各成人教育机构召开会议、进行展览和访问。其中访问和交流扮演着重要的角色。2000—2006 年，该类型的活动共耗资 5200 万欧元，占格龙维计划总预算的 40%。

3. 格龙维 3（Grundtvig3，G3）：培训资助（Training Grants）

培训资助是指让参与成人教育的所有工作人员，如教师、培训者、管理人员、督导人员等，参加为期一至四周国外课程培训。2000—2006 年，该类型的活动共耗资 800 万欧元，占 2000—2006 年格龙维计划总预算的 6%。

4. 格龙维 4（Grundtvig4，G4）：网络（Networks）和主题论坛（Thematic Seminars）[1]

格龙维网络和主题论坛为参与成人教育者提供持久讨论的平台，以广泛地评论有关方面的改革实践和思想，并形成新的政策和研究项目；它们还推动相关机构的继续合作、传播各项成果，并推动新的项目的展开。[2] 2000—2006 年，该类型的活动共耗资 1000 万欧元，占格龙维计划总预算的 8%。

在 2000—2006 年间，格龙维计划共资助了 24213 个项目，几乎欧盟所有的成员国都参与其中，使得终身学习理念得到了广泛的传播（参见表 9–1）。

表 9–1 格龙维行动中获得资助的项目数目一览表

格龙维计划子项目	2000 年	2001 年	2002 年	2003 年	2004 年	2005 年	2006 年	总计
G1	76	60	49	42	72	71	47	417
G2	0	478	924	1182	1402	1795	1980	7761
G3	0	321	537	1059	1100	1231	1063	5311
G4	0	7	10	5	2	10	3	37

[1] 主题论坛只存在于 2004 年。
[2] 王霞：《欧盟教育形态研究》，河北大学比较教育学专业硕士学位论文，2006 年。

续表

格龙维计划子项目	2000 年	2001 年	2002 年	2003 年	2004 年	2005 年	2006 年	总计
G2 拟进行的访问	0	248	434	481	747	759	414	2669
总计	76	1114	1954	4772	5327	5871	5099	24213

资料来源：European Commission，Grundtvig Selection notes；European Commission，Grundtvig webpages，Grundtvig Statistics 2000—2005. 转 引 自 ECOTEC. Joint Report on the Final Evaluation of Socrates II，Leonardo da Vinci II and eLearning：A Final Report to the Directorate General for Education and Culture of the European Commission，Luxembourg：Office for Official Publications of the European Communities，2008.

(二) 2007—2013 年的"格龙维计划"

2006 年欧盟通过的 2007—2013 年"终身学习计划"由四个子计划构成：学校教育计划（夸美纽斯计划）、高等教育计划（伊拉斯谟计划）、职业教育计划（达·芬奇计划）和成人教育计划（格龙维计划）。此外，还有作为补充的计划——跨国多边计划（Transversal Programme），主要关注政策合作、语言学习、信息和通信技术的学习以及成果的发布；莫内计划（Monnet Programme），关注欧洲融合和支持致力于该领域的组织。整个计划的预算为 69.7 亿欧元，周期为 2007—2013 年。

随着新的终身教育整体行动计划的开展，格龙维计划继续为努力实现"里斯本战略"目标服务。新时期的格龙维计划旨在为所有那些积极参与成人教育的人提供帮助，其具体行动聚焦于应对欧洲老龄化趋势所带来的教育方面的挑战，以及扩展成年人提高其知识和能力的道路。它将继续支持个人的流动，如为成人教育教师和其他职员提供在职培训课程；支持在来自欧洲不同国家的成人教育机构间的合作学习；以及在成人教育领域的跨国合作项目和格龙维网络。

在格龙维计划中，将有新的流动活动以支持成人学习者、成人教育工作者的交流互动，同时还将扩大成人教育者的培训机会。格龙维计划的目的是每年将至少有 5 万个成人受益于此流动计划，在计划结束时至少有五分之一的成人教育工作者参与欧洲合作。

　　具体来讲，新时期的格龙维计划包括如下几方面的行动：（1）提高整个欧洲成人教育的质量，并扩大其规模，力争到 2013 年每年至少有 7000名成人能够受益于流动计划；（2）提高欧洲成人教育组织间合作的质量，并扩大其规模；（3）帮助弱势群体的成人，特别是老年人和那些过早辍学、不具备资格证书的成人，让他们能够得到接受成人教育的机会；（4）为革新成人教育实践及实践经验的传播提供便利；（5）为了终身学习，支持以信息通信技术为基础的学习内容、服务、教育方法等的发展；（6）改进成人教育机构的教育方法和管理。

第三节　"格龙维计划"的效用①

　　2008 年 1 月，受欧盟委员会的委托，ECOTEC 在对格龙维计划各方参与者进行访谈并对具体实施情况进行调研的基础上，最终发布了《苏格拉底计划第二期、达·芬奇计划第二期、电子学习计划最终评估报告》②。在提到格龙维计划时，报告认为，计划已经开始初步实现了预定目标，此外，对欧盟的发展还产生了一些长远的影响。

一、对于教学的影响

　　调查显示，61% 的项目的目标受众涉及了教师、培训者和指导者。当被问及对于这些人的主要益处时，最重要的 3 点有：增加了技能、知识和能力；了解到一些跨欧洲的优秀实践经验；增强了欧洲成人教育合作者间的合作。调查还显示，71% 的项目认为它们自身对于提高教学和课程

---

① 由于官网及相关文献中尚未有涉及 2007—2013 年的"格龙维计划"效果的内容，故本节只针对 2000—2006 年"格龙维计划"的实施效果做一分析。

② ECOTEC, *Joint Report on the Final Evaluation of Socrates II*, *Leonardo da Vinci II and eLearning*：*AFinal Report to the Directorate General for Education and Culture of the European Commission*，Luxemb-ourg：Office for Official Publications of the European Communities，2008.

质量有帮助，74% 的项目认为改进了教师的教学和管理方法；很多项目检验和分享了有关教与学环境的信息，特别是关于成人教育方面的跨文化环境问题；通过格龙维计划还建立了一个重要的课程方面的组织。

但从对项目协调者访谈的结果来看，尽管成人教育管理者是课程开发项目的一个目标群体，但好像对于他们的影响并不大。

二、对于政策和实践的影响

理论上，格龙维计划对于各国成人教育政策的潜在影响应当是很大的，理由是：欧盟各国的成人教育具有分裂性和多样性，需要来自欧盟层面的指导和协调；成人教育的发展对于"里斯本战略"和"欧洲教育与培训 2010 年目标"有着重要作用，而与其他教育类型相比，成人教育还欠发达，而且在这方面的发达国家和不发达国家间差距是相当巨大的。但在实际上，格龙维计划对国家政策的影响是难以估计的，在某种程度上，这依赖于各成员国的具体情况，包括责任在于谁，国家权力机构和国家代理署间的关系是什么等等。芬兰国家代理署提到，虽然影响的前景看起来还很遥远，但是确实有了国家政策制定者采纳新建议的例子。其他被访者也表达了这种期望，欧盟成人学习方面的文件应当帮助各国在政策制定方面达到一个更高的水平。

调查数据显示，很多项目协调者认为，项目产生的新方法、工具和框架已经进入国家与地区层面的教育政策与实践当中。很多成人教育和其他机构已经采纳了大量的结果，包括当地的权威部门和联合会。在两个国家中，可以明显看到格龙维计划在国家政策层面上的影响：一个西班牙格龙维 2 项目，它关注消除成人教育障碍的新方法，产生的结果已经在西班牙新的国家终身学习战略中有所体现；而一个德国的格龙维 2 项目，其重点是为组织的评估能力开发工具，在这方面德国政府给予了它很多关注。

在提到项目产生的结果在多大程度上被各层面的政策制定者所采用时，被访者给出了这样的答案：地方层面（at local level）27%，区域层面（at regional level）10%，国家层面（at national level）7%，欧洲层面（at european level）8%。

被访问的项目协调者认为，项目已经对成员国间政策与实践的聚合产生了重要的作用。各成员国分享最好的实践经验，还出现了在成员国中都能运用的资料。这种聚合在东欧国家中尤为重要。比如，在芬兰格龙维2项目中，爱沙尼亚合作者能够获得来自于其他合作者的有关开发非正式成人教育结构的有价值的信息，特别是将图书馆开发为互动学习的场所。

被访问的项目协调者不能提供项目有利于增强信息透明性和资格认证方面的证据（包括认证非正规学习和工作经验）。但是，调查结果显示43%的协调者同意或者非常同意确实存在这方面的影响。在某种意义上，这个比例被认为是相当高了。

三、对于建立欧洲教育区的影响

ECOTEC 的报告显示，绝大多数受访者认为，格龙维计划增加并保持了各国有关机构之间的合作（92%），并增强了有关人员的流动性（82%）。这使得机构和个人都获得了更为广阔的欧洲视野（91%），还有利于鼓励良好实践经验的交流（96%）。

在发展欧洲层面的对于终身学习兴趣的网络方面，格龙维计划协调者强调，已经有项目在这方面取得了成功。项目所建立的网络囊括了成人教育组织、贸易协会、人文组织、高等教育研究机构、学校和社区。各国教育计划的国家代理署（National Agency）[①] 每年都举行会晤，帮助建立格龙维网络。

在拓宽成人教育工作者和学生的欧洲视野方面，项目协调者报告，计划对此方面产生了重大影响，特别是通过关注跨文化的方法和议题。值得注意的是成人学习者通过格龙维计划进行了跨国流动，这对于第一次去国外旅行的人来说，是相当有利于拓展其视野的。对于来自爱沙尼亚这样

[①]　成员国教育计划代理署由国家权威机关负责，代表成员国与欧盟委员会合作，在国家一级实施欧盟教育计划。

成人教育发展较为滞后的成员国的参与者而言，这方面的影响尤为突出。

但是，一个国家代理署认为，期望通过格龙维计划拓展欧洲视野是相当不现实的，因为与伊拉斯谟计划比较起来，格龙维计划获得的欧盟资助还相当有限。很多成人教育组织主要接受了国家资助，所以在拓展欧洲视野方面，并没有太多影响。

四、对于社会和经济的影响

调查显示，受访者认为，格龙维计划对于增加参与者的流动性（82%）、提高参与者的就业能力和适应性（56%）、提高处于困境中的参与者的就业能力和适应性（47%）等方面有着重要的影响，有很多成人教育工作者和成人学习者都是第一次经历国外旅行。

根据项目协调者的说法，格龙维计划对于鼓励培养积极的公民意识有着重要的作用。项目关注于成人教育领域的教学方法，而这通常是从社区视角来探讨的。那些参与格龙维计划的人常常被鼓励对他们所在的社区进行反思，并尽量参与有关事务的管理。因为这些项目具有欧洲维度，学习者和教育者自然也成为欧洲社会有知识的、积极的公民。

但是，由于本文成稿时尚未找到足够的证据能够具体指出格龙维计划的经济影响究竟是怎么样的，可以知道的信息仅限于计划在促进个体发展方面做了哪些事情，但是具体到每个人就业情况，有待于后续的追踪研究。

第十章　中国高校大学生国家资助政策实施影响因素研究

——基于对三所高校问卷调研数据的分析

　　高校家庭经济困难学生资助问题，历来受到党和国家以及社会的广泛关注。尤其20世纪90年代以来，伴随我国城乡经济和区域经济发展的逐渐不平衡，高校招生并轨制度的实施以及高校扩招政策的推进，高校家庭经济困难学生资助问题更为突出。《中华人民共和国高等教育法》第一章第九条规定，国家应当采取措施帮助家庭经济困难学生接受高等教育。国家也明确提出，开展高校家庭经济困难学生资助工作，是实施科教兴国和人才强国战略，优化教育结构，促进教育公平和社会公正的有效手段；是切实履行公共财政职能，推进基本公共服务均等化的必然要求。

　　伴随新千年以来一系列政策文件的出台，我国目前已经从制度层面上建立起"奖、贷、助、补、减"五位一体的高校家庭经济困难学生混合资助政策目标和方案。政策目标和方案，只有经过有效地执行，才能转化为政策现实。任何政策的执行和落实，都无法脱离相关因素的影响和制约。影响和制约高校国家学生资助政策执行和落实的因素涉及方方面面。但我们在本研究中主要关注以下几方面因素：国家资助政策有关具体规定的合理性；高校层面对国家资助政策的宣传力度；高校层面对国家资助政策有关规定的具体操作情况；高校层面贯彻和落实国家资助政策的资源和条件等。

　　为了对以上政策实施影响因素和结果进行具体直观的考察，我们择取了三所高校就相关问题进行了问卷调研。

　　下文将首先对我国目前国家学生资助政策文本构成及内容体系进行阐释；其次对本次问卷调研的基本情况作出介绍；再次基于调研数据对高校国家学生资助政策的实施影响因素进行考察和分析；最后就如何更好地推进和落实高校国家学生资助政策提出些许建议。

第一节　高校大学生国家资助政策文本构成与内容体系

　　高校大学生国家资助政策由一系列政策文本构成。所有这些政策文本共同构筑起我国目前"奖、贷、助、补、减"五位一体的高校家庭经济困难学生混合资助体系。对这一系列政策文本进行简要梳理，有助于我们更好地理解混合资助内容体系的政策根基。

一、混合资助政策文本梳理

　　新千年以来，尤其 2004—2007 年间陆续出台的系列政策文件，共同构筑起我国目前"奖、贷、助、补、减"五位一体的高校家庭经济困难学生混合资助体系。下面我们依照不同政策文件颁布和下达的时间先后序列，对其政策文本构成做一简要梳理。

　　2004 年 6 月，《国务院办公厅转发教育部财政部人民银行银监会关于进一步完善国家助学贷款工作若干意见的通知》（国办发［2004］51 号），对先前相关政策文件所规定的国家助学贷款管理和操作规程作出进一步调整和完善，确立了国家助学贷款的新机制。[1] 它是我国目前国家助学贷款活动开展的主要政策依据。

　　2004 年 9 月，《国务院办公厅关于切实解决高校贫困家庭学生困难问

―――――――――

[1]　《国务院办公厅转发教育部财政部人民银行银监会关于进一步完善国家助学贷款工作若干意见的通知》，《中华人民共和国国务院公报》2004 年第 22 期。

题的通知》（国办发［2004］68号），对我国高校家庭经济困难学生混合资助体系的构建发挥了重要推动作用，在所有相关政策文件中，具有举足轻重的地位。它规定，要全力推进国家助学贷款按新机制运行；要加大国家对品学兼优的贫困家庭学生的助学奖励力度；要确保高等学校收入的一定比例足额用于资助贫困家庭学生；要建立规范的高等学校勤工助学制度；要加快推进生源地助学贷款业务；等等。① 这些政策规定，对国家助学金的设立、高校内部助学制度的构建、高校内部勤工助学制度的进一步规范、生源地信用助学贷款业务的试点和开展等都起到重要奠基和推动作用。在该政策的推动下，2005年7月《财政部、教育部关于印发〈国家助学奖学金管理办法〉的通知》（财教［2005］75号），对国家奖学金和国家助学金的资助标准、资助名额、申请条件以及评审程序都作出了相关规定。

2007年5月，《国务院关于建立健全普通本科高校高等职业学校和中等职业学校家庭经济困难学生资助政策体系的意见》（国发［2007］13号）的颁布，使得我国"奖、贷、助、补、减"五位一体的高校家庭经济困难学生混合资助体系得以进一步确立。它规定，要加大财政投入，落实各项助学政策，扩大受助学生比例，提高资助水平，从制度上基本解决家庭经济困难学生的就学问题。它同时规定，建立健全家庭经济困难学生资助政策体系，要实行"加大财政投入、经费合理分担、政策导向明确、多元混合资助、各方责任清晰"的基本原则。在该政策的基础上，国家奖学金和国家助学金制度，得以进一步完善。它规定要大力开展生源地信用助学贷款，使之成为国家助学贷款的重要组成部分；同时要求高校要按照国家有关规定从事业收入中足额提取一定比例的经费，用于学费减免、国家助学贷款风险补偿、勤工助学、校内无息借款、校内奖助学金和特殊困难补助等。另外它还规定，要进一步落实、完善鼓励捐资助学的相关优惠政

---

① 《国务院办公厅关于切实解决高校贫困家庭学生困难问题的通知》，《中华人民共和国国务院公报》2004年第32期。

策措施，充分发挥中国教育发展基金会等非营利性组织的作用，积极引导和鼓励地方政府、企业和社会团体等面向各级各类学校设立奖学金、助学金。①

为确保《国务院关于建立健全普通本科高校高等职业学校和中等职业学校家庭经济困难学生资助政策体系的意见》得以切实贯彻和落实，教育部和财政部于2007年6月又同时下达了《教育部、财政部关于印发〈高等学校勤工助学管理办法〉的通知》（教财〔2007〕7号）、《教育部、财政部关于认真做好高等学校家庭经济困难学生认定工作的指导意见》（教财〔2007〕8号）、《财政部、教育部关于印发〈普通本科高校、高等职业学校国家奖学金管理暂行办法〉的通知》（财教〔2007〕90号）、《财政部、教育部关于印发〈普通本科高校、高等职业学校国家励志奖学金管理暂行办法〉的通知》（财教〔2007〕91号）以及《财政部、教育部关于印发〈普通本科高校、高等职业学校国家助学金管理暂行办法〉的通知》（财教〔2007〕92号）等多个配套政策文件。

2007年8月，财政部、教育部和国家开发银行，下达了《财政部、教育部、国家开发银行关于在部分地区开展生源地信用助学贷款试点的通知》，启动了江苏、湖北、重庆、陕西、甘肃5省市开展生源地信用助学贷款的试点工作。② 试点完成后，生源地信用助学贷款工作向全国范围内迅速拓展。截至2010年，生源地信用助学贷款工作已经覆盖全国绝大部分省市。

二、混合资助内容体系阐释

"奖、贷、助、补、减"混合资助体系中的"奖"主要包括国家奖学金和国家励志奖学金；"贷"主要包括国家助学贷款和生源地信用助学贷

---

① 参见《国务院关于建立健全普通本科高校高等职业学校和中等职业学校家庭经济困难学生资助政策体系的意见》，《中华人民共和国国务院公报》2007年第18期。

② 参见《财政部、教育部、国家开发银行关于在部分地区开展生源地信用助学贷款试点的通知》，《云南教育》2007年第9期。

款；"助"主要包括国家助学金和勤工助学；"补"主要指的是高校内部所设立的临时困难补助；"减"主要指的是高校所决定的学费减免。另外，"绿色通道"、校设助学金、校内无息贷款以及企业和社会外设助学金等也是混合资助体系的重要组成部分。下面对混合资助体系所包含的各项资助的主要含义和内容逐一作出简要阐释。

(一) 奖——国家奖学金和国家励志奖学金

国家奖学金是为了激励普通本科高校、高等职业学校和高等专科学校学生勤奋学习、努力进取，在德、智、体、美等方面全面发展，由中央政府出资设立的奖励特别优秀学生的奖学金。国家奖学金的奖励标准为每人每年8000元。申请者要具备优异的学习成绩，而且社会实践、创新能力、综合素质等方面应特别突出。国家奖学金每学年评审一次，实行等额评审，坚持公开、公平、公正、择优的原则。获得国家奖学金的学生为高校在校生中二年级以上（含二年级）的学生。同一学年内，获得国家奖学金的家庭经济困难学生可以同时申请并获得国家助学金，但不能同时获得国家励志奖学金。①

国家励志奖学金是为了激励普通本科高校、高等职业学校和高等专科学校的家庭经济困难学生勤奋学习、努力进取，在德、智、体、美等方面全面发展，由中央和地方政府共同出资设立的，奖励资助品学兼优的家庭经济困难学生的奖学金。国家励志奖学金的奖励标准为每人每年5000元。只有那些家庭经济困难、生活简朴，同时又学习成绩优秀的学生才具备申请资格。国家励志奖学金实行等额评审，坚持公开、公平、公正、择优的原则。申请国家励志奖学金的学生为高校在校生中二年级以上（含二年级）的学生。同一学年内，申请国家励志奖学金的学生可以同时申请并获得国家助学金，但不能同时获得国家奖学金。②

---

① 《财政部、教育部关于印发〈普通本科高校、高等职业学校国家奖学金管理暂行办法〉的通知》，《中华人民共和国财政部文告》2007年第10期。

② 《财政部、教育部关于印发〈普通本科高校、高等职业学校国家励志奖学金管理暂行办法〉的通知》，《中华人民共和国财政部文告》2007年第10期。

（二）贷——国家助学贷款和生源地信用助学贷款

国家助学贷款是由政府主导、财政贴息、财政和高校共同给予银行一定风险补偿金，银行、教育行政部门与高校共同操作的，帮助高校家庭经济困难学生支付在校学习期间所需的学费、住宿费及生活费的银行贷款。国家助学贷款是信用贷款，学生不需要办理贷款担保或抵押，但需要承诺按期还款，并承担相关法律责任。公办普通高等学校全日制本专科生（含高职生）、第二学士学位学生和研究生，具备一定条件都可以申请国家助学贷款。申请金额原则上每人每学年最高不超过6000元。学校学生资助等部门负责对学生提交的国家助学贷款申请进行资格审查，并核查学生提交材料的真实性和完整性；银行负责最终审批学生的贷款申请。贷款学生在校学习期间的国家助学贷款利息全部由财政补贴，毕业后的利息由贷款学生本人全额支付。学生根据个人毕业后的就业和收入情况，在毕业后的1—2年内选择开始偿还本金的时间，6年内还清贷款本息。①

生源地信用助学贷款是由政府主导、财政贴息、财政给予银行一定风险补偿金，银行、教育行政部门共同操作的，帮助新考入高校的和在高校就读的家庭经济困难学生支付在校学习期间所需的学费、住宿费的银行贷款。生源地信用助学贷款由学生或其合法监护人，向家庭所在地的农村信用社、银行等金融机构申请办理，不需要担保或抵押，但需要承诺按期还款，并承担相关法律责任。普通高等学校（含民办高校和独立学院）全日制本专科生（含高职生）、第二学士学位学生和研究生，具备一定条件都可以申请生源地信用助学贷款。借款人每学年申请的贷款金额原则上不超过6000元。学生在校期间的利息由财政全部补贴，毕业后的利息由学生和家长（或其他法定监护人）共同负担。生源地信用助学贷款期限原则上按全日制本专科学制加10年确定，最长不超过14年。学制超过4年或继续攻读研究生学位、第二学士学位的，相应缩短学生毕业后的还贷期

---

① 《国务院办公厅转发教育部财政部人民银行银监会关于进一步完善国家助学贷款工作若干意见的通知》，《中华人民共和国国务院公报》2004年第22期。

限。学生在校及毕业后两年期间为宽限期，宽限期后由学生和家长（或其他法定监护人）按借款合同约定，按年度分期偿还贷款本金和利息。①

（三）助——国家助学金和勤工助学

国家助学金是由中央与地方政府共同出资设立的，用于资助家庭经济困难的全日制普通本专科（含高职、第二学士学位）在校学生的助学金。国家助学金资助标准为全国平均每人每年 2000 元，具体标准在每人每年 1000—3000 元范围内确定，分为 2—3 档。中央高校分档及具体标准由财政部商有关部门确定，地方高校由各省（自治区、直辖市）确定。同一学年内，申请并获得国家助学金的学生，可同时申请并获得国家奖学金或国家励志奖学金。试行免费教育的教育部直属师范院校师范类专业学生，不再同时获得国家助学金。②

勤工助学是指学生在学校的组织下利用课余时间，通过自己的劳动取得合法报酬，用于改善学习和生活条件的社会实践活动。勤工助学是学校学生资助工作的重要组成部分，是提高学生综合素质和资助家庭经济困难学生的有效途径。学生参加勤工助学不应当影响学业，原则上每周不超过 8 小时，每月不超过 40 小时。每月 40 个工时的酬金原则上不低于当地政府或有关部门制定的最低工资标准或居民最低生活保障标准，可以适当上下浮动。学生参加校内临时岗位的勤工助学，其劳动报酬由学校按小时计算。每小时酬金原则上不低于 8 元人民币。学生参加校外勤工助学的酬金标准不低于学校所在地政府或有关部门规定的最低工资标准，具体数额由用人单位、学校与学生协商确定，并写进聘用协议。③

（四）补——临时困难补助

《国务院关于建立健全普通本科高校高等职业学校和中等职业学校家

---

① 《财政部、教育部、国家开发银行关于在部分地区开展生源地信用助学贷款试点的通知》，《云南教育》2007 年第 9 期。

② 《财政部、教育部关于印发〈普通本科高校、高等职业学校国家助学金管理暂行办法〉的通知》，《中华人民共和国财政部公告》2007 年第 10 期。

③ 《教育部、财政部关于印发〈高等学校勤工助学管理办法〉的通知》，《中华人民共和国国务院公报》2008 年第 6 期。

庭经济困难学生资助政策体系的意见》，要求高校要按照国家有关规定从事业收入中足额提取一定比例的经费。这些经费的用途之一便是给那些有特殊困难的学生提供一定的临时困难补助。临时困难补助的具体申请要求和补助数额由各高校自主决定。①

（五）减——学费减免和"绿色通道"

国家对公办全日制普通高校中家庭经济特别困难，无法缴纳学费的学生，特别是其中的孤残学生、少数民族学生及烈士子女、优抚家庭子女等实行减免学费政策，具体减免办法由学校制订。

"绿色通道"是指，为切实保证家庭经济困难学生顺利入学，对被录取入学、家庭经济困难的新生，高校应一律先办理入学手续，然后再根据核实后的情况，分别采取不同办法予以资助。

此外，《国务院关于建立健全普通本科高校高等职业学校和中等职业学校家庭经济困难学生资助政策体系的意见》所要求的，高校要按照国家有关规定从事业收入中所足额提取的一定比例的经费，除了用于学费减免、勤工助学以及为那些有特殊困难的学生提供一定的临时困难补助之外，还可以用于开展校内无息借款以及设立校内奖助学金等。同时，高校外部个人和组织等社会力量所设立的高校学生奖助学金，也构成了混合资助体系的重要组成部分。②

第二节　高校大学生国家资助政策实施
影响因素问卷调研概况

以下对本次问卷调研的目的、调研学校的择取、调研对象与政策实施对象的吻合性、问卷的发放和回收情况以及调研对象的基本数据特征等

---

① 《国务院关于建立健全普通本科高校高等职业学校和中等职业学校家庭经济困难学生资助政策体系的意见》，《云南教育》2007 年第 6 期。
② 《国务院关于建立健全普通本科高校高等职业学校和中等职业学校家庭经济困难学生资助政策体系的意见》，《云南教育》2007 年第 6 期。

给予交代和说明。

一、调研目的及调研学校择取的考虑因素

为对高校国家学生资助政策实施影响因素进行更为具体直观的考察，我们择取了三所高校进行问卷调研。我们在择取调研学校时，并非完全随机的，而是对调研学校的属性和特征进行了一定考虑。

首先，其中两所是中央部委所属大学，一所是某自治区所属地方性大学。对中央部委所属大学而言，国家层面资助政策在学校层面经过本地化后便可直接执行；而对地方性大学而言，国家层面资助政策首先要经由地方行政部门的初步本地化，然后再经由学校层面的本地化，方可执行。基于对这种差异的考虑，择取的调研学校既有中央部委所属大学，又有某自治区所属地方性大学，可以增强调研数据的代表性和解释力。其次，其中两所位于经济比较发达的地区，一所位于经济比较落后的地区。这有助于我们更好地通过比较来考察，位于经济发展程度不同地区的高校在执行和落实国家层面资助政策所需的资源和条件方面有无差异。再者，三所大学分别属于综合性大学、民族性大学和师范类大学。这有助于我们更好地通过比较来考察国家资助政策中的某些项目，如临时困难补助、学费减免等是否真正做到了向少数民族学生有所倾斜。

具体而言，三所大学的属性和特征分别为：A大学位于南方某经济发达省份，同时它也是一所中央部委所属的综合性大学。B大学是一所中央部委所属的民族性大学。C大学位于某少数民族自治区，是一所自治区所属师范类大学。A大学现有30多个学院（系），全日制在校本科生20000余人。B大学现有20多个学院，全日制在校本科生10000余人。C大学现有近20个学院，全日制在校本科生13000余人。

二、调研对象与政策实施对象的吻合性

只有政策实施对象对调研问题的问答，才能更好地反映政策实施的影响因素；因此，调研对象与政策实施对象的吻合性至关重要。由第一部分我们对国家资助政策文本的梳理可知,我国目前五位一体的高校学生混合资助体系的真正建立,其实建立在 2007 年 9 月大学新学期开学后开始正式实施的《国务院关于建立健全普通本科高校高等职业学校和中等职业学校家庭经济困难学生资助政策体系的意见》及其多个配套政策文件的基础上。这意味着,我国目前混合资助政策体系的真正实施对象,是在 2007 年新学期及之后年份新学期入学的高校学生。

我们本次问卷调研的开展时间为 2011 年 6 月份。届时,2007 年新学期入学的学生恰至大四年级,他们可以说是混合资助政策体系的第一批实施对象。依次类推,我们调研对象的大三、大二、大一年级学生依次为混合资助政策的第二批、第三批和第四批实施对象。

由于我们的问卷调研针对的是三所高校全日制各年级本科生,因此可以说调研对象与混合资助政策实施对象实现了较好的吻合。这在很大程度上确保了调研数据的可用性和解释力,也即效度。

三、问卷发放和回收情况

我们在 A 大学共发放 300 份问卷,回收 275 份,其中有效问卷 236 份,问卷有效回收率 79%;在 B 大学共发放 150 份问卷,回收 150 份,其中有效问卷 148 份,问卷有效回收率 99%;在 C 大学共发放 150 份问卷,回收 150 份,其中有效问卷 146 份,问卷有效回收率 97%。在 A、B、C 三所大学总共发放 600 份问卷,共回收 575 份,问卷总的有效回收率为 96%。

四、调研对象基本数据特征及调研数据的可用性和解释力

首先是调研对象在各大学的学院分布情况。A 大学问卷调研对象涵盖了其十多个学院(系),调研对象的代表性较好。B 大学问卷调研对象主要涵盖了其教育、管理、文学与新闻传播等 3 个学院;C 大学问卷调研对象主要涵盖了其教育学院;B 大学和 C 大学调研对象的学院分布范围不够大。但考虑到国家助学政策在学校层面的实施,并不会在不同学院之间存在明显差异;而且本研究也无意于探究高校内部不同学院之间在执行和落

实国家助学政策上的差异；因此，问卷调研对象所涵盖的某高校学院数量的多少，不会在很大程度上影响我们对调研数据的使用和数据分析结果对相关研究问题的解释力。

其次是问卷调研对象的年级分布情况。具体数据如表 10-1 所示：

表 10-1　问卷调研对象的年级分布情况

	大一年级		大二年级		大三年级		大四年级		合计	
	Frequency	Valid Percent	Frequency	Valid Percent	Frequency	Valid Percent	Frequency	Valid Percent	Frequency	Valid Percent
A	132	58.7	46	20.4	39	17.3	8	3.6	225	100.0
B	51	35.4	15	10.4	57	39.6	21	14.6	144	100.0
C	92	86.0	13	12.1	2	1.9			107	100.0
合计	275	57.8	74	15.6	98	20.6	29	6.0	476	100.0

总体上看，三所学校的所有调研对象主要来自大一年级。三所学校所有调研对象，对其所在年级这一调研问题作出回答的共 476 人，其中 275 人来自大一年级，占到 57.8%。虽然调研对象年级分布不太均衡，但这不会在太大程度上影响调研数据的可用性和解释力，甚至可以说在一定程度上恰恰符合我们研究问题的需要。因为国家资助政策体系所涵盖的所有资助项目，除了国家奖学金和国家励志奖学金这两项只有二年级以上（含二年级）学生才有资格申请外，其他多数项目对所有年级的学生都是同等对待的。其中，"绿色通道"是在大一新生入学时采取的资助政策，大一学生对该政策的整体印象可能更为深刻。另外如家庭经济困难学生认定，主要是在新生入学后便旋即开展的，大一学生的印象和感受也可能更为深刻。按照国家规定和号召，高校从新生接到录取通知书的一刻起就应承担起资助政策的各项宣传工作。因此，大一学生对资助政策宣传相关问题的回答，应能更好地反映高校在资助政策宣传方面的积极性和主动性。

再次是问卷调研对象的经济状况，即是否被认定为经济困难生。在 2007 年《教育部、财政部关于认真做好高等学校家庭经济困难学生认定工作的指导意见》（教财〔2007〕8 号）出台后，高校自 2007 年 9 月新学期便开始认定经济困难生。如前所述，我们的调研对象与政策实施对象有着恰好的吻合性。也即，我们的调研对象，都已经历所属高校认定经济困难生的过程，他们要么已经被认定为经济困难生，要么没有被认定为经济困难生。具体数据如表 10–2 所示：

表 10–2　问卷调研对象是否被认定为经济困难生

	是		否		合计	
	Frequency	Valid Percent	Frequency	Valid Percent	Frequency	Valid Percent
A	19	10.8	157	89.2	176	100.0
B	58	42.6	78	57.4	136	100.0
C	85	88.5	11	11.5	96	100.0
合计	162	39.7	246	60.3	408	100.0

由上表可知，A 校共有 176 名学生对该问题作出回答，其中只有 10.8% 的学生为经济困难生；B 校共有 136 名学生对该问题作出回答，其中 42.6% 为经济困难生；C 校共有 96 名学生对该问题作出回答，其中 88.5% 为经济困难生。三所高校各自调研对象中经济困难生所占比例差异悬殊，但并不足为怪。一方面因为，我们所择取的三所高校，其所处地区经济发展程度有着明显差异；另一方面因为，其在读全日制学生生源地整体经济发展程度也有着巨大差异。尤其 C 校，其所属地区经济发展程度较低，而其生源也基本上来自本地。因此，C 校调研对象中，经济困难生占据较大比例。

总体上看，在三所高校所有调研对象中，共有 408 名学生对该问题作出回答，其中经济困难生占到 39.7%，其余为非经济困难生，两者的比例相对均衡，符合我们的研究需要。因为，经济困难生可能亲历了较多助学金项目的申请和获得程序，他们对调研问题的回答更有针对性；而非经济困难生，作为一些助学金项目申请和审批以及学校对一些助学金政策规定具体执行和操作的旁观者，其对许多调研问题的回答可能更具客观性，表达出不同于经济困难生的观点。因此，我们的调研对象并没有只针对经济困难生，而是对二者同等对待。我们后面对调研数据的处理，多数也不对经济困难生和非经济困难生进行区分，而是对其整体数据进行考察和分析。

五、调研数据的处理工具和方式

我们对调研数据的处理，一方面借助 Spss.13.0 对数据进行相应的统计分析和制表，另一方面借助 Excel.2003 辅助作图。

第三节 高校大学生国家资助政策 实施影响因素考察与分析

影响高等学校国家学生资助政策实施的因素无疑是方方面面的，但我们主要聚焦于政策规定本身的合理性、政策宣传是否充分与到位、高校层面对国家资助政策具体规定的操作是否合乎规定以及高校层面执行和落实国家资助政策所需资源和条件的制约性等几个方面来进行考察和分析。鉴于调研数据来自于三所高校，而且我们对这三所高校的择取基于对一定因素的考虑，以更好地确保调研数据的代表性和解释力。以下对调研数据的考察和分析，有的将以三所高校总的数据为基础来进行，而有的则以单所高校的数据为基础来进行，并对其给予一定比较分析与考察。

一、对政策规定本身是否合理的考察与分析

一项政策能否得到有效实施并达到理想效果，与其自身规定是否合理密切相关。高校助学政策对不同资助项目的资助范围、资助数额标准、申请者所应具备的条件、具体操作办法等都有着明确规定。

在资助数额标准方面，我们随机选取了两个点进行调研，一是《财政部、教育部关于印发〈普通本科高校、高等职业学校国家助学金管理暂行办法〉的通知》（财教〔2007〕92 号）中"国家助学金最高资助标准为3000 元"的规定；一是《教育部、财政部关于印发〈高等学校勤工助学管理办法〉的通知》（教财〔2007〕7 号）中"校内勤工助学每小时酬金不低于 8 元"的规定。

调研数据表明，所有调研对象中共有 496 人对"国家助学金最高资助为 3000 元的标准是否合理"作出回答，其中 76% 的人认为非常合理或比较合理（如图 10-1 所示）。

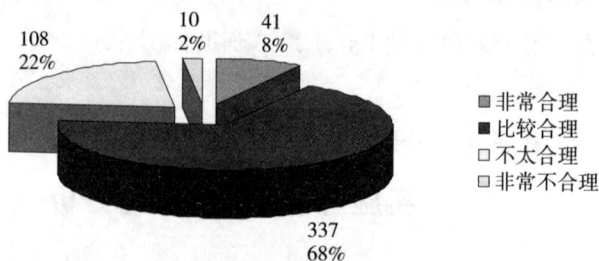

图 10-1　国家助学金最高资助为 3000 元的标准是合理

可见，国家助学金最高资助为 3000 元的标准是相对合理的。但事实上，教育部对这一标准已经有所调整。虽然没有指明新的国家助学金最高标准，但已将之前国家助学金平均 2000 元的标准提高到了 3000 元。这意味着，国家助学金最高资助标准目前已经不止 3000 元，其合理性也将进一步增强。

所有调研对象中共有 497 人对"校内勤工助学每小时酬金不低于 8 元的规定是否合理"作出回应，其中认为非常合理或比较合理的占 82%。（如图 10–2 所示）

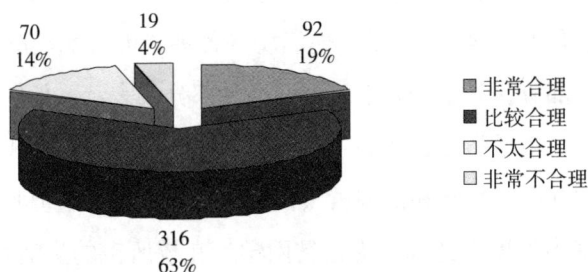

图 10–2　校内勤工助学每小时酬金原则上不低于 8 元的规定是否合理

可见，"校内勤工助学每小时酬金原则上不低于 8 元"的标准是被大多数学生所认可和接受的。而且，根据《教育部、财政部关于印发〈高等学校勤工助学管理办法〉的通知》中的规定，在"每小时不低于 8 元"的原则下，中央高校及地方政府可参照学校当地有关部门规定的最低小时工资标准对校内勤工助学每小时的酬金合理确定。例如我们调研的 A 校，在《教育部、财政部关于印发〈高等学校勤工助学管理办法〉的通知》下达后，它也相应地出台了本校有关勤工助学的管理办法，其中规定本校校内勤工助学每小时酬金原则上不低于 12 元。

尽管我们对以上两项资助标准是否合理的调研结果显示大部分学生认为它们是合理的，他们是可以接受的。但当我们问及他们自入学以来所获的各项资助总额在生活学习费用中所占的比例情况时，结果并不理想。（如图 10–3 所示）

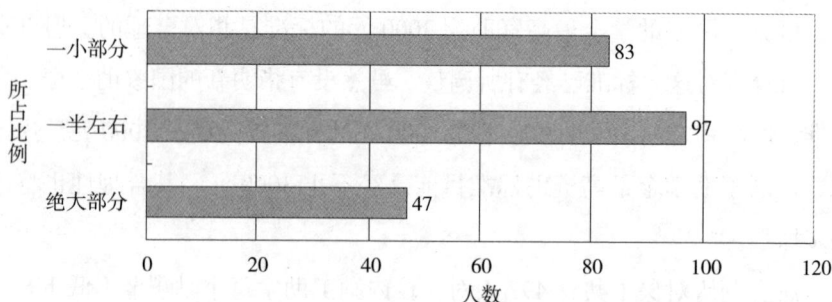

图 10-3　所获资助总额在生活学习费用中所占比例

由上图可知，所有调研对象中，共有 227 人自入学以来获得过这样或那样的资助。但只有 47 人表示，他们所获各种资助总额能够支付学习生活费用的绝大部分。其余 180 人，也即绝大部分人表示，他们所获各种资助总额只能支付生活学习费用的一半左右或一小部分。这使我们不得不思考，国家助学标准、数额和范围虽然在不断提升和扩大，但其总的资助效果到底能在多大程度上达到了支撑贫困学生在校所需的生活和学习费用。调研结果在一定程度上表明，国家资助政策有关标准、额度和范围的规定有进一步调整的必要，标准、额度和范围有必要进一步提升和扩大。

国家各项助学政策都对申请者所应具备的条件作出了规定，如国家奖学金申请者的学习成绩应当特别优秀，但并不考虑其家庭经济是否困难。国家助学金主要资助对象是家庭经济困难但学习特别努力的学生。国家励志奖学金，则不但要求申请者家庭经济困难、学习努力，而且要求申请者要具备相对优秀的学习成绩。换言之，国家励志奖学金特别强调申请者的综合素质。所有调研对象中，496 人对"国家励志奖学金特别强调申请者综合素质的规定是否必要"作出回答，其中 82% 认为非常必要或比较必要。（如图 10-4 所示）

这表明，绝大多数学生都认为国家励志奖学金特别强调申请者综合素质的规定是非常必要的。应当说，与国家奖学金和国家助学金相比，国家励志奖学金有着双重目的：一方面要资助贫困者；另一方面要奖励优秀者。这在某种程度上决定着它要特别强调申请者的综合素质。

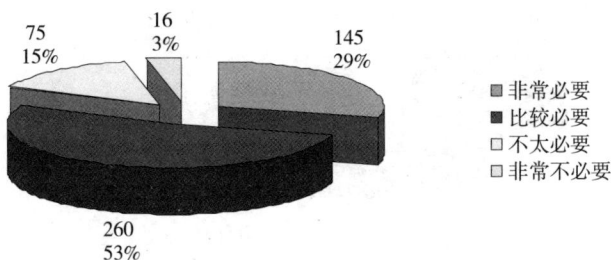

图10-4　国家励志奖学金特别强调申请者综合素质的规定

与《国务院关于建立健全普通本科高校高等职业学校和中等职业学校家庭经济困难学生资助政策体系的意见》（国发〔2007〕13号）相配套的一个重要文件，即《教育部、财政部关于认真做好高等学校家庭经济困难学生认定工作的指导意见》（教财〔2007〕8号）。该文件下发后，高校自2007年秋季学期始，每个新学期开学后都要面对全体新生启动经济困难学生认定工作，并建立相应的经济困难生档案。而且，在之后的每个新学年开始后，学校都要对已经建立的经济困难生档案进行复核和调整。可以说，经济困难生认定工作为各项资助政策的执行，提供了重要前提和条件。而要对经济困难生进行合理认定，首先要对其应当具备的基本属性给予界定。上述文件规定，"家庭经济困难学生是指学生本人及其家庭所能筹集到的资金，难以支付其在校学习期间的学习和生活基本费用的学生。"我们对该规定可做这样的理解：学生本人及其家庭经济贫困并不足以说明其为家庭经济困难生。如若他们能从其他地方或亲属处筹集到相应资金，他们则不能被认定为家庭经济困难生。

按照这种理解，这一规定是否合理呢？我们对"家庭收入难以支付学费和生活费，但其本人或家人能够筹集到相应资金的学生可否被认定为家庭经济困难学生"这一问题的调研数据显示，所有调研对象中共有494人对此作出回答，其中78%的人认为可以。（如图10-5所示）

这在某种程度上表明，上述政策文件对经济困难生基本属性的界定不太合理，而其不合理性则主要根源于其政策言语的模糊性。我们认为，只要学生本人及其家人的收入难以支付学费和生活费就应当被认定为经济

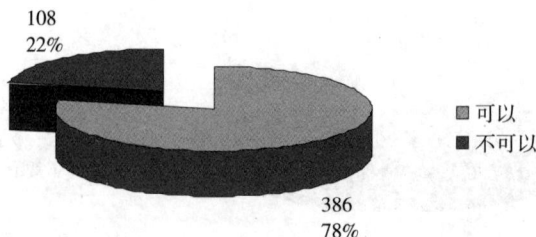

108
22%

■ 可以
■ 不可以

386
78%

**图 10–5 家庭收入难以支付学费和生活费，但其本人或家人能够筹集到相应资金的
学生可否被认定为家庭经济困难学生**

困难生；不论他们能否通过其他途径和方式筹集得到相应资金。因此，原
有的政策规定不妨修改为"家庭经济困难学生是指学生本人及其家庭收入
难以支付其在校学习期间的学习和生活基本费用的学生。"这样一来，可
以更好地鼓励家庭经济贫困学生申请经济困难生认定，而不用过多考虑自
己或者家人能否从朋友、亲戚那里或者经由其他方式和途径筹集到相应
资金。

二、对政策宣传和解释是否充分与到位的考察与分析

政策宣传和解释是政策执行和落实的重要环节。政策宣传和解释是
否充分与到位，在很大程度上影响着其执行和落实的效果如何。

首先，学生主要听说过哪些助学项目以及他们听说过的助学项目的
种类和数量，可以在一定程度上揭示国家助学政策宣传的基本情况。我们
把主要助学项目设置为多选题的多个选项，并允许调研对象自由选择。(结
果如图 10–6 所示)

由图 10–6 可知，三所高校所有调研对象针对自身听说过的高校助学

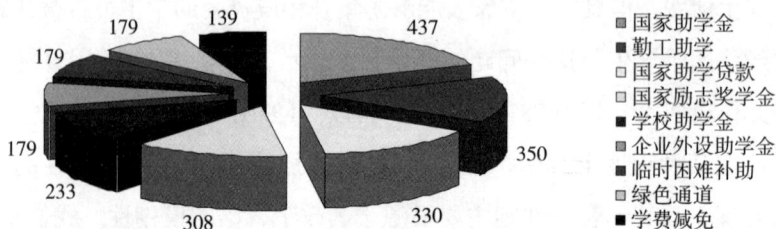

179   139   437

179

179

233   350

308   330

■ 国家助学金
■ 勤工助学
□ 国家助学贷款
□ 国家励志奖学金
■ 学校助学金
■ 企业外设助学金
■ 临时困难补助
■ 绿色通道
■ 学费减免

图 10–6 听说过相应助学金项目的人数分布

项目这一问题，大多数人选择了国家助学金、勤工助学、国家助学贷款、国家励志奖学金以及学校助学金这几项。对于企业外设助学金、临时困难补助、绿色通道以及学费减免这几项听说过的人比较少，一方面跟这些资助项目本身的资助面较小有关，另一方面也说明政府以及高校层面对它们宣传的力度相对较弱。

整体而言，所有调研对象中听说过 4—5 种助学项目的人数最多，分别为 86 人和 87 人。（如图 10-7 所示）

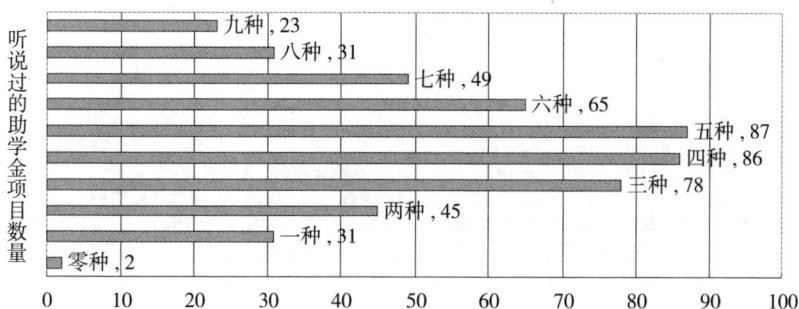

图 10-7　听说过相应助学金项目数量的人数分布

其次，如果说学生主要听说过哪些助学项目以及他们听说过的助学项目的种类和数量，可以在一定程度上揭示国家助学政策宣传的基本情况；那么，他们了解有关助学项目具体规则和程序的情况，则能在更大程度上揭示国家助学政策宣传和解释的力度。我们把主要助学项目设置为多选题的多个选项，并允许调研对象根据自身所了解的情况自由选择。（结果如图 10-8 所示）

由图可知，三所高校所有调研对象针对自身所了解具体规则和程序

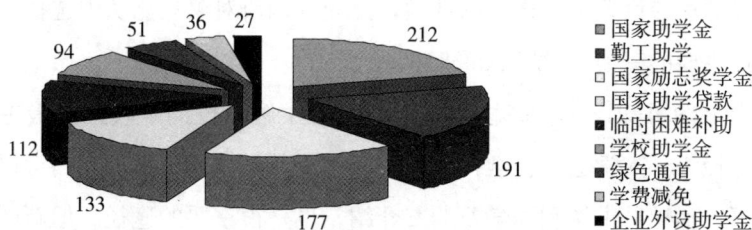

图 10-8　了解相应助学金项目具体规则和程序的人数分布

的助学项目这一问题，大多数人选择了国家助学金、勤工助学和国家助学贷款这几项。对于企业外设助学金、临时困难补助、绿色通道以及学费减免这几项听说过的人本身就比较少，了解其规则和程序的人就更少了。如前所述，这一方面跟这些资助项目的资助面本身较小有关，另一方面也说明政府以及高校层面对它们宣传和解释的力度相对较弱。

整体而言，所有调研对象中了解1—2种助学项目具体规则和程序的人数最多，分别为117人和120人。（如图10-9所示）

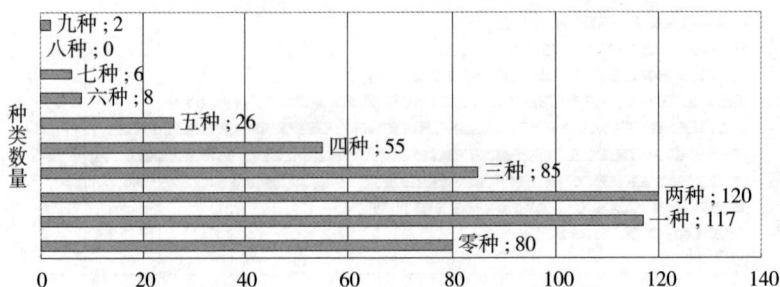

图10-9　了解相应助学金项目具体规则和程序种类数量的人数分布

前面提及，所有调研对象中听说过4—5种助学项目的人数最多。而此处发现，调研对象中的多数人其实只了解1—2种助学项目的具体规则和程序。由此可见，由听说过某项助学项目到了解其具体规则和程序还有很大距离。面对诸多助学项目，大多数学生只了解1—2种，这在很大程度上表明，政府及高校层面对国家助学政策的宣传和解释还有许多工作要做。

再次，我们对学生了解国家助学政策的主要途径进行了调研。我们把主要的途径设置为多选题的选项，并允许调研对象只能从中选择他们认为的最主要的三项。（结果如图10-10所示）

由上图可知，三所高校所有调研对象了解高校助学政策的最主要的三种途径为：入学通知、学校或学院网站以及学校或班级等专门会议。相比之下，辅导员讲解和同学及朋友介绍，也是很重要的途径。但新闻媒体报道的作用，明显较弱。这在一定程度上表明，在国家助学政策的宣传

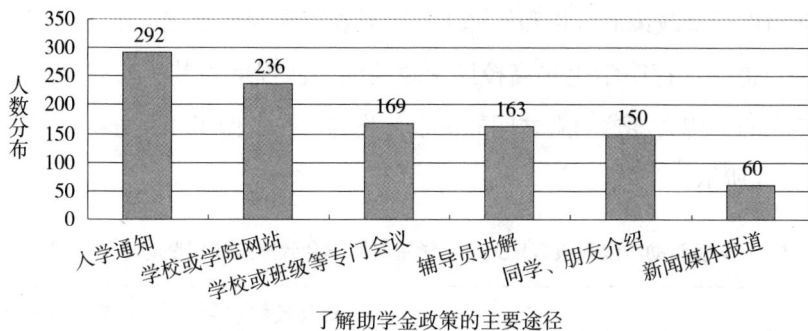

图 10-10　了解高校助学政策主要途径的人数分布

和解释方面，新闻媒体应当发挥出更大的作用。相对于其他宣传和解释渠道，新闻媒体具有受众广、传播快的特点，应当将其作用更大地发挥出来。

最后，我们对学生对助学政策关注程度、高校层面对助学政策宣传力度以及两者之间的相关关系进行考察和分析。学生对助学政策关注程度以及高校层面对助学政策宣传力度，如表 10-3 所示：

表 10-3　高校对助学金政策宣传力度与学生对助学金政策关注程度交叉列联表

		所在高校对助学金政策的宣传力度				合计
		非常到位	比较到位	不太到位	非常不到位	
对高校助学金政策的关注程度	非常关注	25	49	19	0	93
	比较关注	15	64	57	2	138
	不太关注	5	40	155	13	213
	非常不关注	0	4	32	10	46
合计		45	157	263	25	490

由表可知，在所有调研对象中，同时对这两个问题给予回答的共 490 人。其中，认为其所在高校对助学政策宣传不太到位的多达 263 人，占 54%；对高校助学政策不太关注的多达 213 人，占 43%。相比之下，认为其所在高校对助学政策宣传非常到位的只有 45 人，只占 9.2%；对高校助学金政策非常关注的只有 93 人，只占 19%。这在很大程度上表明，高校

层面对助学金政策的宣传和解释工作需要在很大程度上进一步加强。

为进一步探明学生对高校助学政策的关注程度与其所在高校对助学金政策的宣传力度这两者之间的关系，我们对二者做了相关分析。结果如表 10-4 所示：

表 10-4　高校对助学金政策宣传力度与学生对助学金政策关注程度的肯德尔相关系数

			对高校助学金政策关注程度	高校对助学金政策的宣传力度
Kendall's tau_b	对高校助学金政策关注程度	Correlation Coefficient	1.000	.481**
		Sig. (2-tailed)		.000
		N	494	490
	高校对助学金政策的宣传力度	Correlation Coefficient	.481**	1.000
		Sig. (2-tailed)	.000	
		N	490	496

**. Correlation is significant at the 0.01 level (2-tailed).

由表可知，二者的非参数性肯德尔相关系数为 0.481，呈极其显著的正相关关系。高校对助学政策的宣传和解释越是充分与到位，学生对助学政策的关注程度则越高。这进一步说明，学校层面加强对助学政策宣传和解释力度的必要性和重要性。

三、对高校在政策具体操作方面是否合乎规定的考察与分析

高校助学政策的有效落实，离不开诸多主体对政策规定的具体执行和操作。其中，高校作为助学政策的终端执行主体，其对政策规定的具体执行和操作有着举足轻重的作用。高校在具体操作方面是否合乎规定，直接决定着助学政策的落实效果。高校落实助学政策的具体操作规定，是多方面的。其中，对经济困难生的认定，是高校具体、直接负责的一项重要工作。高校在认定经济困难生方面，其具体操作是否合乎政策规定，直接影响着经济困难生认定工作的成效，进而影响着能否正确合理的认定资助政策的主要实施对象。资助政策主要实施对象能否合理确定，进一步影响

到资助政策目标的实现情况如何，即资助能否真正落实到那些需要得到资助的贫困学生身上。为考察高校在认定经济困难生方面是否严格遵守了相应的政策规定，以及高校在具体执行资助政策的过程中是否将资助落实到了那些真正需要资助的贫困学生身上，我们就相关问题进行了调研。以下是对相关分析结果的呈现：

《教育部、财政部关于认真做好高等学校家庭经济困难学生认定工作的指导意见》（教财［2007］8号），规定了高校在认定经济困难生方面所应遵守的规则和程序。它规定，"家庭经济困难学生认定工作必须严格工作制度，规范工作程序，做到公开、公平、公正。"另外它规定，"高校要以年级（或专业）为单位，成立以学生辅导员任组长，班主任、学生代表担任成员的认定评议小组，负责认定的民主评议工作。认定评议小组成员中，学生代表人数视年级（或专业）人数合理配置，应具有广泛的代表性，一般不少于年级（或专业）总人数的10%。认定评议小组成立后，其成员名单应在本年级（或专业）范围内公示。"

针对"您所在年级（或专业）在认定家庭经济困难学生时有无评议代表参加"这一问题，在所有调研对象中，有499人对此作出回答。其中227人表示不了解，占45%；174人表示总是有或偶尔有，占35%；另有98人表示没有，占20%。（如图10–11所示）

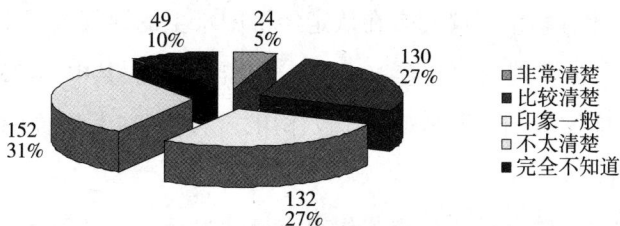

图10–11　所在年级（或专业）在认定家庭经济困难学生方式了解程度的人数分布

我们认为，98人表示没有，可能与事实并不符。因为，即使"上有政策，下有对策"的现象的确存在，但可能还不至于这么严重。之所以有20%的人表示没有，并有45%的人表示对此不了解，很可能的原因是因为其所在年级（或专业）在认定家庭经济困难学生时不够公开化和透明化，使得这些学生没有机会去关注和了解这个事情。

学生评议代表在经济困难生认定评议小组中能否起到公正客观的作用，与其选拔和确定方式不无关系。我们把确定学生评议代表的几种可能的方式列为选项，并只允许调研对象择取自己所认为的其所在年级（或专业）在确定学生评议代表时所采取的最主要的方式。在所有调研对象中，只有 189 人对此作出回答，其中 115 人选择了"民主推选"，占 61%。（如图 10–12 所示）

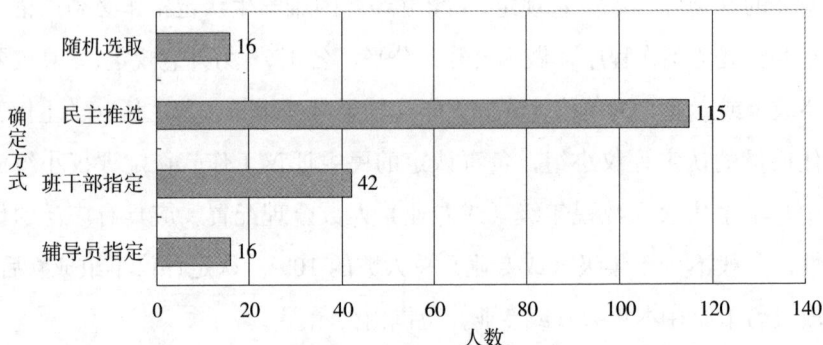

图 10–12　所在年级（或专业）在确定学生评议代表时所采取的最主要的方式

由此可见，学生评议代表的确定方式还是较为民主与透明的，这有助于学生评议代表在评议过程中起到较好的作用。

诚然，针对学生评议代表在认定经济困难生的评议过程中所起的作用这一问题，调研对象中共有 196 人对此作出回答。其中，123 人认为学生评议代表能够起到公平客观的评议作用，占总回答人数的 63%。（如图 10–13 所示）

依照规定，院（系）认定工作组审核通过后，要将家庭经济困难学生名单及档次，以适当方式、在适当范围内公示 5 个工作日。针对家庭经济困难生认定名单是否在本年级（或专业）范围内公示过，所有调研对象中共有 497 人对此作出回答。其中，171 人表示公示过，占 35%；170 人表示没有公示过，占 34%；另有 156 人表示不确定有没有公示过，占 31%。（如图 10–14 所示）

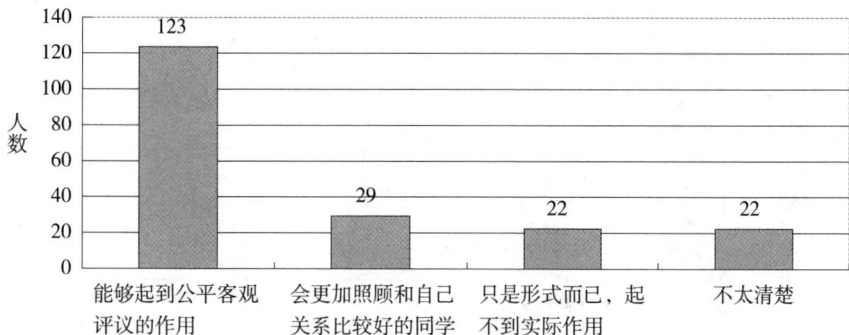

图 10-13　学生评议代表在认定经济困难生的评议过程中所起的作用

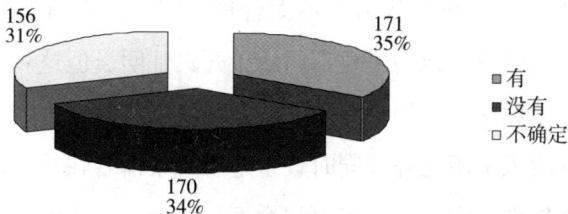

图 10-14　家庭经济困难学生名单有否在本年级（专业）范围内公示过

我们认为，34% 的人认为没有公示过，以及 31% 的人认为不确定，主要原因可能在于他们所在年级（专业）在这方面工作上做得还不到位，使得许多学生没去关注这件事情。因此，如此多的学生认为没有公示过或者不确定有没有公示过。

高校对经济困难生的认定工作，除了应当发挥学生评议代表的重要作用外，还应对认定时所应考虑的不同因素加以充分考虑。依照规定，在认定家庭经济困难学生时，认定评议小组应以学生家庭人均收入对照学校所在地省级教育、财政部门确定的认定标准，并结合学生日常消费行为，以及影响其家庭经济状况的有关情况，认真进行评议以确定本年级（或专业）各档次的家庭经济困难学生资格。

我们把高校认定经济困难生时所可能考虑多个因素设置为多选项，并允许调研对象根据自身所了解的情况自由选择。（结果如图 10-15 所示）

由图可知，高校在认定家庭经济困难学生时最主要的考虑因素为学生家庭收入，而对学校所在地的平均消费水平以及申请者在校月平均消费

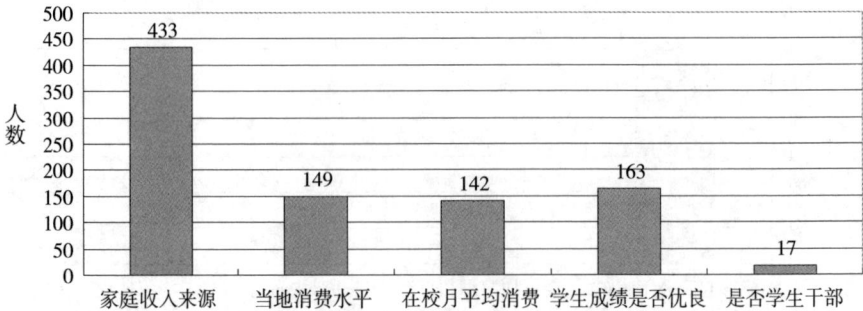

图10-15 您所在年级（专业）认定家庭经济困难学生时的考虑因素

等给予的考虑较少。我们认为这不太合理。因为，申请者的家庭收入情况，一般依靠生源所在地的民政部门给予开具证明。但这一纸凭证的真实性，却很难考察和保证。如果高校在认定家庭经济困难生时，除了主要考虑申请者家庭收入来源之外，同时较多地考虑申请者在校平均月消费实际情况，应该会使得认定考虑因素更加全面，从而进一步增加家庭经济困难生认定的准确性。

为进一步考核助学项目是否真正落实到了家庭经济贫困的学生身上，也即是否真正落实到了那些真正需要资助的学生身上，我们对调研对象的家庭月收入与他们自入学以来所获助学项目种类数量二者之间的非参数性肯德尔相关关系做了进一步统计分析。结果如表10-4所示：

表10-4 学生家庭月收入与其入学以来所获助学项目种类数量的肯德尔相关系数

			学生家庭月收入	入学以来所获助学项目种类数量
Kendall's tau_b	学生家庭月收入	Correlation Coefficient	1.000	$-.497^{**}$
		Sig. (2-tailed)		.000
		N	489	482
	入学以来所获助学项目种类数量	Correlation Coefficient	$-.497^{**}$	1.000
		Sig. (2-tailed)	.000	
		N	482	494

**. Correlation is significant at the 0.01 level (2-tailed).

结果显示，学生家庭月收入与其入学以来所获助学项目种类数量的肯德尔相关系数为负的 0.5，两者呈极其显著负相关。所有调研对象中，那些家庭月收入越少的学生，入学以来所获的这样或那样的助学项目种类数量越多。这进一步表明，高校在择取受助学生时，的确在很大程度上考虑了学生的家庭收入情况。

虽然调研对象中只有少数人表示其所在高校对经济困难生进行认定时会考虑学生的在校月平均消费。但我们对学生在校每月总花销与其入学以来所获助学项目种类数量二者之间的非参数性肯德尔相关分析发现，二者之间的相关系数为负的 0.43，呈极其显著相关。（结果如表 10–5 所示）也即，学生在校每月总花销越少，其入学以来所获助学种类数量越多。这表明，高校在最终确定受助对象时，还是在很大程度上考虑了学生在校平均每月的消费情况。

表 10–5　学生在校每月总花销与其入学以来所说助学项目种类数量的肯德尔相关系数

			学生在校每月总花销	入学以来所获助学项目种类数量
Kendall's tau_b	学生在校每月总花销	Correlation Coefficient	1.000	$-.403^{**}$
		Sig. (2-tailed)		.000
		N	498	491
	入学以来所获助学项目种类数量	Correlation Coefficient	$-.403^{**}$	1.000
		Sig. (2-tailed)	.000	
		N	491	494

**. Correlation is significant at the 0.01 level (2-tailed).

依据国家奖学金、国家励志奖学金、国家助学金、勤工助学等助学项目对申请者条件的要求，高校对受助学生的最终确定，不应仅仅考虑其家庭是否贫困，还应考虑其成绩是否优秀，学习是否努力。

我们对调研对象入学以来各学年平均成绩在班级中的排名与其入学以来所获助学项目种类数量二者之间相关性的分析结果如表 10–6 所示：

表 10-6　学生入学以来平均成绩排名与其入学以来
所获助学项目种类数量的肯德尔相关系数

			学生入学以来各学年平均成绩在班级中的排名	入学以来所获助学项目种类数量
Kendall's tau_b	学生入学以来各学年平均成绩在班级中的排名	Correlation Coefficient	1.000	.111**
		Sig. (2-tailed)		.005
		N	484	477
	入学以来所获助学项目种类数量	Correlation Coefficient	.111**	1.000
		Sig. (2-tailed)	.005	
		N	477	494

**. Correlation is significant at the 0.01 level (2-tailed).

　　分析结果表明，学生入学以来各学年平均成绩在班级中的排名与其入学以来所获助学项目种类数量二者之间的相关系数为 0.1，呈极其显著相关。也即，学生学习成绩越好，其所获助学项目种类数量可能越多。这说明，高校在最终确定受助对象时，在一定程度上考虑了学生的学习成绩，但考虑的并不是很充分。

　　我们对调研对象每周自习时间与其入学以来所获助学项目种类数量二者之间的相关性的分析结果如表 10-7 所示：

表 10-7　学生每周自习时间与其入学以来所获助学项目种类数量的肯德尔相关系数

			每周自习时间	入学以来所获助学项目种类数量
Kendall's tau_b	每周自习时间	Correlation Coefficient	1.000	-.019
		Sig. (2-tailed)		.613
		N	497	490
	入学以来所获助学项目种类数量	Correlation Coefficient	-.019	1.000
		Sig. (2-tailed)	.613	
		N	490	494

**. Correlation is significant at the 0.01 level (2-tailed).

结果表明，二者的相关系数为负的 0.02，但相关性并不显著。也即，学生学习努力程度与其可能获得的助学项目多寡之间并没有明显的相关性。这表明，高校在最终确定受助对象时，对学生学习的努力程度并未给予充分考虑。这在某种程度上可能是因为学生学习努力程度不容易进行考核。

第四节　对高校落实助学政策所需资源和条件制约性的考察与分析

在国家助学政策所确立的"奖、贷、助、补、免"的混合资助体系中，国家奖学金、国家励志奖学金、国家助学金、国家助学贷款以及生源地信用助学贷款主要建立在中央政府财政、地方政府财政以及银行可贷金额的基础上。而依照国家政策规定，诸如勤工助学、临时困难补助、学费减免等助学项目的开展和实施，主要的责任主体即高校。《国务院关于建立健全普通本科高校高等职业学校和中等职业学校家庭经济困难学生资助政策体系的意见》（国发〔2007〕13 号）有着相应规定。依照其规定，"高校要按照国家有关规定从事业收入中足额提取一定比例的经费，用于学费减免、国家助学贷款风险补偿、勤工助学、校内无息借款、校内奖助学金和特殊困难补助等。"不同高校对这些助学项目的落实情况，和其自身所拥有的资源数量有着莫大关系。再如企业和社会团体面向不同高校所设立的奖学金或助学金的多寡，与不同高校的层次、质量、声誉及其所处地区经济发展程度都有密切关系。

为了对不同高校在落实助学政策所需资源和条件的制约性方面进行考察，我们主要对 A、B、C 三所高校勤工助学岗位以及企业外设助学金的设置情况进行对比分析。

对 A、B、C 三所高校勤工助学岗位设置情况的调研结果如图 10–16 所示：

针对"您所在高校对勤工助学岗位设置数量是否充足"这一问题，A

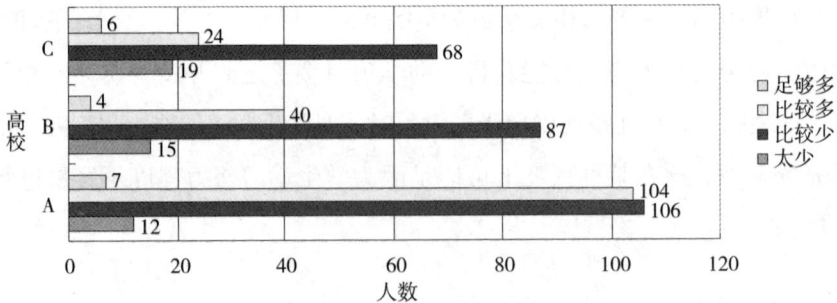

图 10-16　您所在高校对勤工助学岗位设置数量是否充足

校共有 229 人作答，其中 104 人认为比较多，106 人认为比较少；B 校共有 146 人作答，其中只有 40 人认为比较多，而 87 人认为比较少；C 校共有 117 人作答，其中只有 24 人认为比较多，而 68 人认为比较少。通过对比分析可以发现，A 校的勤工助学岗位设置整体上要比 B 校和 C 校相对充足。这可能跟 A 校地处南方经济发达地区、学校层次比较高、资源比较充足有关。但整体上看，A、B、C 三校共有 492 人对此问题作答，其中只有 17 人认为勤工助学岗位设置足够多。这表明，勤工助学这种助学形式的作用未能充分发挥出来，高校在增设勤工助学岗位数量方面仍需作出极大努力。

我们对调研对象自入学以来所获企业外设助学金情况的调研结果如图 10-17 所示：

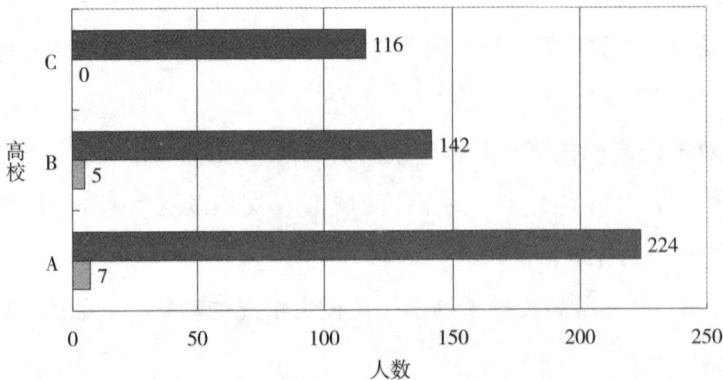

图 10-17　您自入学以来是否获得过企业外设助学金

针对"您自入学以来是否获得过企业外设助学金"这一问题，A 校共有 231 人作答，其中只有 7 人表示肯定，而 224 人表示否定；B 校共有 147 人作答，其中只有 5 人表示肯定，而 142 人表示否定；C 校共有 116 人作答，其中没有一个人表示肯定。A、B 两校由于都地处经济发展程度比较高的地区，所以它们能够有更多的机会和学校外部的企业建立联系，并吸引学校外部的企业、社会以及个人面向它们来设立奖助学金。C 校处于经济比较落后的地区，因此其企业外设助学金极少。抛开三校差异，整体上看，高校在联系和拓展企业、社会及个人外设助学金方面，仍有大量工作要做。

对此，《国务院关于建立健全普通本科高校高等职业学校和中等职业学校家庭经济困难学生资助政策体系的意见》（国发 ［2007］ 13 号）也有相关规定，即国家"要进一步落实、完善鼓励捐资助学的相关优惠政策措施，充分发挥中国教育发展基金会等非营利性组织的作用，积极引导和鼓励地方政府、企业和社会团体等面向各级各类学校设立奖学金、助学金。"

第五节　总结与建议

高等学校国家学生资助政策的执行和落实，受到多方面因素的影响和制约。我们本次调研主要对以下几方面因素进行了考察与分析：政策规定本身是否合理、高校对政策的宣传和解释是否到位、高校对有关政策的具体操作是否合乎规定以及高校所具备的资源和条件的制约性等。

在政策规定本身是否合理方面，调研分析结果表明：虽然国家助学金最高资助标准为 3000 元以及勤工助学每小时酬金原则上不低于 8 元的规定，能够被大多数学生所认可和接受，但是国家现有资助标准、额度和范围还不足以使经济困难生来支撑其在校的全部学习和生活费用。我们认为，国家现有资助标准、额度和范围虽然较以前已经有了很大提升和扩大，但仍有进一步提升和扩大的需要。

在高校对助学政策的宣传和解释力度方面，调研分析结果表明：整体上而言，高校学生听说过的助学政策主要是国家助学金、国家励志奖学金、国家助学贷款、勤工助学这几种，而对校设助学金、企业外设助学金、学费减免、"绿色通道"则听说的很少。这一方面跟后几种资助项目本身的资助面就很小有关，另一方面也表明高校对这几方面助学政策的宣传和解释还有大量工作要做。学生听说过某项助学政策，并不代表其对相关助学项目的具体规则和程序有着清楚了解。调研结果表明，具体了解相关助学项目具体规则和程序的学生少之又少。原因在于多数学生对国家助学政策并不太关注。而进一步的原因在于，他们所在的高校对助学政策宣传和解释的力度整体上而言都不太到位。学生对助学政策的关注程度与高校对政策的宣传和解释力度有着极其显著的正相关关系。这在很大程度上表明，目前高校对国家助学政策的宣传和解释整体上还不太到位，亟须加强相关方面的工作。尽管如此，相对于其他途径和方式而言，高校在助学政策的宣传和解释方面，仍然是主要的作用主体。学生了解国家助学政策的三种主要途径和方式分别为高校入学通知、学校或学院专门网站以及学校或班级等专门会议。而且，辅导员讲解也发挥着重要作用。相比之下，新闻媒体报道在国家助学政策的宣传和解释方面发挥的作用不太明显。我们认为，虽然新闻媒体报道的成本相对较高，但其具备受众广、传播快的特点，应当发挥出相应的作用。而且，真要实现国家的号召，让国家助学政策家喻户晓，新闻媒体报道责无旁贷。

在高校对政策的具体操作是否合乎规定方面，调研分析结果表明：整体上而言，高校认定经济困难生工作的公开化和透明化不太到位，这在一定程度上导致许多学生对经济困难生的认定标准、程序以及经济困难生名单有否公示过并不太了解。但根据那些对其所在高校认定经济困难生工作有所了解的学生看来，学生评议代表的确定主要采取的是民主推选的方式，而且他们在经济困难生评议工作中所起的作用整体上来看是公正客观的。目前高校对经济困难生认定中，考虑的最主要的因素即学生的家庭收入情况。但分析结果也表明，高校在最终确定受助对象时，其实也考虑了学生在校平均月消费及其学习成绩。整体上看，学生家庭收入越低、在校月平均消费越少、学习成绩越好，则越有可能获得更多的助学项目。这种结果表明，高校整体上遵守了国家诸多助学项目对申请者基本条件的规定和要求，即家庭贫困、学习成绩优秀、平时生活没有奢侈浪费现象等。相比之下，高校在最终确定受助对象时，对学生的学习努力程度考虑不够充分。我们认为，高校在确定最终受助对象时，应当对其学习努力程度给予充分考虑。我们认为，国家助学政策不应主要倾斜于助贫奖优，还应强调助贫济困。

在高校实施助学政策所具备的资源和条件的制约性方面，调研分析结果表明：相对于国家奖助学金、国家助学贷款、生源地信用助学贷款等主要依靠中央及地方财政及银行可贷金额的助学项目而言，勤工助学、校设助学金、学费减免、企业外设助学金等助学项目主要依靠的是不同高校所具备的资源和条件。整体上而言，目前我国高校助学政策主要依赖的是中央、地方财政及银行资金，而高校所具备的资源和条件的有限性，制约了某些助学项目的发展。调研结果表明，目前高校勤工助学岗位的设置都不太充足，而企业外设助学金的拥有量更显得稀缺。对比来看，地处经济发展程度较高地区、层次较高、资源相对充足的高校，其勤工助学岗位的设置量以及企业外设助学金的拥有量，整体上优于那些地处经济发展较低地区、层次较低、资源相对缺乏的高校。我们认为，虽然诸如国家励志奖学金、国家助学金等助学项目的资金分担机制已经适当照顾了中西部地区，但这还不够。为使高校在更大程度上推进勤工助学、校设助学金、学费减免以及企业外设助学金等助学项目的发展，以及促进不同高校在发展这些助学项目上实现相对均衡，国家应当进一步调整和完善相关政策，对那些地处经济发展较低地区、层次较低、资源相对缺乏的高校给予更多的资源支持。

第十一章 中国教育政策实施的
地区差异及原因分析

——基于北京、天津、河南、山东中学教师
继续教育政策实施现状与问题的调查

第一节 我国教师继续教育政策的主要内容

　　一直以来，我国都十分重视中小学教师的培训和进修，在《中华人民共和国教师法》的第四章"培养和培训"中，教师享有"参加进修或者其他方式的培训"的权利。1999 年教育部颁布《中小学教师继续教育规定》，自此，我国中小学教师培训的主要内容开始真正从学历补偿为主向继续教育转换。作为第一个继续教育的专项政策法规，《中小学教师继续教育规定》标志着中国中小学教师继续教育进入了普及阶段。

　　《中小学教师继续教育规定》主要包含以下几方面内容：（1）概念界定。中小学教师继续教育，是指"对取得教师资格的中小学在职教师为提高思想政治和业务素质进行的培训"。此定义明确概括了中小学教师继续教育的对象与主要目的。（2）内容。中小学教师继续教育的内容重点是"提高教师实施素质教育的能力和水平"。具体内容包括：思想政治教育和师德修养；专业知识及更新与扩展；现代教育理论与实践；教育科学研究；教育教学技能和现代教育技术训练；现代科技与人文社会科学知识等。（3）类别。中小学教师继续教育分为非学历教育和学历教育，非学历教育包括新任教师培训、教师岗位培训和骨干教师培训。（4）资金保障。政策规定，"中小学教师继续教育经费以政府财政拨款为主，多渠道筹集，在地方教育事业费中专项列支。地方教育费附加应有一定比例用于义务教育阶段的教师培训"，并要求各地"要制定中小学教师继续教育人均基本费用标准"。经教育行政部门和学校批准参加继续教育的中小学教师，学习期间享受国家规定的工资福利待遇。学费、差旅费按各地有关规定支付。（5）考核与奖励。地方各级人民政府教育行政部门要建立中小学教师继续教育考核和成绩登记制度。考核成绩作为教师职务聘任、晋级的依据之一。（6）组织管理。在国务院教育行政部门的宏观管理下，各省、自治区、直辖市教育行政部门全面负责本地区中小学教师继续教育的实施、检查和评估工作。市、县（区）教育行政部门负责管理本地区中小学教师继续教育工作。各级教师进修院校和普通师范院校在主管教育行政部门领导下，具体实施中小学教师继续教育的教育教学工作。（7）形式。主要分为校外培训与校本培训，规定中小学校应有计划地安排教师参加继续教育，并组织开展校内多种形式的培训。

随后，为保障中小学教师继续教育顺利实施，教育部颁布了一系列项目和方案。如，2000年，在《21世纪教育振兴行动计划》框架下颁布了《中小学教师继续教育工程方案（1999—2002年)》；2004年，在《教育部2003—2007年教育振兴行动计划》框架下出台了"教育部关于加快推进全国教师教育网络联盟计划，组织实施新一轮中小学教师全员培训的意见"；2006年，出台《全国中小学班主任培训计划》；2008年教育部办公厅印发《中小学教师国家级培训计划》，主要内容包括支持西部边远地区骨干教师培训专项计划、普通高中课改实验省教师远程培训计划、中西部农村义务教育学校教师远程培训计划、中小学班主任专项培训计划、中小学体育教师培训计划等5项计划。2010年颁布《2010年中小学教师国家级培训计划——示范性项目实施方案》等。除了专门的继续教育政策外，许多教育政策中有关于教师培训的重要规定。如2006年，财政部、教育部《农村中小学公用经费支出管理暂行办法》中规定，"按照学校年度公用经费预算总额的 5% 安排教师培训经费"。2010 年,《国家中长期教育改革和发展规划纲要(2010—2020 年)》提出"将中小学教师培训经费列入各级政府预算",确保教师培训计划的实施,等等。2010 年,教育部、财政部开始实施的旨在提高中小学教师特别是农村教师队伍整体素质的《中小学教师国家级培训计划》,包括"中小学教师示范性培训项目"和"西部农村骨干教师培训项目"两项内容。

由此可见,近年我国教师继续教育政策正在走向规范化,政策实施的资金保障制度不断完善,培训方式不断多样化,且力求效果与便利性兼具,譬如大力发展远程培训。教师继续教育的内容以侧重骨干教师培训、农村地区教师培训为主,形式为国家培训、各级培训和校本培训相结合。在教育部出台的政策指导下,各省市地区也陆续出台中小学教师继续教育的相关政策,加大继续教育的实施力度。但是由于各地区的经济、社会、文化以及教育状况不同,各地区在执行中央教师继续教育政策时,所采取的措施、制定政策的侧重点、管理的力度等方面存在许多差异,由此所导致的政策实施程度和效果也会不尽相同。本文通过收集资料,以及对北京、沈阳、濮阳、潍坊等地区教师和教师继续教育管理人员的调查,分析了各地区教师继续教育政策实施内容和效果的差异,并进一步探讨了造成差异的原因。

第二节　四省市现行教师继续教育政策的总体特征

一、河南省现行教师继续教育政策及特征

1999 年,根据教育部颁布的《中小学教师继续教育规定》和《河南省专业技术人员继续教育条例》,河南省教育委员会、河南省人事厅共同签发《河南省中小学教师继续教育规定》。[①] 政策体现出以下特征:(1) 重

---

① 河南省教育厅:《河南省中小学教师继续教育规定》,2013 年 3 月 11 日,见 http://www.hateacher.net/showtopic.jsp? id=1294&columnid=003004001。

视新教师的培训。规定从 2000 年起新毕业上岗的中小学教师，不参加新任教师培训或经考核不合格者，不得按期评聘教师职务。(2) 区县级负责落实经费。中小学教师继续教育所需经费由政府、单位和教师本人共同承担（具体标准和分担比例由省教委会同有关部门另行制定）。各市（地）、县（市、区）、乡（镇）要按照河南省贯彻《纲要》实施意见和省教委、省计委、省财政厅、省人事厅联合印发的《关于河南省师范教育改革和发展的若干意见》的要求，落实教师培训经费。(3) 建立中小学教师继续教育基地。各级教师进修院校、其他教师培训机构和普通师范院校是中小学教师继续教育的主要基地。后出台《中小学教师岗位培训方案》等一系列政策。

二、山东省现行教师继续教育政策及特征

山东省教育委员会出台《山东省中小学教师继续教育规定》，在《规定》中指出：(1) 对教师进行分层继续教育。对试用期教师使之尽快适应教育教学工作的需要；对初级职务教师，学会用教育教学理论指导工作，成为胜任本职工作的教师或骨干教师；对中级职务教师，培训其成为完全胜任教育教学工作的骨干，部分教师成为学科带头人；对高级职务教师，通过学习和研讨，使其成为学科带头人，部分教师成为教育教学专家。(2) 在全省中小学教师中实行《继续教育证书》制度。将中小学教师参加各种形式继续教育的成绩，按照有关规定折算成学分在《继续教育证书》上予以登记，作为评聘专业技术职务的重要依据之一。达到规定学分者，方可聘任和晋升教师职务。无故不参加教师继续教育或未达到规定学分者，学校应缓聘或解聘其教师职务。(3) 规定教师人均培训经费标准。根据国家教委关于各地要制定中小学在职教师培训人均基本费用标准的规定，结合山东省实际，经过认真测算，山东省中小学教师继续教育人均基本费用标准暂定为小学教师每周期（5 年）700 元，中学教师每周期（5 年）1200 元。[①]

---

① 山东省教育厅：《山东省中小学教师继续教育规定》，1997 年 7 月 27 日，见 http://www.ceiea.com/html/200902/20090221144220b0gg. shtml。

后又出台《山东省中小学教师继续教育学分管理办法》等政策，保障教师继续教育顺利进行。2002 年，潍坊市也出台了中小学教师继续教育学分制管理规定。

三、辽宁省现行教师继续教育政策及特征

2000 年，辽宁省教育委员会发布"辽宁省贯彻《中小学教师继续教育规定》实施办法"，为本省教师继续教育作出了相关规定。其主要特点包括：(1) 划分各级教育管理部门的权责。省教育行政部门负责提供政策保障，如负责制定全省中小学教师继续教育规划并组织实施、制定课程方案、评估标准和方法等。市区教育行政部门负责提供组织保障，如本市教师培训基地建设，审验本市中学教师继续教育凭证和证书。中小学校负责保障参加培训的时间和条件，并指出"中小学校长是中小学教师岗位培训的第一责任人"。[①] 可见，学校在教师继续教育政策落实方面自主性较大。(2) 经费负担。中小学教师继续教育的经费以政府拨款为主，由国家、学校、个人合理负担。(3) 学分制。中小学教师继续教育实行学分制。教师必须在规定期限内参加培训，经考试、考核合格，取得相应学分，由培训部门颁发学分证书。学分管理办法由省教育行政部门制定。2006 年，沈阳市出台《中小学教师继续教育"十一五"规划》，为本市教师继续教育推行提供政策基础。

四、北京市现行教师继续教育政策

北京市中小学教师继续教育的对象是：具有中小学教师资格的各级各类中小学在职专任教师，包括各级各类中小学、区县教师培训、教研机构、特殊教育机构、校外教育机构等在职在岗中小学教师。目前，北京市中小学教师继续教育工作建立了统一规划、分层实施和制度规范的组织管

[①]   教育部：《中小学教师继续教育规定》，1999 年 9 月 13 日，见 http://www.bnjy.com/jsxx/pxb/2009-11-25/528.html。

理体制，采取市、区县、学校三级管理的办法。北京市教育委员会负责对
继续教育进行宏观管理和指导；北京市中小学中等职业学校教师培训中心
（挂靠北京教育学院）协助市教委组织落实全市教师继续教育相关计划，
具有业务统筹和服务支持职能，对全市中小学教师继续教育进行组织协调
和质量监控。市级培训机构实施公共必修课、市级学科教学带头人和骨干
教师的培训、培训者培训等。各区县教委负责本区县继续教育的统筹与规
划，各区县培训机构负责规划、组织、实施区级新任教师、学科教学带头
人和骨干教师的培训。各中小学组织本校教师参加继续教育，结合本校办
学特色及教师需求开展校本培训。

　　"十一五"时期以来，为有效开展教师继续教育，北京市出台的相关
政策为《北京市教育委员会关于北京市中小学教师"十一五"时期继续
教育工作意见》及《北京市中小学教师"十一五"时期继续教育管理办
法》。根据上述政策，参加培训的教师在 2010 年底前，根据岗位要求和教
师专业发展需要，必须完成 300 课时的学习任务，获得相应学分并取得北
京市"十一五"时期教师继续教育结业证书。培训内容分为必修课和选修
课。"教师教学基本技能""中小学教师教育技术能力"为全体教师的必修
课程。专业必修课旨在夯实学科知识基础，提高教师的学科专业素养。[①]

第三节　调研方法与实施的说明

　　本研究采取了以自编问卷进行的问卷调查法和访谈法。问卷调查法
的实施，选取北京 a 区、辽宁沈阳 b 区、山东潍坊 c 区、河南濮阳 d 区等
四个地区作为研究地区，在每个地区通过分层抽样，抽取好、中、差各一
所初中，对其全体教师进行问卷调查，试图通过问卷调查了解该地区教师
培训的现状及教师的满意度。问卷（见附录）的主要结构包括教师的自身

---

① 北京市教育委员会：《北京市中小学教师"十一五"时期继续教育管理办法》，2007 年
1 月 8 日，见 http://www.cedu.org.cn/web/jsp/news/detailNews.jsp? id＝6045。

情况，对培训政策的了解度，参加培训的数量、内容和形式，收获及满意度，存在问题及意见，学校的保障力度六部分。访谈法的实施，对各区教育局的教师培训负责人，各校校长及教师代表进行访谈。对教师培训负责人的访谈主要了解本市区教师培训的规定和政策，及政策实施的保障，存在的问题及意见；对校长的访谈主要了解本校教师培训的政策、实施保障及存在困难；对教师的访谈主要了解教师对培训的满意度和需求。

本次调查共发放问卷 600 份，回收有效问卷 585 份，有效回收率为 585/600＝97.5%。四个地区的问卷数量为 150、144、138 和 153，基本符合 1∶1∶1∶1 的比例，符合对于四个地区进行对比分析的基本要求。

表 11-1   四地区问卷的分配比例

		频率	百分比	有效百分比	累积百分比
有效	北京 a 区	150	25.6	25.6	25.6
	沈阳 b 区	144	24.6	24.6	50.3
	潍坊 c 区	138	23.6	23.6	73.8
	濮阳 d 区	153	26.2	26.2	100.0
	合计	585	100.0	100.0	

附：中学教师继续教育（在职培训）政策实施情况的调查问卷

尊敬的老师：

您好！本研究旨在了解您对教师在职培训工作的感受和看法。您的回答无对错之分，请真实地表达您的想法。本调查采取匿名方式，您填写的信息仅用于整体统计，绝不涉及对教师个人业务能力和工作情况的评价，且绝对保密。请放心填答。非常感谢您的配合与支持！

北京师范大学教育政策研究课题组

填答要求：请直接在最符合您的实际情况的选项字母上打"√"，如果选择"其他"，请将答案填在横线上

一、基本信息

（1）您的性别：A. 男   B. 女

（2）您所属年龄段：A. 20 岁以下　B. 20—29 岁　C. 30—39 岁

　　D. 40—49 岁　E. 50 岁及以上

（3）您的工龄：A. 5 年以下　B. 5—10 年　C. 11—20 年

　　D. 21—30 年　E. 30 年以上

（4）您已有的最高学历：A. 初中（中专）及以下　B. 高中（中师）

　　C. 本科（大专）　D. 硕士　E 博士及以上

（5）您现在的专业技术职称是：A. 中学高级　B. 中学一级

　　C. 中学二级　D. 中学三级　E. 未评定

二、不定项选择（可多选）

（1）您对继续教育的有关政策和文件，如《中小学教师继续教育规定》等是否了解？

　　A. 非常了解　B. 比较了解　C. 不太了解

　　D. 完全不了解　E. 不关心

（2）您所在的学校对教师继续教育政策是否有相关规定？

　　A. 有具体明确的规定　B. 印发与传达上级的规定

　　C. 开过专门的会议解读过相关政策　D. 没有相关做法

（3）您参加过教师培训的次数是：（如果您选择 E 选项，请直接回答第 10 题）

　　A. 10 次以上　B. 6—10 次　C. 3—5 次

　　D. 1—2 次　E. 没参加过

（4）您参加过的培训级别有：

　　A. 国家级　B. 省级　C. 市级　D. 县级　E. 校级

（5）您参加过的培训类别有：

　　A. 新教师培训　B. 骨干教师培训

　　C. 教师岗位培训　D. 学历培训

（6）您参加过的培训内容包括：

　　A. 教育理论培训　B. 专业教学技能培训

　　C. 一般技能培训（如外语、信息技术）　D. 其他

（7）您参加过的培训方式有：

A. 讲座　B. 经验报告会　C. 专题实践研讨　D. 课堂观摩

E. 个别指导　F. 参与式培训　G. 其他方式

（8）您所参加教师培训的经费：

A. 需个人承担一部分　B. 完全由政府负担

C. 完全由学校负担　　D. 由政府和学校负担

（9）您通过教师培训得到的最大收获是：

A. 教学、科研能力的提高　B. 对教育发展的新动向的了解

C. 结交很多朋友，丰富自身的社会资本

D. 开阔自己的教育视野　E. 没有什么变化　F. 其他

（10）您没有参加过教师培训是因为：（仅第 3 题选择 E 项的人回答）

A. 自己不愿意参加　B. 没有机会参加

C. 无法协调工作与参加培训的时间

D. 需要自己负担一部分费用　E. 其他

三、单选题

（1）您所在的学校中，以下情况的符合程度是：

· 每个教师都有参加培训的机会	1. 完全不符合　2. 比较不符合　3. 不确定　4. 比较符合 5. 完全符合
· 培训的类别多种多样	1. 完全不符合　2. 比较不符合　3. 不确定　4. 比较符合 5. 完全符合
· 学校能充分保障教师的培训时间	1. 完全不符合　2. 比较不符合　3. 不确定　4. 比较符合 5. 完全符合
· 给予参加培训的教师一定的奖励	1. 完全不符合　2. 比较不符合　3. 不确定　4. 比较符合 5. 完全符合
· 为教师培训提供资金支持	1. 完全不符合　2. 比较不符合　3. 不确定　4. 比较符合 5. 完全符合
· 参加培训的教师有优先晋升权	1. 完全不符合　2. 比较不符合　3. 不确定　4. 比较符合 5. 完全符合

（2）您希望参加教师培训的意愿强烈程度是：（如果您选择 A 选项，

可跳过下题）

      A.不愿意参加 B.参加与否无所谓 C.愿意参加 D.希望参加

（3）您愿意参加教师培训的最主要原因是：

      A.自我提高的需要 B.晋升、评定职称的需要

      C.上级、学校的要求 D.人脉积累的需要 E.其他

四、限选题

（1）你认为影响教师参加培训积极性的主要原因是：（限选两项）

      A.自己能够胜任教师职务，不需要培训

      B.没有时间和精力参加培训 C.培训的作用和效果不明显

      D.需要自己承担一部分培训费用

      E.学校和政府提供的支持太少 F.其他

（2）您认为影响培训效果的主要因素是：（限选两项）

      A.培训内容缺乏针对性 B.培训方法、形式单一

      C.学员自身问题 D.师资水平不高

      E.评价内容、手段不合理 F.其他

五、主观题

您还有哪些关于教师在职培训方面的想法和建议，请写到下面。

再次感谢您的支持与配合！

第四节　调研结果分析：四个地区政策实施的差异表现

    四个地区的中小学教师继续教育政策实施的差异主要表现在政策实施的保障措施和政策实施的效果两个方面。政策实施的保障又包括政策宣传力度、资金和时间的保障、对教师参与公平性的保障和对教师培训的激励制度等方面。而政策实施的效果主要体现在政策的目标群体——教师所接受到的培训数量和质量方面，培训的质量直接表现为教师的收获和满意度，间接表现为培训的内容、种类和形式的多样性和适当性，教师参与的积极性等。

在问卷中，学校对教师参加培训的机会、时间、激励制度、资金等保障方面，共分为：S11.每个教师都有参加培训的机会；S12.培训的类别多种多样；S13.学校能充分保障教师的培训时间；S14.给予参加培训的教师一定的奖励；S15.为教师培训提供资金支持；S16.参加培训的教师有优先晋升权6个问题项目，每个项目包含有"1—完全不符合"到"5—完全符合"五级评分。对各维度的得分情况，通过spss统计软件进行单因素方差分析，所得结果见表11-2，表11-3。从表11-2可以发现，各项目的方差均齐性（0.955，0.667，0.160，0.159，0.061，0.179均大于0.05）。

表11-2　方差齐性检验

	Levene 统计量	df1	df2	显著性
S11	.109	3	564	.955
S12	.523	3	561	.667
S13	1.730	3	557	.160
S14	1.733	3	551	.159
S15	2.468	3	558	.061
S16	.447	3	560	.719

表11-3　单因素方差分析

		平方和	df	均方	F	显著性
S11	组间	14.884	3	4.961	4.209	.006
	组内	664.790	564	1.179		
	总数	679.674	567			
S12	组间	28.516	3	9.505	9.197	.000
	组内	579.792	561	1.033		
	总数	608.308	564			
S13	组间	14.880	3	4.960	4.801	.003
	组内	575.484	557	1.033		
	总数	590.364	560			

续表

		平方和	df	均方	F	显著性
S14	组间	49.808	3	16.603	11.651	.000
	组内	785.147	551	1.425		
	总数	834.955	554			
S15	组间	40.959	3	13.653	12.478	.000
	组内	610.557	558	1.094		
	总数	651.516	561			
S16	组间	2.616	3	.872	.667	.573
	组内	732.653	560	1.308		
	总数	735.270	563			

从表11-3可以看出，除第六个项目（p＝0.573＞0.05），表示在教师培训与晋升相关联的维度上各地区得分无显著差异外，前五个项目上不同地区的得分均存在显著性差异（0.006，0.000，0.000，0.003，0.000，0.000均小于0.05）。即，在学校对教师参加培训的机会公平、多样性、资金、时间、激励制度等各方面的保障措施上，都存在显著性的差异。

一、政策实施保障措施方面

（一）政策宣传保障

政策宣传是政策实施的第一步，好的政策宣传可以使得政策的执行事半功倍。在四个地区，教师对学校层面教师继续教育政策的相关规定看法如下，a地区与b地区各有11.7%和10.3%的教师认为学校层面无相关政策；c地区和d地区比例相对较低，为2.9%。在所有学校中，对继续教育政策的宣传多限于传达上级规定和根据上级政策制定本校规定（82.6%），较少会组织教师学习该项政策（10.4%）。相对而言，潍坊c区和濮阳d区的教师继续教育政策宣传情况好于北京a区和沈阳b区。

表 11–4　各地区学校教师培训政策宣传情况

		学校政策				合计
		有规定	传达	开会学习	无政策	
地区	北京 a 区	44.8%	30.3%	13.1%	11.7%	100.0%
	沈阳 b 区	27.9%	52.2%	9.6%	10.3%	100.0%
	潍坊 c 区	62.3%	22.5%	12.3%	2.9%	100.0%
	濮阳 d 区	51.1%	39.6%	6.5%	2.9%	100.0%
合计		46.6%	36.0%	10.4%	7.0%	100.0%

　　四个地区中学教师对国家教师继续教育政策的了解情况如下：a 地区中学教师对政策比较或非常了解的占被调查者的 46%，不太了解或完全不了解的占 54%，b 地区有 34% 的教师较了解政策、c 地区和 d 地区分别有 67.2% 和 77.4% 的教师比较了解。可见 c 地区和 d 地区，教师对于继续教育政策相对较熟悉，也证明了上述关于 c 地区和 d 地区教师继续教育政策宣传较好的推断。

表 11–5　各地区教师对政策了解程度表

		政策了解程度				合计
		非常了解	比较了解	不太了解	完全不了解	
地区	北京 a 区	10.7%	35.3%	50.7%	3.3%	100.0%
	沈阳 b 区	3.5%	30.8%	58.7%	7.0%	100.0%
	潍坊 c 区	23.4%	43.8%	31.4%	1.5%	100.0%
	濮阳 d 区	11.8%	65.8%	21.7%	0.7%	100.0%
合计		12.2%	44.2%	40.5%	3.1%	100.0%

（二）资金保障

　　国家规定中小学教师继续教育经费以政府财政拨款为主，多渠道筹集，因此，在许多省市规定，教师继续教育经费由政府、学校和教师个人分担。其中，教师个人承担经费的比重在一定程度上反映了本地区教师继续教育政策实施财政支持情况。在受调查的中学教师中，a 地区和 c 地区需个人承担经费的教师所占比例较低，分别为24.3%和20.6%，b地区和d地区，需个人承担经费的比重较高，分别为54.9%和40.3%。b和d地区的经费保障弱于a和c地区。

表11-6　各地区政策实施经费来源

		经费来源				合计
		个人	政府	学校	政府和学校	
地区	北京a区	24.3%	6.9%	35.4%	33.3%	100.0%
	沈阳b区	54.9%	0.8%	33.1%	11.3%	100.0%
	潍坊c区	20.6%	1.5%	48.9%	29.0%	100.0%
	濮阳d区	40.3%	2.2%	37.3%	20.1%	100.0%
合计		34.9%	3.0%	38.6%	23.6%	100.0%

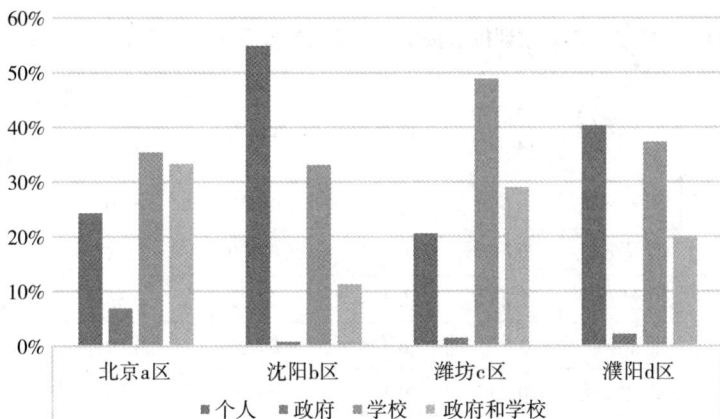

图11-1　各地区政策实施经费来源

在回答"学校是否为教师培训提供了足够的资金支持"问题中，回答者所占比例如下，可见，a地区和b地区教师继续教育政策执行的学校资金保障相对不充足，c地区和d地区学校资金保障相对充足。可见，a地区政府承担经费比重较大，b地区个人承担经费比例较高、c地区学校承担经费比重较高，d地区个人和学校承担经费较多。

表 11-7 各地区学校为教师培训提供资金保障情况

		S15					合计
		完全不符合	比较不符合	不确定	比较符合	完全符合	
地区	北京 a 区	6.3%	11.2%	25.2%	37.8%	19.6%	100.0%
	沈阳 b 区	2.1%	9.9%	30.5%	42.6%	14.9%	100.0%
	潍坊 c 区	4.4%	2.2%	8.0%	38.0%	47.4%	100.0%
	濮阳 d 区	5.7%	7.8%	15.6%	41.1%	29.8%	100.0%
合计		4.6%	7.8%	19.9%	39.9%	27.8%	100.0%

经单因素方差分析，可知，各地区学校为教师培训提供资金保障情况存在显著差异。经两两比较可知，c 地区和 a、b、d 三个地区存在显著差异，a 地区和 d 地区存在显著差异。由此可知，c 地区资金保障情况最好，a、b 地区次之，d 地区较差。

表 11-8 学校为教师培训提供资金保障情况的多重比较（因变量：S15 LSD）

(I) 地区	(J) 地区	均值差 (I—J)	标准误	显著性	95% 置信区间	
					下限	上限
北京 a 区	沈阳 b 区	−0.050	0.124	0.687	−0.29	0.19
	潍坊 c 区	−0.688*	0.125	0.000	−0.93	−0.44
	濮阳 d 区	−0.284*	0.124	0.022	−0.53	−0.04
沈阳 b 区	北京 a 区	0.050	0.124	0.687	−0.19	0.29
	潍坊 c 区	−0.637*	0.125	0.000	−0.88	−0.39
	濮阳 d 区	−0.234	0.125	0.061	−0.48	0.01
潍坊 c 区	北京 a 区	0.688*	0.125	0.000	0.44	0.93
	沈阳 b 区	0.637*	0.125	0.000	0.39	0.88
	濮阳 d 区	0.403*	0.125	0.001	0.16	0.65
濮阳 d 区	北京 a 区	0.284*	0.124	0.022	0.04	0.53
	沈阳 b 区	0.234	0.125	0.061	−0.01	0.48
	潍坊 c 区	−0.403*	0.125	0.001	−0.65	−0.16

*. 均值差的显著性水平为 0.05。

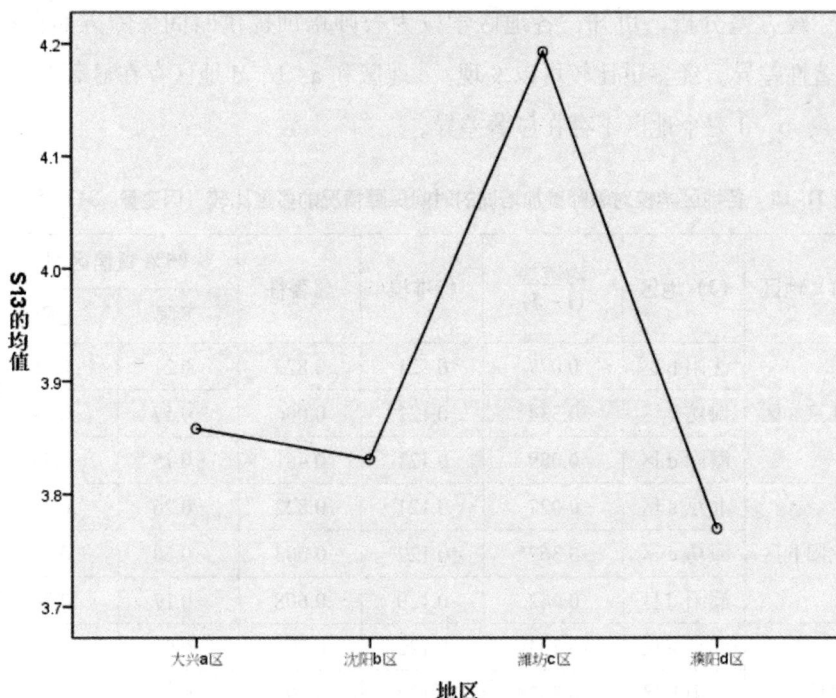

图 11-2　学校为教师培训提供资金保障的得分情况

（三）时间保障

在教师参加培训的时间保障方面，"学校是否为教师培训提供足够的时间保障"一题的回答中，各地区都给予了比较充足的时间保障。其中，濮阳 c 区的学校对教师培训的时间保障最为充足。

表 11-9　各地区学校对教师参加培训的时间保障情况

		S13					合计
		完全不符合	比较不符合	不确定	比较符合	完全符合	
地区	北京 a 区	5.0%	7.1%	13.5%	46.1%	28.4%	100.0%
	沈阳 b 区	3.5%	2.1%	22.5%	51.4%	20.4%	100.0%
	潍坊 c 区	2.2%	6.7%	7.4%	37.0%	46.7%	100.0%
	濮阳 d 区	5.6%	9.8%	11.2%	49.0%	24.5%	100.0%
	合计	4.1%	6.4%	13.7%	46.0%	29.8%	100.0%

经方差分析，可知，各地区学校为教师培训提供时间保障方面存在显著性差异。经多重比较可以发现，c 地区和 a、b、d 地区存在显著差异，而 a、b、d 三个地区不存在显著差异。

表 11-10　各地区学校对教师参加培训的时间保障情况的多重比较（因变量：S13 LSD）

(I) 地区	(J) 地区	均值差 (I—J)	标准误	显著性	95% 置信区间	
					下限	上限
北京 a 区	沈阳 b 区	0.027	0.121	0.822	−0.21	0.26
	潍坊 c 区	−0.334*	0.122	0.006	−0.57	−0.09
	濮阳 d 区	0.089	0.121	0.461	−0.15	0.33
沈阳 b 区	北京 a 区	−0.027	0.121	0.822	−0.26	0.21
	潍坊 c 区	−0.362*	0.122	0.003	−0.60	−0.12
	濮阳 d 区	0.062	0.120	0.608	−0.17	0.30
潍坊 c 区	北京 a 区	0.334*	0.122	0.006	0.09	0.57
	沈阳 b 区	0.362*	0.122	0.003	0.12	0.60
	濮阳 d 区	0.423*	0.122	0.001	0.18	0.66
濮阳 d 区	北京 a 区	−0.089	0.121	0.461	−0.33	0.15
	沈阳 b 区	−0.062	0.120	0.608	−0.30	0.17
	潍坊 c 区	−0.423*	0.122	0.001	−0.66	−0.18
*. 均值差的显著性水平为 0.05。						

（四）公平性保障

在"学校保障每位教师都有接受培训的机会"项目上，各地区得分如下表，最高分为 c 地区 4.17 分，最低分为 b 地区 3.75 分。经方差齐性检验，$p = 0.955 > 0.05$，可认定四地区得分方差齐性。经单因素方差分析，$p = 0.006 < 0.05$，可见，四地区学校对教师接受培训的机会保障方面得分具有显著性差异。经两两比较可知，c 地区与 b、d 地区之间的差异存在显著性，c 地区的公平性保障机制较好。

表 11-11 各地区学校对教师培训机会保障的描述

	N	均值	标准差	标准误	均值的 95% 置信区间		极小值	极大值
					下限	上限		
北京 a 区	144	3.92	1.100	0.092	3.74	4.10	1	5
沈阳 b 区	142	3.75	1.068	0.090	3.57	3.92	1	5
潍坊 c 区	138	4.17	1.064	0.091	3.99	4.35	1	5
濮阳 d 区	144	3.79	1.109	0.092	3.61	3.97	1	5
总数	568	3.90	1.095	0.046	3.81	3.99	1	5

表 11-12 多重比较（因变量：S11）

	(I) 地区	(J) 地区	均值差 (I—J)	标准误	显著性	95% 置信区间	
						下限	上限
LSD	北京 a 区	沈阳 b 区	0.170	0.128	0.186	−0.08	0.42
		潍坊 c 区	−0.250	0.129	0.054	−0.50	0.00
		濮阳 d 区	0.125	0.128	0.329	−0.13	0.38
	沈阳 b 区	北京 a 区	−0.170	0.128	0.186	−0.42	0.08
		潍坊 c 区	−0.420*	0.130	0.001	−0.68	−0.17
		濮阳 d 区	−0.045	0.128	0.725	−0.30	0.21
	潍坊 c 区	北京 a 区	0.250	0.129	0.054	0.00	0.50
		沈阳 b 区	0.420*	0.130	0.001	0.17	0.68
		濮阳 d 区	0.375*	0.129	0.004	0.12	0.63
	濮阳 d 区	北京 a 区	−0.125	0.128	0.329	−0.38	0.13
		沈阳 b 区	0.045	0.128	0.725	−0.21	0.30
		潍坊 c 区	−0.375*	0.129	0.004	−0.63	−0.12
Tamhane	北京 a 区	沈阳 b 区	0.170	0.128	0.708	−0.17	0.51
		潍坊 c 区	−0.250	0.129	0.281	−0.59	0.09
		濮阳 d 区	0.125	0.130	0.916	−0.22	0.47
	沈阳 b 区	北京 a 区	−0.170	0.128	0.708	−0.51	0.17
		潍坊 c 区	−0.420*	0.127	0.007	−0.76	−0.08
		濮阳 d 区	−0.045	0.129	10.000	−0.39	0.30

续表

	(I) 地区	(J) 地区	均值差 (I—J)	标准误	显著性	95% 置信区间	
						下限	上限
	潍坊 c 区	北京 a 区	0.250	0.129	0.281	−0.09	0.59
		沈阳 b 区	0.420*	0.127	0.007	0.08	0.76
		濮阳 d 区	0.375*	0.129	0.024	0.03	0.72
	濮阳 d 区	北京 a 区	−0.125	0.130	0.916	−0.47	0.22
		沈阳 b 区	0.045	0.129	1.000	−0.30	0.39
		潍坊 c 区	−0.375*	0.129	0.024	−0.72	−0.03

*. 均值差的显著性水平为 0.05。

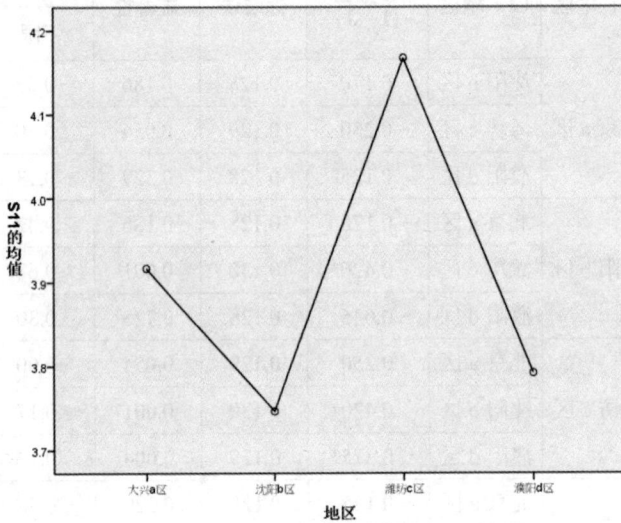

图 11-3　四地区学校对教师参与培训机会保障的得分均值比较

（五）激励制度保障

关于教师培训是否具有相关奖惩制度方面，教师在"教师参加培训可以获得一定奖励"的项目上平均得分如下，c 地区得分最高为 3.43 分，B 地区为最低分 2.58 分。

表 11-13　各地区教师培训激励制度得分的描述

	N	均值	标准差	标准误	均值的 95% 置信区间		极小值	极大值
					下限	上限		
北京 a 区	143	2.98	1.190	0.099	2.78	3.18	1	5
沈阳 b 区	140	2.58	1.067	0.090	2.40	2.76	1	5
潍坊 c 区	135	3.43	1.290	0.111	3.21	3.65	1	5
濮阳 d 区	137	2.99	1.222	0.104	2.79	3.20	1	5
总数	555	2.99	1.228	0.052	2.89	3.09	1	5

各地区在此项目的得分是否存在显著性差异，经检验，在方差齐性的情况下（p＝0.159＞0.05），经方差分析可知，除了 a 和 d 地区无显著性差异外，得分最高的地区 c，得分最低的地区 b，与 a 和 d 之间均具有显著性差异。可见，c 地区教师培训的奖惩制度相对最完善，b 地区最不完善。

表 11-14　教师参加培训获得奖励情况得分的多重比较（因变量：S14 LSD）

(I) 地区	(J) 地区	均值差 (I—J)	标准误	显著性	95% 置信区间	
					下限	上限
北京 a 区	沈阳 b 区	0.400*	0.142	0.005	0.12	0.68
	潍坊 c 区	−0.451*	0.143	0.002	−0.73	−0.17
	濮阳 d 区	−0.014	0.143	0.924	−0.29	0.27
沈阳 b 区	北京 a 区	−0.400*	0.142	0.005	−0.68	−0.12
	潍坊 c 区	−0.851*	0.144	0.000	−1.13	−0.57
	濮阳 d 区	−0.414*	0.143	0.004	−0.70	−0.13
潍坊 c 区	北京 a 区	0.451*	0.143	0.002	0.17	0.73
	沈阳 b 区	0.851*	0.144	0.000	0.57	1.13
	濮阳 d 区	0.437*	0.145	0.003	0.15	0.72
濮阳 d 区	北京 a 区	0.014	0.143	0.924	−0.27	0.29
	沈阳 b 区	0.414*	0.143	0.004	0.13	0.70
	潍坊 c 区	−0.437*	0.145	0.003	−0.72	−0.15
*. 均值差的显著性水平为 0.05。						

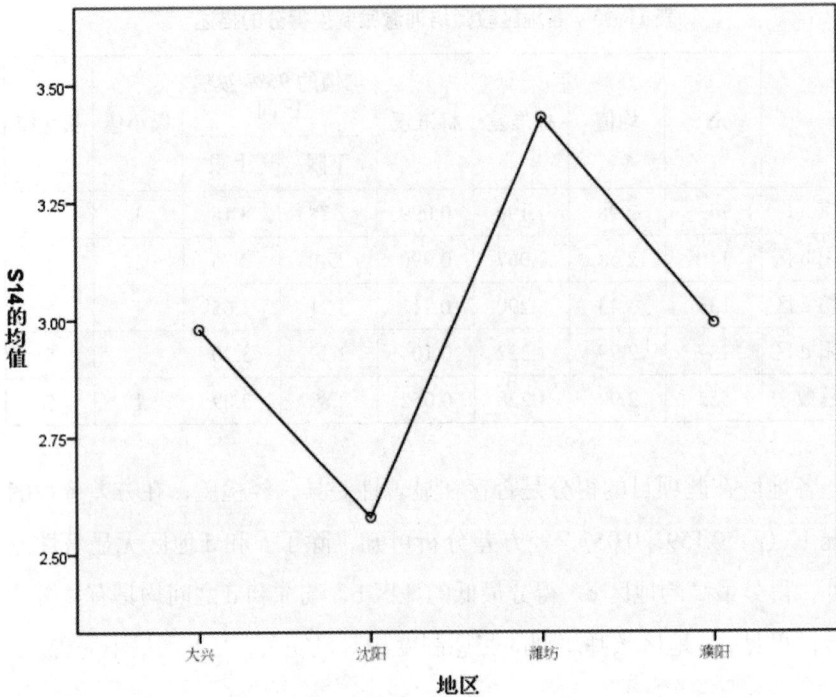

图 11-4　四地区学校对教师参与培训给予奖励情况的得分均值比较

在教师培训的奖励方面，是否与晋升相挂钩，如下图可见，得分最高的仍是 c 地区，得分最低的为 a 地区。经方差分析，该差异不显著。

表 11-15　教师参加培训与晋升是否挂钩得分描述

	N	均值	标准差	标准误	均值的 95% 置信区间		极小值	极大值
					下限	上限		
北京 a 区	144	3.27	1.130	0.094	3.08	3.46	1	5
沈阳 b 区	142	3.37	1.102	0.092	3.19	3.56	1	5
潍坊 c 区	135	3.44	1.157	0.100	3.25	3.64	1	5
濮阳 d 区	143	3.29	1.186	0.099	3.10	3.49	1	5
总数	564	3.34	1.143	0.048	3.25	3.44	1	5

综合上述分析与访谈结果，可以发现，在地区和学校对教师继续教育政策实施的保障方面，潍坊 c 区得分最高，在政策宣传的方面，教师对

政策的熟悉程度，教师培训的经费保障、机会均等保障、时间保障和激励措施等方面，均显著高于其他地区。潍坊 c 区的教师培训经费保障主要集中于学校层面，具备较完善的教师培训奖励制度，教师培训与晋升相挂钩，客观上促进了教师参加培训的激励性。濮阳 d 区对教师继续教育政策实施的政策宣传较到位，教师对政策比较熟悉；但地区政府对教师培训的经费投入不足，需教师个人和学校承担较多的经费；教师参加培训的机会均等性保障不足，有些年轻教师愿意参加培训但是没有机会；对教师培训的激励制度不完善，教师培训奖励不够。北京 a 区对教师继续教育政策实施的经费保障充足，地区政府承担几乎全部的培训费用。对培训采取非强制的态度，因而培训奖励制度完善，但培训与教师晋升等无关。沈阳 b 区教师培训与晋升存在一定关联，教师参与培训积极性较高，但政府投入经费有限，需个人承担经费部分较高；学校在教师参加培训的机会均等方面保障不足，教师对于教师培训政策亦不够了解，教师培训的奖惩制度不够完善。

二、政策实施效果方面

教师继续教育政策实施的效果主要体现在教师所参加培训的数量和质量、教师的收获和满意度等方面。通过数据分析和统计可知教师所参加培训的次数范围，教师所参加培训的主要种类、内容和形式分布，教师参与培训的意愿强度，培训所带来的收获和满意度。

（一）教师参与培训的次数

在教师参加培训数量方面，c 地区参加五次以上培训的教师占 73.9%为最高，a 地区为 69.3%，次之，b 和 d 则比例较低。a 和 c 地区教师参加培训次数多为 10 次以上，d 区教师参加培训次数集中在 3—5 次，b 地区教师在各数量阶段上分布较均匀，参加 0 次培训的教师比例稍高于其他地区。

表 11–16 各地区教师参加培训次数分布

		参加培训次数					合计
		10次以上	6—10次	3—5次	1—2次	0次	
地区	大兴 a 区	44.0%	25.3%	18.0%	11.3%	1.3%	100.0%
	沈阳 b 区	27.3%	21.0%	28.0%	21.7%	2.1%	100.0%
	潍坊 c 区	52.9%	21.0%	17.4%	8.0%	0.7%	100.0%
	濮阳 d 区	23.2%	27.2%	41.1%	7.9%	0.7%	100.0%
合计		36.6%	23.7%	26.3%	12.2%	1.2%	100.0%

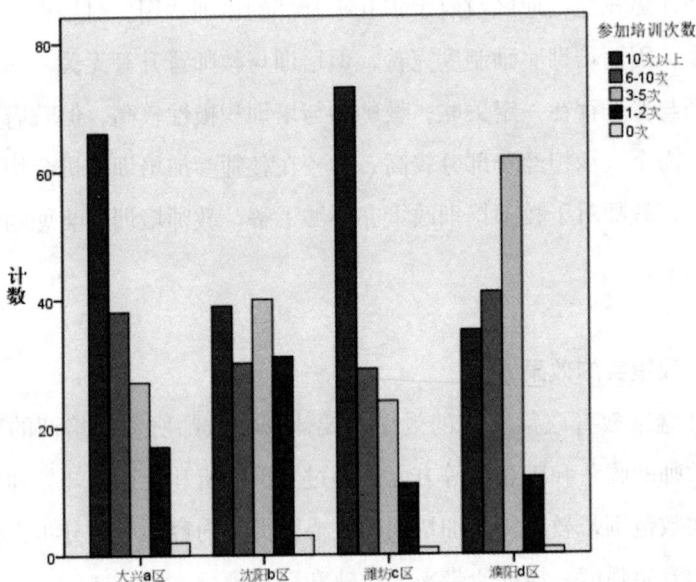

图 11–5 不同地区教师参加培训次数分布图

(二) 培训的种类、内容和形式

在不同种类的教师培训中，各地区教师是否参加过的人数比例不同。如，在新教师培训方面，b 地区做得较多，有 73.4% 的教师参加过新教师培训；其次是潍坊 c 区，有 44.7% 的人参加过新教师培训；d 地区做得较少，仅有 15.2% 的教师参加过新教师培训。

在骨干教师培训方面，c 地区做得较多，有 68.9% 的教师参加过骨干教师培训；b 区最低，只有 29.5% 的教师参加过骨干教师培训。

各地区教师参加过岗位培训的较多，参加过学历培训的较少。平均有 74.9% 的教师参加过岗位培训，而只有 26.4% 的教师参加过学历培训。参加过学历培训教师比例最高的教师是 c 地区，为 40.9%。

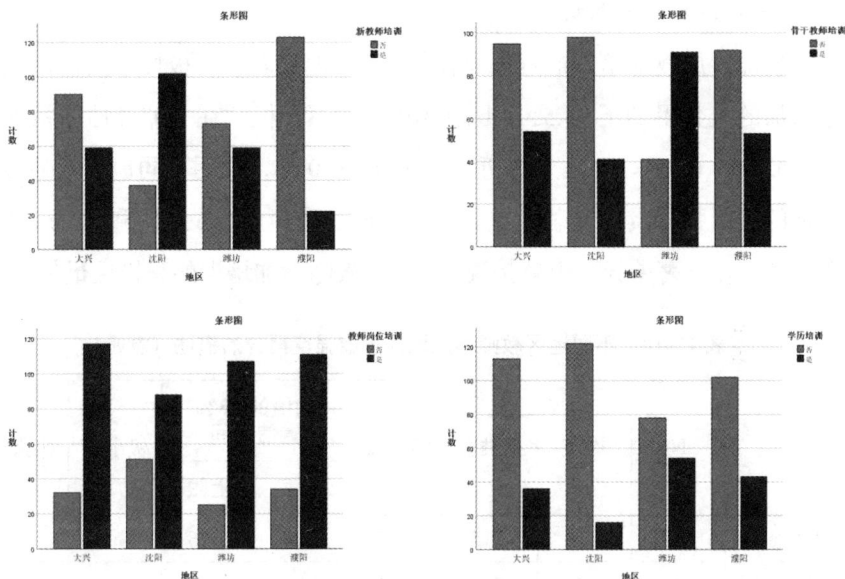

图 11-6　各地区参加各种教师培训教师分布图

教师培训的主要内容可以分为教育理论、教学技能和一般技能几方面。各地区在教育培训的内容侧重方面有所区别。如下表所示，分地区对参加各类内容培训的教师数量进行频数对比，可以得出，c 地区比较重视教育理论和教学技能的培训，b 地区比较重视一般技能的培训。

表 11-17　各地区教师参加的培训主要内容

		教育理论培训		专业教学技能培训		一般技能培训	
		否	是	否	是	否	是
地区	大兴 a 区	30.2%	69.8%	26.2%	73.8%	40.9%	59.1%
	沈阳 b 区	34.3%	65.7%	39.3%	60.7%	20.7%	79.3%
	潍坊 c 区	6.1%	93.9%	9.1%	90.9%	30.3%	69.7%
	濮阳 d 区	23.5%	76.5%	28.9%	71.1%	37.6%	62.4%
合计		23.9%	76.1%	26.1%	73.9%	32.6%	67.4%

在培训形式方面，a 地区比较注重讲座和个别指导的形式，c 地区比较注重经验报告和专题研讨、课堂观摩，b 地区比较注重参与式培训的方式（如图 11-7）。

（三）教师参与积极性

教师参加教师培训的意愿总体较高，c 地区教师积极性最高，比较愿意参加的人数得到了 94.5%，b 地区相对较不积极。在方差齐性的情况下（p=0.960>0.05），经方差分析，p=0.000<0.05，说明不同地区教师参加培训的意愿强度具有显著性差异。经两两比较可知，b 地区和 a、c、d 三个地区存在显著差异，也就是说，b 地区教师参加培训的积极性最低。

表 11-18 不同地区教师参加培训意愿强度得分的描述（意愿）

	N	均值	标准差	标准误	均值的 95% 置信区间		极小值	极大值
					下限	上限		
大兴 a 区	142	3.16	.615	.052	3.06	3.26	1	4
沈阳 b 区	142	2.94	.732	.061	2.82	3.07	1	4
潍坊 c 区	138	3.25	.538	.046	3.16	3.34	1	4
濮阳 d 区	145	3.23	.565	.047	3.14	3.33	1	4
总数	567	3.15	.627	.026	3.09	3.20	1	4

表 11-19 方差齐性检验（意愿）

Levene 统计量	df1	df2	显著性
.100	3	563	.960

表 11-20 单因素方差分析（意愿）

	平方和	df	均方	F	显著性
组间	8.375	3	2.792	7.328	.000
组内	214.475	563	.381		
总数	222.850	566			

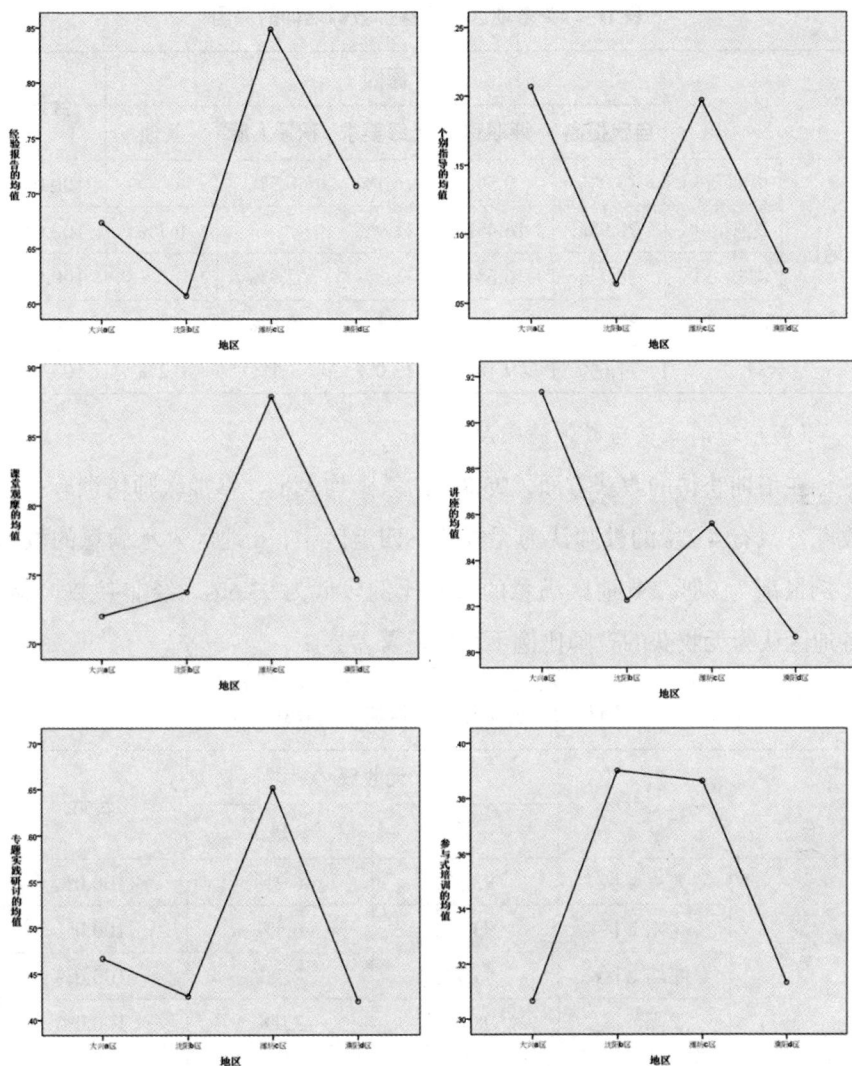

图 11-7　各地区教师所参加培训的主要形式

　　在愿意参加教师培训的原因方面，各地区超过 70% 的教师认为，主要是基于自我提高的需要，其余约 20% 的教师是基于评职称、上级要求等其他原因。可见，除 b 地区基于评定职称、上级要求等外部因素而参与教师培训的教师稍高外，各地区教师们对于参加培训、自我提高的需求均较高，意愿较强烈。

表 11-21　各地区教师参加教师培训的原因

		原因					合计
		自我提高	评职称	上级要求	积累人脉	其他	
地区	大兴 a 区	73.7%	9.5%	16.1%	0.7%		100.0%
	沈阳 b 区	70.9%	16.4%	11.9%		0.7%	100.0%
	潍坊 c 区	78.7%	6.6%	11.8%	2.9%		100.0%
	濮阳 d 区	87.2%	3.8%	8.3%	0.8%		100.0%
合计		77.6%	9.1%	12.0%	1.1%	0.2%	100.0%

（四）培训收获与教师满意度

在培训获得的收获方面，95.8% 的教师均表示，参加教师培训有一定收获，只有 4.2% 的教师认为无收获。四地区中，d 地区表示满意的教师比例最高为 98%，b 地区满意的教师比例较低为 93.6%。经非参数检验，各地区认为无收获的教师比例不存在显著差异。

表 11-22　各地区教师培训教师满意情况

		无收获		合计
		否	是	
地区	大兴 a 区	93.8%	6.2%	100.0%
	沈阳 b 区	93.6%	6.4%	100.0%
	潍坊 c 区	97.7%	2.3%	100.0%
	濮阳 d 区	98.0%	2.0%	100.0%
合计		95.8%	4.2%	100.0%

经非参数检验可知，在具体获得哪些收获的问题上，能力提高、了解教育动态和开阔视野条目上，各地区得分存在显著差异，结交朋友条目无显著差异。

在提高能力和开阔视野的条目上，都有超过 70% 的教师表示认同。c 地区有 82.5% 的教师认为自己的能力有所提高，而 b 地区只有 57.2%；c 地区有 86.4% 的教师认为教师培训开阔了自己的视野，a 地区有 68.5%。

	零假设	检验	显著性	决策者
1	在地区类别上，能力提高的分布相同。	独立样本 Kruskal–Walis检验	.000	拒绝零假设
2	在地区类别上，了解教育动态的分布相同。	独立样本 Kruskal–Walis检验	.000	拒绝零假设
3	在地区类别上，结交朋友的分布相同。	独立样本 Kruskal–Walis检验	.333	保留零假设
4	在地区类别上，开阔视野的分布相同。	独立样本 Kruskal–Walis检验	.000	拒绝零假设

图 11-8　各地区教师培训收获差异情况

在了解教育动态的条目上，c 地区有 79.4% 的教师认为有收获，a 地区有 53.4% 的教师认为有收获。总体说来，c 与 d 两个地区教师在各方面均表示收获颇多，b 地区的教师认为教师培训的收获主要为开阔视野。

表 11-23　各地区教师参加培训的收获情况

地区		能力提高		了解教育动态		开阔视野		合计
		否	是	否	是	否	是	
地区	大兴 a 区	27.4%	72.6%	46.6%	53.4%	31.5%	68.5%	100.0%
	沈阳 b 区	42.1%	57.9%	40.0%	60.0%	17.9%	82.1%	100.0%
	潍坊 c 区	17.4%	82.6%	20.6%	79.4%	13.6%	86.4%	100.0%
	濮阳 d 区	30.2%	69.8%	34.2%	65.8%	27.5%	72.5%	100.0%
合计		29.5%	70.5%	35.7%	64.3%	22.9%	77.1%	100.0%

（五）存在问题

教师培训存在的问题可包含外部问题和内部问题两方面，外部问题是指时间、经费、政策等政府和学校应当予以保障的领域所存在的问题；内部问题是指培训本身存在的问题，包括内容、形式、师资水平评价方法等方面。其中，外部问题主要影响教师参加培训的积极性，内部问题直接影响培训的效果。

经非参数检验，在影响教师参加培训的积极性问题的回答中，在1. 不需要培训、2. 没时间参加培训、3. 培训效果不好、4. 培训经费不足、5. 政府和学校不支持等五个条目中，第2和第3条各地区间无显著差异，而第1、4、5个条目不同的地区间存在显著差异。

	零假设	检验	显著性	决策者
1	在地区类别上，不需要的分布相同。	独立样本 Kruskal–Walis检验	.022	拒绝零假设
2	在地区类别上，没时间的分布相同。	独立样本 Kruskal–Walis检验	.780	保留零假设
3	在地区类别上，效果不大的分布相同。	独立样本 Kruskal–Walis检验	.200	保留零假设
4	在地区类别上，经费不足的分布相同。	独立样本 Kruskal–Walis检验	.005	拒绝零假设
5	在地区类别上，政府和学校不支持的分布相同。	独立样本 Kruskal–Walis检验	.024	拒绝零假设

图 11-9　各地区教师不愿意参加培训的原因

对三个条目进行百分比比较可知，a地区影响教师参加培训积极性的主要原因是教师认为自身不需要参加教师培训，足以完成现任工作；b地区影响教师参加培训积极性的主要原因是经费不足；与a地区相比，b、c、d地区政府和学校对教师培训的支持相对不够。

表 11-24　各地区影响教师参加培训积极性的主要原因

		不需要		经费不足		政府支持不够		合计
		否	是	否	是	否	是	
地区	大兴a区	89.4%	10.6%	87.2%	12.8%	77.3%	22.7%	100.0%
	沈阳b区	95.0%	5.0%	73.8%	26.2%	63.1%	36.9%	100.0%
	潍坊c区	91.7%	8.3%	87.2%	12.8%	61.7%	38.3%	100.0%
	濮阳d区	97.9%	2.1%	85.7%	14.3%	67.9%	32.1%	100.0%
合计		93.5%	6.5%	83.4%	16.6%	67.6%	32.4%	100.0%

经非参数检验，在影响教师培训效果的1.内容无针对性、2.方法形式单一、3.自身问题、4.师资水平低、5.评价手段不合理等五个因素中，各地区在此五个方面的评分均无显著差异。

各地区教师均认为主要原因是内容无针对性和方法形式单一。

　　总的说来，各地区教师继续教育政策实施效果存在一定差异。在教师接受培训次数方面，c 地区和 a 地区明显好于 b 地区和 d 地区。在教师所接受的培训内容方面，b 地区倾向于注重新教师培训，c 地区倾向于组织骨干教师培训，c 地区参加过学历培训的教师的比例明显高于其他地区。在培训方式方面，c 地区比较重视教育理论和教学技能的培训，b 地区比较重视一般技能的培训。教师参加教师培训的意愿总体较高，c 地区教师积极性最高，b 地区相对较不积极。除 b 地区基于评定职称、上级要求等外部因素而参与教师培训的教师稍高外，各地区教师们对于参加培训、自我提高的需求均较高。在培训得到的具体收获方面，c 与 d 两个地区教师在开阔视野、能力提高、教育信息了解均表示收获颇多，b 地区的教师认为主要收获是开阔视野，a 地区的教师认为主要收获为能力提高。在教师培训存在问题方面，a 地区许多教师认为自身不需要参加教师培训，b 地区主要问题是经费不足，c 地区的主要问题是政府和学校对教师培训的支持相对不够。

第五节　政策实施地区差异的原因分析

　　总体看来，各地区教师继续教育政策实施情况存在一定的共同之处。如：教师参加培训的意愿强烈，认为培训收获较大，积极参加培训的原因以自身提高为目的，普遍认为教师培训内容针对性不强，培训方法和形式单一，等等。

　　同时，四个地区教师继续教育政策的实施情况也存在着明显的差异。c 地区和 a 地区教师接受培训次数较多；b 地区倾向于注重新教师培训，c 地区倾向于组织骨干教师培训，c 地区参加过学历培训的教师的比例明显高于其他地区；c 地区比较重视教育理论和教学技能的培训，b 地区比较重视一般技能的培训；c 地区教师参加培训积极性最高，b 地区相对较不积极；b 地区基于评定职称、上级要求等外部因素而参与教师培训的教师较高；b 地区的教师认为培训主要收获是开阔视野，a 地区的教师认为主要收获为能力提高；a 地区教师认为自身不需要参加教师培训，b 地区主要问题是经费不足，c 地区的主要问题是政府和学校对教师培训的支持不够。

一、教师人口学特征

通过对各地区被试的人口学特征统计分析，可以发现：在性别方面，c 和 d 两个地区的教师性别比例接近 1∶1，而 a 和 b 两个女教师比例远高于男教师；在年龄方面，c 地区教师年龄偏高，b 地区教师年龄偏低；在学历方面，c 地区教师学历较低；在职称方面，d 地区教师职称较高，集中于高级和一级，c 地区教师职称较低，集中于一级和二级。

由于 b 地区教师较年轻，因而参加过的教师培训次数必然没有 c 地区的教师多，这也是 b 地区教师参加新教师培训的比例较高的重要原因。学历培训是早期比较需要的教育培训内容，因 c 地区教师年龄偏高，且 c 地区教师普遍学历较低，因此 c 地区教师参与学历培训的比例高于其他地区。

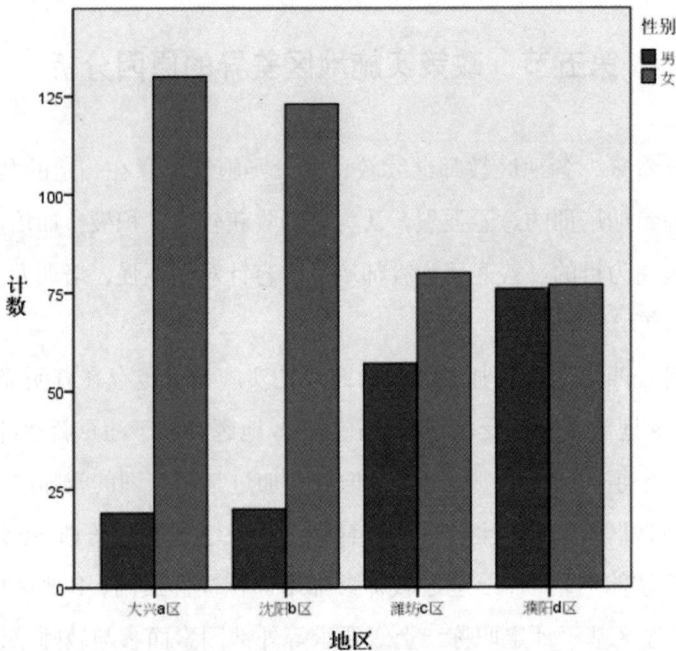

图 11-10　各地区被试教师性别比例

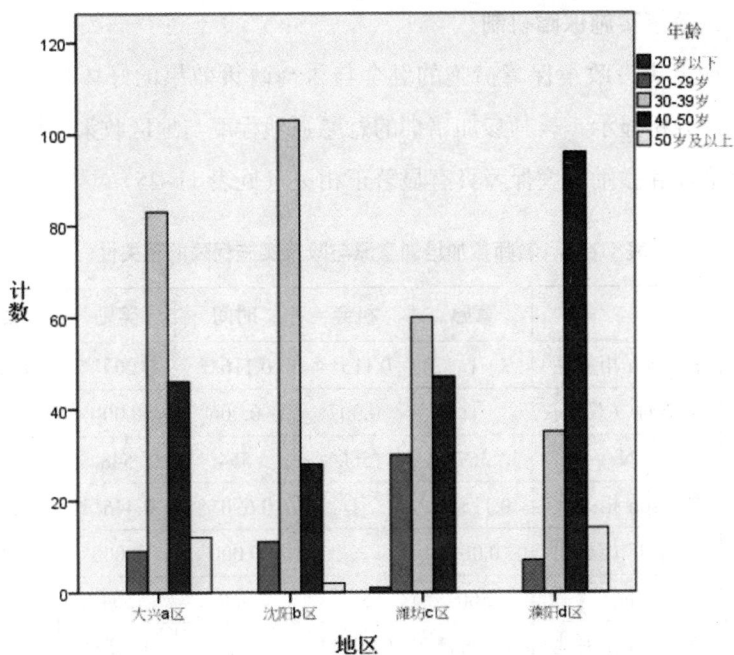

图 11-11　各地区被试教师的年龄构成比较

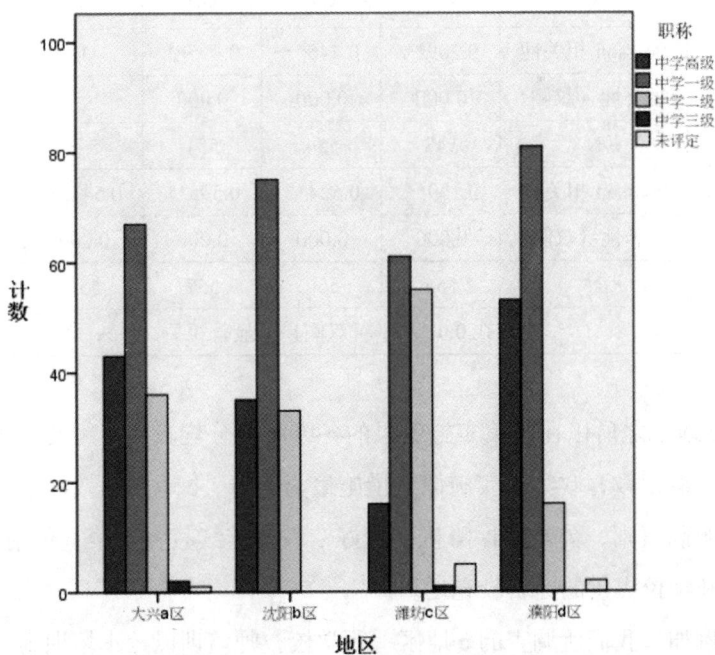

图 11-12　各地区教师的职称分布比较

二、政策实施保障机制

理论上讲，政策保障措施的健全与否与政策效果的好坏具有直接关系；统计分析显示，教师参加培训的意愿强烈程度与地区政策的资金、时间、公平性和激励制度保障具有显著正相关（见表 11–25）。

表 11–25　教师参加培训意愿与政策实施保障的相关性

		意愿	机会	时间	奖励	资金
意愿	Pearson 相关性	1	0.115**	0.116**	0.209**	0.179**
	显著性（双侧）		0.007	0.006	0.000	0.000
	N	567	560	554	548	555
机会	Pearson 相关性	0.115**	1	0.690**	0.446**	0.524**
	显著性（双侧）	0.007		0.000	0.000	0.000
	N	560	568	560	554	560
时间	Pearson 相关性	0.116**	0.690**	1	0.495**	0.595**
	显著性（双侧）	0.006	0.000		0.000	0.000
	N	554	560	561	551	557
奖励	Pearson 相关性	0.209**	0.446**	0.495**	1	0.547**
	显著性（双侧）	0.000	0.000	0.000		0.000
	N	548	554	551	555	551
资金	Pearson 相关性	0.179**	0.524**	0.595**	0.547**	1
	显著性（双侧）	0.000	0.000	0.000	0.000	
	N	555	560	557	551	562

**.在 0.01 水平（双侧）上显著相关。

c 地区之所以在政策实施效果的各维度得分均较高，主要是因为 c 地区教师继续教育政策的实施保障措施最为完善。c 地区对教师培训的奖惩制度明确清晰，公平性保障机制较好，教师继续教育政策宣传情况良好，政府和学校提供的经费较充足。

例如，我们所调查的 c 地区一所学校教师培训以校本培训为核心，有一套完整的制度和政策——教师技术发展学分制。该学分制分成必修学分和选修学分两个部分。（1）必修学分部分200分，必修内容包括学校文化，制度要求，通识部分，如专家报告等。必修部分培训如果不参加，要按1.2倍扣罚。如，每年的暑假，对全体教师进行的暑期校本教育培训包括军训，英语培训与考试，学科类培训，班主任培训等。（2）选修部分为240学分，学校提供一个菜单式课程，每个课程除了指定的必须要求去的教师外，其他教师则可以根据兴趣自行选择，参与的就计入选修学分内。菜单式课程的种类包括：英语发展、现代教育技术、课堂教学与班级管理论坛、中层干部管理培训论坛（每周五两名干部读书汇报）、科研课题论坛（解决实际问题）、专题论坛（教师成长经历分享，我和孩子们的那些事）、教师社团、学科专业研修、教学研讨会（包括展示课和专家点评）、农村学校支教（一年一次，为时一天，是新教师的必修项目并由支教学校进行评价）。

　　与c地区不同，b地区继续教育政策的实施保障存在政府投入经费不足、对教师参加培训的机会公平性保障不够、对教师培训的奖惩制度不完善等问题。许多教师培训的经费由各学校承担，甚至需要教师自费，而教师培训和教育研究同属教师进修学校工作的重要部分，但教师培训经费却远低于教研的经费。由于经费不足造成教师培训的师资和资源都特别缺乏，故而，b地区一部分教师存在参加培训积极性不高等问题。

　　诚然，政策实施的地区差异必然与该地区的经济发展、文化背景与对教育的重视度不可分割，但是，作为国家政策执行过程的重要一环，市区政府对政策实施提供的保障机制，采取的保障措施是造成政策实施差异的直接原因之一。故而，结合本地区特征，制定有利于政策顺利实施的经费、时间、公平性、激励制度等方面的保障机制，对于提高政策目标群体的积极性与配合度，对于政策最终目标的达成均有重要促进作用。

小　结

　　新中国成立以来，我国教育政策在不断探索中逐渐走向秩序化、精细化与完善化，在纵向和横向两方面都得到极大的发展。纵向教育政策包括学前教育、义务教育、高等教育、职业教育、教师教育、家庭教育等领域，针对不同类型与层次的教育所制定的指导原则和行动准则；横向教育政策包含教育公平政策、教育现代化政策、创新人才培养政策、教育信息化政策和教育国际化政策等，针对国家教育事业发展整体所确定的行动依据和准则。党的十八大以来，我国除了在纵向领域进一步完善相应政策外，在横向领域出台了许多新的教育政策，以保障教育事业的整体繁荣发展。如，在十二五期间，共发布 19 项涉及教育公平的政策，13 项涉及创新人才培养的政策。① 还有许多涉及全面发展教育、教育现代化等方面的纲领性政策。如，2019 年出台的《中国教育现代化 2035》，2020 年出台的《关于全面加强新时代大中小学劳动教育的意见》，等等。

教育政策的决策机制逐步从经验主义走向科学化和理性化。教育政策的决策活动从"经验决策""理性决策"转向"科学化、民主化和系统化决策"，体现在以下几方面：教育宏观决策参与主体渐趋多元化和全方位化；教育宏观决策程序渐趋清晰化和明朗化；教育政策价值取向由"平均主义""效率优先"转向"有质量的公平"②；政治、经济等决策环境因素呈现多方面改善趋向。

教育政策的实施受经济水平、制度氛围、文化风气、利益相关者的诉求等各种因素的影响，为了提高教育政策执行的效果，需要加强政策科学的教育、提高执行者的能力，建立完善的政策实施保障与协调机制，对实施过程进行监督，运用科学的过程评价手段作为推进实施的工具。虽然我国当前教育政策的实施依然呈现较大的地区差异，但在整体层面上实施的保障机制、评价改进意识等方面有很大提升。

---

① 王刚、王艺璇：《"十三五"期间我国关键教育政策问题与对策建议》，《现代教育管理》2020 年第 3 期。
② 徐赟：《我国教育政策实践范式的历史变迁》，《现代教育管理》2014 年第 5 期。

结　语

　　教育政策的运行包含政策形成、实施与评估三个过程，而如何在这一过程中关照并协调不同利益主体的需求、理解和掌握政策环境以最终实现教育目标，是贯穿世界各国教育政策发展与完善全过程的重要议题。尽管各国国情不同、制度各异，但就教育政策运行与教育目标及结果达成的关系而言，各国的教育政策运行仍有许多共通之处，必须遵循教育政策运行的基本规律。

　　本书以英国、俄罗斯、美国、澳大利亚、新加坡、南非、中国以及欧盟的教育政策运行机制为考察对象，通过对各国具有代表性的教育政策和教育项目的形成、实施及其评估过程的分析和论述，揭示出这些国家的教育政策在实际运行过程中都尽可能因循的重要宗旨，即保障教育质量和教育公平。除此之外，各国从政策制定到评估的各项环节都强调教育权责明确和多方利益主体的有效参与，在政策运行方式上均遵循"循序渐进"的原则。

　　值得注意的是，在政策实施和评估两个环节，多数国家都比较重视基层执行机构的自主创新发展和对政策的协调监控。以上规律及特点均可以为我国在教育政策制定、实施与评价过程提供借鉴或参考。

　　首先，教育质量与教育公平始终是教育政策运行的主线。在英国，新工党政府自20世纪90年代上台后便致力于改善教育不公，尤其为提高薄弱地区和偏远学校的教育质量专门提出了包括"教育行动区"计划在内的一系列重要改革政策。一直提倡"自由"和"平等"的美国在其基础教育改革过程中始终以让学生享有平等权利为目标，其 2002 年颁布的《不让一个孩子掉队》法案致力于缩小不同学生群体间的学业成绩鸿沟，确保所有美国儿童公平、平等地享有高质量的教育。

其次，强调权责明确，倡导多方利益相关主体的有效参与是教育政策运行各环节的重要保障。教育政策涉及价值选择和利益分配，不同类型的利益相关主体互相作用以推动政策的形成与发展，籍此教育政策得以更好地关注不同人群的利益诉求，最终更为精准地解决教育领域的问题。在各国教育政策运行过程中，既有如肩负明确职责与使命的议会、各级教育机构等政策制定与执行机关的强力作用，也有多方利益相关主体的有效参与，如澳大利亚在教育政策运行过程中吸纳了州及地方教育局、教育和培训提供者、学生协会以及其他组织的意见，让这些群体有机会参与教育政策的形成与运行。

再次，无论是政策的制定、实施还是评估都具有连续性与发展性，因此"循序渐进"的原则是各国教育政策推进运行的共性之一。就教育政策的形成而言，它是一个动态、开放、持续的过程，包括了从政策的初步确立到执行过程中的反馈变化中的不断修订、调整或补充的一系列活动。基于此，坚持"循序渐进"的原则稳步推进政策的发展是较为科学和明智的选择。如南非国家课程改革的三个阶段历时近 20 年，每个阶段环环相扣，后一阶段的改革始终以前一阶段改革的框架体系和实施情况为基础，整个过程紧密衔接，取得了"稳中求进"的效果。

最后，各国和各地区日趋重视在统一指导的基础上鼓励和支持基层执行机构的自主创新发展，同时对政策进行协调监控并重视评估结果的反馈。如在教育信息化过程中，新加坡教育部倡导在国家教育信息化规划的基础上，给予各学校充分的自主权以制定符合校情和学情的实施方案，在一定程度上提升了其政策运行的灵活性与开放性。欧盟作为区域一体化的组织，自身基本没有负责实施具体政策的实体机构，因此在其推行教育政策期间，采用了发布、资助和验收相关教育计划等方式，动员和协调各成员国参与到项目活动中，在项目实施期间由欧盟和国家计划代理署全程监控，最终实现了自己的教育目标。在协调集中管理、支持自主创新和发展方面，我国可以从中吸取宝贵经验。

以上是各国教育政策运行的共同之处，也是我国教育政策发展与完善的切入点。在本书中，通过对我国教育政策的发展及对两项重要政策运行的实施现状和调查数据的深入分析发现，我国教育政策的运行在探索中逐渐规范、调整、细化和完善。目前，我国教育法律体系已基本形成，但仍需不断完善。在教育政策具体执行和落实上，存在政策规定合理性有待进一步明晰、政策宣传和解释力度有待继续增强、政策执行操作的公开化和规范化有待进一步提升以及政策落实过程中可利用的资源条件明显差异有待不断缩小等问题。

在系统考察与分析不同国家教育政策运行成功实践的基础上，结合现阶段我国教育政策运行的实际情况，我们认为，我国在教育政策制定、实施与评估过程中需要关注以下几个问题：

第一，教育政策的制定、实施及评价始终应基于以人为本的价值取向，起点与过程均应以促进并实现教育质量与教育公平的目标为基本原则。从多数国家的教育政策运行来看，致力于为每一位学生提供优质教育是其政策的"人本"价值取向的具体体现。面对教育差距仍被拉大的社会现实和人民对公平而有质量的教育的强烈诉求，我国的教育政策时刻需要坚持回归人本的价值取向，重视对不同群体乃至个体需求的积极回应与弹性关照。

第二，从政策制定到评估的各项环节要重视吸引相关利益主体的有效参与。目前我国的民间力量在教育政策运行中的参与还远远不够，大多时候是在教育政策的实施中扮演"查漏补缺"的角色，既不具规模也难成体系。而在如英国、美国、澳大利亚等一些发达国家，第三方力量不但参与教育政策的制定和实施，有时甚至承担了教育政策评价的重要职责。为了提升政策实施与评价的效果，我国的教育政策需要扩大参与主体的范围，强调问计于民，加强对第三方力量的扶持以保障教育政策的科学性和有效性。

第三，在政策实施和评估过程中要鼓励和支持基层执行机构的自主创新发展，同时注重对政策的评价结果的公开和反馈。不可否认的是，追求高效管理会影响自主性的发挥，而赋予各执行主体自主管理和创新的权限必然会增加管理的难度，但基层执行机构的自主创新发展是有效提升政策执行质量的重要保障。因此，协调高效管理与自主创新性二者间的矛盾，既是包括我国在内的世界各国亟须攻克的难题之一，也是各国教育政策运行发展的重要方向。

最后，作为保证教育政策有效实施的重要手段，教育政策评价在各发达国家教育体系中占据着重要位置。目前，我国的教育政策评价水平与发达国家间仍有一定差距，因此需要进一步完善学生学习成果评估和教育政策评价体系，重视评价结果的公开和反馈。如此做法一方面可以通过评价结果的反馈及时调整和完善政策本身；另一方面评价结果的公开也能够提升公众对教育政策和教育问题的关注度，吸引更多利益相关主体参与教育政策的整个运行过程。

当然，教育政策的制定、实施与评价是一个不断调整与完善的过程。只有立足于本国的具体国情，借鉴国内外先进经验，注重政策评价，不断总结经验教训，及时调整发展方向，制定切实可行的改革措施，才能保证教育政策形成、实施、评价的适切性、有效性、持续性和前瞻性。在这一领域，仍需更大范围地考察世界其他国家的发展现状、更深入地研究一些国家先进的教育治理理念和有特色的制度设计。我们已经在路上。

主要参考文献

一、中文文献

1. 陈振明：《政策科学——公共政策分析导论》，中国人民大学出版社 2003 年版。

2. 褚宏启主编：《教育政策学》，北京师范大学出版社 2011 年版。

3. 顾明远：《改革开放 30 年中国教育纪实》，人民出版社 2008 年版。

4. 联合国教科文组织教育发展委员会：《学会生存》，上海译文出版社 1979 年版。

5. 刘斌、王春福：《政策科学研究》，人民出版社 2000 年版。

6. 卢海弘：《当代美国学校模式重建》，中山大学出版社 2004 年版。

7. 史静寰：《当代美国教育》，社会科学文献出版社 2001 年版。

8. 王曙光、李维斯、金菊：《公共政策学》，经济科学出版社 2008 年版。

9. 王晓辉：《比较教育政策》，江苏教育出版社 2009 年版。

10. 吴志宏：《教育政策与教育法规》，华东师范大学出版社 2003 年版。

11. 肖甦、王义高：《俄罗斯转型时期重要教育法规文献汇编》，人民教育出版社 2009 年版。

12. 肖甦等著：《世界主要国家教育督导的历史与现状》，山西教育出版社 2019 年版。

13. 袁振国：《教育政策学》，江苏教育出版社 2001 年版。

14. 中华人民共和国教育部：《共和国教育 50 年》，北京师范大学出版社 1999

年版。

二、外文文献

(一) 英文文献

1. Baker, M., Creedy, J., & Johnson, D., *Financing the Effects of Internationalisation in Higher Education: An Australian Country Study* (No.96/14), Canberra: Department of Employment, Education, Training and Youth Affairs, 1996.

2. Carl J. Friedrich, *Man and His Government*, New York: McGraw Hill, 1963.

3. Chandler, A., *Obligation or Opportunity, Foreign Student Policy in Six Major Receiving Countries*, New York: Institute of International Education, 1989.

4. Christopher Winch, John Gingell, *Key Concepts in the Philosophy of Education*, London: Routledge, 1999.

5. Dada, TDipholo, UHoadley, EKhembo, SMuller, JVolmink, etc, Report of the Task Team for the Review of the Implementation of the National Curriculum Statement, 2009.

6. John Daniel, Adam Habib&Roger Southall, *State of the Nation-South Africa 2003—2004*, Cape Town: HSRC Press, 2003.

7. Koh Thiam Seng, Lee Sai Choo, *Information Communication Technology in Education: Singapore's ICT Masterplans, 1997—2008*, Singapore: World Scientific Pub, 2008.

8. Linda Chisholm, The Politics of Curriculum Review and Revision in South Africa, 'Qxford' International Conference on Education and Development, Context and Quality of Education, 2003.

9. Mike Bottery, *Education, Policy and Ethics*, London: Continuum, 2000.

10. Nakamura, R. T., & Smallwood, F., *The Politics of Policy Implementation*, New York: St. Martin's Press, 1980.

11. Sayed, Y. & Jansen, J.: *Implementing Education Policies: the South African*

Experience，Cape Town：University of Cape Town Press，2001.

12. Koh Thiam Seng，Lee Sai Choo，"Information communication technology in education：Singapore's IC-T masterplans，1997-2008"，Singapore：World Scientific Pub，2008.

13. Trowler，Paul，*Education Policy*，New York：Routledge，2003.

14. Ward，Stephen & Eden，Christine，Key Issues in Education Policy，London：SAGE，2009.

（二）俄文文献

1. Гуров. В.，"Качество образования в негосударственных вузах"，высшее образование в Росси，2004（6）.

2. Долгих У.О.，"Альтернативный туть государственгого управления"，наука. Мысль：электронный периодический журнал·Научный журнал，2017（6）.

3. Константин Сумнительный，"Профиль спасения"，Народное образование，2006，（1）.

4. Михайлова О.В.，"Концепция governance：политические сети в современном государственнном управлении"，Вестниик Московского университета Сер.21. Управление（государство и обществао）.2009（2）.

5. Похолков，"Бакалавр-инженер：реальность и перспективы для России"，Высшее образование в России，2004，（9）.

6. Соколин В.Л.，Российскийстатистическийежегодник 2005，Москва，2005.

7. Татур Ю.Г.，"Исследовательский центр проблем качества подготовки специалистов. Изд-во МГТУим. Н.Э.баумана"，образовательная система России：высшая школа，1999.

后 记

《教育政策运行的国际比较研究》是在由我主持的教育部人文社科重点基地重大课题"教育政策的形成、实施和评价机制的国际比较"的最终成果基础上整合、修订、补充而成的一部书稿。这是一本关于教育政策运行理论与实践的中外专题研究专著，研究者以国际比较视角下的教育政策运行为核心，探讨了教育政策的形成、实施及评价的一般理论形态，进而选择世界几个主要国家或区域性国际组织的某项或某几项教育政策法规的具体运行情况进行了深层次探析。

本书由教育政策基本理论、国外教育政策运行专题、我国两项重要教育政策运行专题三大板块和结语共四部分、11章组成。在总体结构上作者力求呈现三大板块的研究成果，其一是对教育政策及其运行的基本理论的探讨；其二是对7个国家及一个区域性组织的10项重要教育政策专项的制定、实施与效果的系统性考察；其三是对中国教育政策发展进程中的两项重要政策的运行机制的深入分析。

对上述三大板块的研究，我们力求在立体、全面梳理与分析的基础上完成，并尽可能体现三方面特点。首先，注重理论研究的系统性——教育强国是我国改革发展的战略举措之一，主要通过教育政策的科学化不断推动我国教育实践的发展。但各国在教育政策中如何回应现实要求、选择其价值取向、处理不同利益相关体的博弈关系以及实现教育改革的宏伟蓝图，都还缺乏系统性的梳理与研究，本研究正是基于此考虑进行了认真尝试。第二，着力丰富教育政策运行研究的内容，体现政策运行研究的比较性——我们不仅注重对教育政策的持续性研究，而且注重基于对世界各主要国家的教育政策制定、实施与评价机制的完整分析，探讨 21 世纪各国教育政策之改革对于我国相关教育改革的借鉴意义。希冀以此拓展教育学仁的国际视野，在教育政策领域的研究中建构更有广度和深度的立体辨析空间。最后，注重辨析思考的国际视野和本土根基——研究团队从国际比较的视角出发，经过大量理论研究和对国际教育政策专项运行的文献分析、对我国教育政策的整体发展及重要专项政策运行的调查访谈，形成了集理论探讨、文献研究、实地调研于一身的中外教育专项政策运行的研究成果。对于了解我国教育政策发展特点、拓展教育学仁的国际视野、建构对相关领域的国际化与本土化的立体审视空间和更具深度的思辨视角而言，本书不啻是一部可提供重要参考的理论著作。

作为教育部人文社科重点基地重大课题，"教育政策的制定、形成与实施的国际比较"的最终研究成果产出由《世界主要国家教育政策制定、实施与评价机制研究》和《教育政策运行的国际比较研究》两部专著组成。所形成的篇幅巨大的书稿是团队协作的成果。从课题设计、展开研究、再到形成书稿可谓是一个庞大的工程，历时 5 年多的时间，加上近期为出版所做的增补校对工作，我们的团队贡献了巨大智慧、付出了艰辛劳动。先后参与研究与校对工作的老师与研究生同学超过了 20 人。各个专题的研究多数都经过了我们数次的集体讨论、执笔人修改和定稿，大家认真研究的精神和求真务实的态度值得称道。在此请允许我表达最真挚的敬意和谢意。《教育政策运行的国际比较研究》一书的各章分工和具体执笔人大致按如下顺序而行。第一章：肖甦、刘楠（理论专题）；第二章：廖青（理论专题）；第三章：鄢晓宇（英国专题）；第四章：赵伟（俄罗斯专题）；第五章：孔华（美国专题）；第六章：李旭（澳大利亚专题）；第七章：涂宜梅（新加坡专题）；第八章：康建朝（南非专题）；第九章：张宏理（欧盟专题）；第十章：康建朝（中国专题）；第十一章：刘楠（中国专题）；结语及后记：肖甦。全书由肖甦负责整体设计与统稿。在课题结题、书稿校对与补充的各个环节，李旭、刘楠、廖青、王蓉、宋瑞洁、朱佳悦、沈欣、杨澜等同学付出了大量精力和劳动，在此一并感谢。

最后还需要加以说明的一点是，本课题完成于 2014 年末，由于种种原因，直到此时才最终出版。因此书中所依据的政策文本及一些数据在现在看来稍显不够新鲜、及时。尽管我们在校对、完善书稿时努力进行了适当增补，仍远不能反映各国教育政策在最近 10 年所发生的全部变化。严格地说，在科技与信息飞速发展的当今时代，5 年作为一个周期的变化就足以巨大，都应该成为一项新的研究课题。由此这也将成为我们日后的常态性研究任务。由于客观条件的局限，我们不能到访所有研究对象国进行深入细致的调研分析，因此本研究中一定存在某些不足和问题，请各位专家、学者、同行不吝赐教，以帮助我们不断提高研究水平。真心期望我们研究团队经过不懈努力与精诚合作的这份研究成果能为教育政策领域的比较研究留下些许有价值的东西。

北京师范大学国际与比较教育研究院　肖　甦
2020 年 7 月于北京

责任编辑:郭星儿
封面设计:源　源

图书在版编目(CIP)数据

教育政策运行的国际比较研究/肖甦 等著. —北京:人民出版社,2020.12
　(2022.1重印)
ISBN 978-7-01-022665-1

Ⅰ.①教…　Ⅱ.①肖…　Ⅲ.①教育政策-对比研究-世界　Ⅳ.①G510

中国版本图书馆 CIP 数据核字(2020)第 227696 号

教育政策运行的国际比较研究
JIAOYU ZHENGCE YUNXING DE GUOJI BIJIAO YANJIU

肖　甦　等著

人民出版社 出版发行
(100706　北京市东城区隆福寺街 99 号)

北京兴星伟业印刷有限公司印刷　新华书店经销

2020 年 12 月第 1 版　2022 年 1 月第 2 次印刷
开本:710 毫米×1000 毫米 1/16　印张:19.75　字数:293 千字

ISBN 978-7-01-022665-1　定价:59.00 元

邮购地址 100706　北京市东城区隆福寺街 99 号
人民东方图书销售中心　电话 (010)65250042　65289539